U0793537

彩图 1　野泽温泉（长野县野泽温泉村，2015 年 10 月）

滑雪场与温泉街相邻，是有历史的滑雪度假地。滑雪场的垂直落差达 1085m（565~1650m）。如今温泉街所具有的各种机能对国外滑雪者的吸引力非常大。

彩图 2　山形藏王（山形县山形市，2015 年 2 月）

滑雪场与藏王温泉的温泉街相邻。滑雪场的垂直落差达 880m（780~1660m）。位于滑雪场顶端的地藏岳西坡上的罗汉柏，一到冬天就演绎出多彩多姿的树冰景观，令滑雪者格外赏心悦目。

彩图 3　八方尾根（长野县白马村，2014 年 2 月）

滑雪场坐落在白马岳山麓的农村聚落细野（现称为八方）至唐松岳的八方尾根一带。滑雪场的垂直落差达 1071m（760~1831m），规模很大，很多滑道的坡度比较陡。天气晴朗时，可观赏到远见尾根等北阿尔卑斯的雪景。

彩图 4　志贺高原（长野县山之内町，2017 年 1 月）

志贺高原是日本最大的滑雪度假地，拥有 54 条滑雪索道。照片中部远处的横手山（海拔 2307m）是制高点，从横手山到最北部奥志贺的直线距离为 13km。照片中的场景是烧额山滑雪场朝向一之濑地区的斜面。

彩图 5　安比高原（岩手县八幡平市，2015 年 3 月）

安比高原是于 1981 年在非居住区规划建设旅馆等设施的度假地。照片中部的前森山（海拔 1304m）东北山坡上修有滑雪道（垂直落差约 800m），其雪质良好，坡度适中，舒适度较高。

彩图 6　二世古比罗夫（北海道俱知安町，2012 年 1 月）

格兰·比罗夫滑雪场（垂直落差 940m，海拔 260~1200m）坐落于二世古安努普利山的东面山坡上，和地处其山顶附近的其他滑雪场连接。照片中的比罗夫坂是度假小镇的中心区，大型度假公寓、宾馆以及餐饮店星罗棋布。

彩图 7　人工造雪铺就的滑雪道［奥博古格尔（Obergurgl），2011 年 12 月］

阿尔卑斯区域的很多滑雪场，在迎接每年 12 月中旬的营业季节时，以人工方式造雪，再用压雪车修整，铺设滑雪道。照片是奥博古格尔的度假小镇附近（海拔 2000m）。

彩图 8　人工造雪用的蓄水池［迈尔霍芬（Mayrhofen），2016 年 2 月］

动用人工造雪机需要巨大的蓄水池，人工蓄水池通常设在滑雪场内相对平坦的地方。迈尔霍芬约有 300 台人工造雪机，每年冬天人工造雪需要用水 50 万立方米。

彩图 9　迈尔霍芬和土库斯塔尔（2016 年 2 月）

迈尔霍芬位于齐勒塔尔阿尔卑斯的入山口，滑雪场的垂直落差达 630m，面积广且地势高（1870~2500m）。照片是由迈尔霍芬西南往上的土库斯塔尔，最里边有冰川滑雪场。

彩图 10　迈尔霍芬中心部（2016 年 12 月）

迈尔霍芬是齐勒塔尔铁路的终点，度假村的规模比较大，中心区聚集有大量的餐馆和商店。滑雪游客可从照片正中间的车站坐上循环吊厢式索道前往滑雪场，亦可乘坐摆渡大巴。

彩图 11　荷古格尔（Hochgurgl）（2016 年 2 月）

荷古格尔滑雪场（垂直落差达 1280m，海拔 1800~3080m）的制高点海拔超过 3000m，和其南部的奥博古格尔滑雪场由循环吊厢式索道相连。海拔 2154m 处坐落着由 7 家酒店构成的酒店群，也称作荷古格尔。

彩图 12　索尔登（Sölden）中心（2016 年 9 月）

索尔登的中心街区沿着平行延展于奥茨塔尔阿赫河沿岸的国道分布。尖顶教堂坐落在国道以西地形略高的地方，相邻分布着学校、图书馆以及邮局。国道沿线有着众多商业设施。

彩图 13　因那瓦尔德（Innerwald）（索尔登，2014 年 2 月）
因那瓦尔德小镇坐落在索尔登中心部南北向延伸的谷地西侧山麓。其曾经是个小村庄，成为滑雪场的据点之后，住宿设施等建筑逐渐增多，其中不乏大型酒店。

彩图 14　雷滕巴赫（Rettenbach）冰川（索尔登，2014 年 2 月）
雷滕巴赫冰川位于索尔登度假村的西南侧。1975 年，这里的冰川滑雪场建成。早期的交通只有公路，1998 年以后有了索道后隆冬季节也可利用。

滑雪度假地的发展演进

——日本与奥地利的比较

[日]吴羽正昭 著　金玉实 译

旅游教育出版社
·北京·

SKI RESORT NO HATTEN PROCESS by Masaaki Kureha
Copyright © Masaaki Kureha 2017
All rights reserved.
Original Japanese edition published by Ninomiya-Shoten Publishing Co. Ltd.
This bilingual edition in Japanese and Simplified Chinese language is published by arrangement with Ninomiya-Shoten Publishing Co. Ltd., Tokyo in care of Tuttle-Mori Agency, Inc., Tokyo through Pace Agency Ltd., Jiang Su.

责任编辑：刘彦会

图书在版编目（CIP）数据

滑雪度假地的发展演进 ：日本与奥地利的比较 /（日）吴羽正昭著；金玉实译. -- 北京 ：旅游教育出版社，2020.8
ISBN 978-7-5637-4116-8

Ⅰ. ①滑 … Ⅱ. ①吴… ②金… Ⅲ. ①雪上运动－旅游度假村－经营管理－对比研究－日本、奥地利 Ⅳ. ①F593.136.1②F595.216.1

中国版本图书馆CIP数据核字(2020)第111839号

北京市版权局著作权合同登记 图字：01-2019-7300号

滑雪度假地的发展演进——日本与奥地利的比较

（日）吴羽正昭 著
金玉实 译

出版单位	旅游教育出版社
地　　址	北京市朝阳区定福庄南里 1 号
邮　　编	100024
发行电话	（010）65778403　65728372　65767462（传真）
本社网址	www.tepcb.com
E - mail	tepfx@163.com
排版单位	北京旅教文化传播有限公司
印刷单位	北京玺诚印务有限公司
经销单位	新华书店
开　　本	787毫米 × 1092毫米　1/16
彩　　插	8
印　　张	16.25
字　　数	245 千字
版　　次	2020 年 8 月第 1 版
印　　次	2020 年 8 月第 1 次印刷
定　　价	69.00 元

（图书如有装订差错请与发行部联系）

序

皑皑白雪——这里有浪漫，但繁重的除雪、艰难的步行、凛冽的寒风所带来的更多是困惑；巍巍高山——山高坡陡，寒风凛冽，居民的生活、产业的发展都受到严重限制。然而，滑雪将这样的雪和这样的山融在一起成就了新的产业，并造“乐”为民。产业的现代化过程中，近代产业所冷落的积雪山村，伴随着滑雪运动的到来，产业和生活实现了华丽的蜕变。滑雪索道的登场吸引了更多的滑雪游客，滑雪游客借宿周边的农村和温泉，还会促成新聚落的诞生。随着滑雪相关产业的集聚和发展，这些地区逐渐发展成为滑雪度假地。滑雪爱好者们一到冬季就迫不及待地奔赴滑雪场，驰骋于雪道，享受滑雪带来的乐趣，他们的存在是滑雪度假地持续发展的根本动力。

从空间上，滑雪度假地主要位于南北半球的温寒地区。尽管世界各地滑雪度假地上进行的基本活动类型相似，其模式却五花八门。比如日本的滑雪度假地和欧洲阿尔卑斯区域的滑雪度假地就有很大的差异。本书通过对滑雪度假地形成发展过程的比较分析，从自然和文化的地域差异探讨其异同，探索其机理；进一步关注全球变暖对滑雪度假地的影响，探讨滑雪度假地对积雪量不稳定问题所采取的措施及其对未来发展的影响。

本书结构如下：

在第 1 篇进行滑雪度假地的理论综述（第 1 章），滑雪的历史与世界滑雪度假地的动态（第 2 章），然后进行研究述评（第 3 章）。

第 2 篇分析日本滑雪度假地的发展过程。首先，在第 4 章对日本滑雪度假地的时空发展特点进行宏观分析；然后在第 5 章关注日本 2000 年以后日益严峻的滑雪场停业、倒闭问题并分析地域特征；接着在第 6 章探讨旅游停滞期滑雪度假地的适应策略，通过具体案例进行深入分析。

第 3 篇分析奥地利阿尔卑斯区域滑雪度假地的发展过程。在第 7 章探讨阿尔卑斯全域滑雪度假地的时空特征。在此基础上，第 8 章分析奥地利阿尔卑斯区域滑雪度假地的持续发展特点。第 9 章以奥地利蒂罗尔州索尔登为例，对其滑雪度假地发展演化做详细分析。

第 4 篇为结论。

本书中的一部分调研受以下科研基金的资助：2010—2012 年度日本学术振兴会科学研究费补助金面上项目（C）《全球化旅游时代日本滑雪度假地变迁研究》（项目号：22520786，主持人：吴羽正昭）；2015—2017 年度日本学术振兴会科学研究费补助金挑战性萌芽研究项目《基于景观变化与形象创造的度假地发展模型的建构》（项目号：15K12797，主持人：吴羽正昭）；2015—2017 年度日本学术振兴会科学研究费补助金面上项目（B）《日本入境旅游发展的地理学研究》（项目号：15H3274，主持人：吴羽正昭）。

众所周知，日本的滑雪旅游正面临考验，奥地利尽管也面临着种种问题，但依然保持着良好的发展态势。本书欲从度假方式、滑雪文化探讨其根本原因。当然不否认作者没有注意到的其他原因，真诚地欢迎各方面的批评指正，从而推进和完善滑雪度假地的研究。若本书能够为今后滑雪度假地的发展尽一点微薄之力，将是作者莫大的荣幸。本书中所使用的照片除有特别备注之外全部由作者本人拍摄。

吴羽　正昭

2017 年 1 月 12 日

（106 年前的这一天是莱尔希在日本开展滑雪技术指导的首日）

目　录

第1篇　绪论 滑雪度假地研究的理论框架

第 2 篇 日本滑雪度假地的发展演化

第 3 篇 奥地利滑雪度假地的发展演化

第 4 篇 结论

图表一览

第 1 篇

绪论 滑雪度假地研究的理论框架

山形藏王滑雪场（2015 年 2 月）

第1章　滑雪度假地研究视角

1.1 滑雪与地域关系

滑雪是在雪地上实施的休闲活动，滑雪运动的开展需要一定的地域条件，与地域有着千丝万缕的关系。本章结合环境与体育运动的框架，探讨滑雪与地域的关系。

1.1.1 滑雪与环境

滑雪是在特定的自然环境下进行的休闲活动。除了室内滑雪场之外，有积雪的山地地形是高山滑雪的必需条件，本书重点研究高山滑雪。积雪山地这种自然环境通常难以孕育出人类定居聚落。伴随人类文明的进化而出现的种植化、家畜化都不太适宜在山地开展。尤其对农作物的种植而言，崎岖不平的地形和高海拔造成的低温气候环境，显然对耕种劳作以及农作物的生长都是严峻的挑战。欧洲的阿尔卑斯山区同样不适合栽种农作物，但在其森林带上部的自然草地（高山草甸，Alm）却具有放牧家畜的天然优势。

产业革命后，人类流向城市，人口增长主要出现在大城市，法国阿尔卑斯这样的山区却面临日益加剧的人口流失。大部分大城市位于沿海平地上，起伏不平的山地罕见有大城市。

然而，滑雪客源却主要出自大城市。大城市的滑雪人口规模大大超过地处积雪山地的滑雪场近邻地区。世界的人口，特别是温带以寒地带的人口大多居住在大城市，这就意味着，其中的一些人若想享受到滑雪的乐趣，就要离开惯常生活圈，移动到山地暂居。对于居住在积雪山区的人们而言，可在自己的日常生活圈域内尽情享受滑雪的乐趣，但这部分人群的规模远不如大城市。由此可见，大多数的滑雪休闲活动可能会伴随人们暂离惯常生活圈的移动，因此令滑雪成为一种旅游活动。滑雪目的地所处的山区环境同滑雪游客的日常生活环境（大城市）差异很大，若游客在滑雪目的地逗留时间较长，则滑雪目的地也就成为度假地。

滑雪场与惯常生活圈相距越远，在滑雪场附近留宿的可能性就越大，随之产生的时间距离和费用是主要的制约因素。因此，滑雪场周边地区往往生成和聚集着住宿设施。瑞士的阿尔卑斯区域等地（后面详述）住宿设施的出现，起初是为满足气候疗养或避暑之需，后来随着滑雪旅游的出现，进一步聚集和壮大；也有如日本的民宿聚落，滑雪场的修建成为住宿设施在此集聚的主要原因。住宿设施聚集的空间区域即是度假小镇。

山地是滑雪休闲活动的实施场域，在 19 世纪末到 20 世纪前叶的滑雪技术确立期间，主要在山地进行滑雪，或滑雪被用作登山的手段。随着滑雪索道的发明和普及，各地相继修建滑雪索道，并伴随砍伐森林等，滑雪场不断扩充和完善。滑雪场内的索道不断增多，且时常改造升级以追求性能最优。滑雪游客通过买票搭乘索道。滑雪场通过改造雪道的地形或用压雪车平整雪面等方式来提升滑道的舒适度。滑雪场内同时配备多家餐厅，为滑雪者提供餐饮和歇息的场所。由此可见，滑雪场既是具备特定自然条件的自然空间，也是经过大量人工改造的人造空间，更是能够产出经济利益的经济空间。

1.1.2 滑雪与体育运动

自古以来，不问东西，旅游在最初形态上，都有宗教性质的圣地巡礼、治病疗养性质的温泉泡浴，或是带有教育性质的视察周游旅行等，而体育与旅游的关系似乎不曾紧密过。体育运动和旅游像如今这般紧密联系在一起只不过 100 多年，毕竟体育运动本身就是相对新鲜的事物，也可以说体育运动是最近的现象。

众所周知，体育运动有竞技和休闲的双重特性，与旅游紧密相关的是体育运动所具有的休闲性质。旅游的前提是离开惯常环境，因此在惯常环境中无法进行的体育项目大多就和旅游产生联系。人口集中的大城市往往不具备或少有山地、海岸或湖畔等环境，因此，人们为了实施特定的休闲娱乐活动，走出城市奔向郊区或更遥远的地方去寻找合适的活动场域。从事竞技体育的人数较少，特别是滑雪，即便阿尔卑斯式（高山式）和北欧式都加在一起，其竞技人数规模也并不大，因此，从旅游产业的角度而言，滑雪运动的娱乐休闲性质更具意义。

大部分体育运动需要特定的器材和装备。滑雪运动需要滑板（加固定器）、滑雪靴、滑雪杖、滑雪装（滑雪服、手套、滑镜、太阳镜、滑雪帽、滑雪头盔）等用品，这些特定装备的需求驱动了相关用品制造业的发展。对于滑雪者个体而言，若想配齐滑雪运动所需全套装备会有一定的经济压力，这就催生了雪具租赁行业的出现与发展。

1.2 研究目的

研究旅游现象的地理学便是旅游地理学。旅游地理学研究中，将旅游目的地作为对象的研究比较多，如温泉旅游地（山村顺次，1998）、民宿地域（石井英也，1992）、滨海旅游地（淡野明彦，1998）等。这些研究结合目的地内在的地域条件，着重阐释了大众旅游化进程中旅游目的地是如何形成或发展的。基于这样的视角，白坂蕃（1986）重点探讨了滑雪旅游目的地。他将与滑雪场相邻且在功能上互有联系的聚落命名为“滑雪聚落”，根据聚落起源将滑雪聚落划分为原聚落渐变型和新生聚落型两种类型，进一步阐明了不同聚落在形成演化中的各种特征。

本书沿用上述旅游地理学的传统研究视角，探讨滑雪度假地的发展演化。所谓“发展”，它意味着事物向更高级阶段的更新进化，似乎与现今日本滑雪度假地所呈现的停滞或衰退相矛盾，但从另一角度来看，这种停滞或衰退也意味着度假地向新阶段的更新变化，也可视为“发展”，因此，本书通用“发展”这一词。

关于滑雪度假地的发展演化，白坂蕃（1986）关注了滑雪聚落的形成过程，揭示了日本 20 世纪 70 年代之前的大部分动态。本书将关注 20 世纪 80 年代以后的日本滑雪旅游地发展状况，同时关注欧洲阿尔卑斯区域以及奥地利阿尔卑斯区域滑雪度假地的发展历程。在此基础上进一步聚焦日本和奥地利，明确两国之间滑雪度假地发展演化的共性和个性，从区域地理视角探讨和分析发展演化机理。具体来说，将重点分析滑雪度假地与不同空间尺度的地域之间的关系。

关于度假地发展演化，研究者们已建构了不少解释模型（Pearce，1995），其中最著名的是巴特勒（Butler，1980）的旅游地演化模型。该模型引用产品生命周期理论揭示了游客数量的时序列变化。旅游地的发展演化过程中，游客数量的时间变化呈 S 曲线，据此将旅游地发展演化分为 5 个阶段：第一阶段为“探查期”，只有少数受当地独特自然和文化吸引的游客到访；第二阶段为“参与期”，当地居民积极参与向游客提供膳宿设施等；第三阶段为“发展期”，旅游设施的外来投资剧增，通过加大宣传力度等扩大旅游市场，游客数量大增；第四阶段为“巩固期（强化）”，游客增长率下降，但旅游业已变成地域经济的主体；第五阶段为“停滞期”，游客数量已达顶峰，旅游环境容量超载等问题开始显现。“停滞”阶段后，或保持原来水平处于“稳定”状态，或因丧失魅力而“衰退”，或以某种理由游客数量增加而“复苏”。

巴特勒模型以及与此相似的 Turot、Gormsen 模型（参看 Pearce，1995）都在揭示旅游大众化背景下作为旅游目的地的度假地发展演变。如今，大众旅游一枝独秀的时代已经一去不返，新兴旅游渐成主角，上述模型已无法提供完整的解释。对于滑雪旅游度假地的发展变化，有必要对巴特勒模型所指第五阶段“停滞期”以后的动态进行新的解释。

下面探讨度假地的定义。“度假地（resort）”是一个非常模糊的概念，多指用来欢度长假的目的地，然而如东京迪士尼的 Tokyo Disney Resort、IIZUNA Resort 等名称所见，有时指旅游设施，有时也指滑雪场，可见度假地具有多义性。本书采用其第一个含义，即将度假地纳入旅游目的地的范畴。

本书中的滑雪度假地有两个主要组成部分，即滑雪场和度假小镇（或滑雪聚落）（resort town）；另外，滑雪游客作为客方到访和逗留于滑雪度假地，从事滑雪和其他活动，因此滑雪者也是滑雪度假地形成和发展的基础要素。度假小镇一般位于滑雪场脚下，聚集有住宿接待设施、餐饮店、体育用品店、商店等众多服务设施。因此，度假小镇是旅游产业的重要据点，具有独特的景观特征，并且由于滑雪的冬季限定性特征使然，相关服务行业也具有明显的季节性经营特点。

以日归（一日游）滑雪者为主要接待对象的滑雪场没有度假小镇，所以严格来讲不属于度假地，意即并非有滑雪场就是度假地。本书涉及的很多分析以滑雪场作为对象，因此难免包括这些只有滑雪场的目的地，遇到这种情况时，本书会着重分析其有别于滑雪度假地的特点。

1.3 研究方法

本书通过分析滑雪度假地各组成要素的时序列变化，揭示滑雪度假地的发展演化，即对滑雪度假地的三个主要构成要素——滑雪场、度假小镇、滑雪者，分别关注其时空特征。

对于滑雪场，将分析索道的配备状况、海拔高度、规模、人员流量等指标，并关注发展动态的地域特征；对于度假小镇，将分析其主要服务设施——住宿设施和餐饮设施的规模、景观、空间分布上的变化；对于滑雪者，将根据滑雪场来访数量、住宿设施过夜人数，追踪其发展演化，同时，将滑雪场或度假小镇设施的区位及其变化作为滑雪者行为偏好的表征，用以分析滑雪者行为特征；进一步将滑雪作为一种文化现象，在文化框架内进行一定的思考，主要从滑雪的历史特点以及世界滑雪文化的定位等角度进行探讨。这里所说的滑雪文化，主要反映在滑雪场的利用方式和滑雪者的行为特征等方面。

对于地域的空间尺度，首先，从全国或跨多个国家的宏观尺度分析滑雪度假地各要素的发展过程；其次，侧重于 2000 年以后的变化，深入探寻其特征；最后，选出典型区域，对个别滑雪度假地的发展演化特征进行微观尺度的深入分析。

上述各部分内容将于本书日本（第 2 篇）和阿尔卑斯山区域（特别是奥地利）（第

3 篇）中进行阐述，进一步通过比较，分析滑雪度假地发展演变的诸特征。日本与奥地利除了最开始在引入滑雪的时间点上日本略晚之外，其他方面并没有太大差距。而从后期的发展来看，尽管有一些相似点，但日奥之间的差距逐步拉大。2000 年以后，日本的滑雪度假地停滞和衰退的倾向明显，而奥地利的一些滑雪度假地依然保持着旺盛的生命力。本书在对这些状况进行深入分析的同时，从自然条件和社会经济条件等方面来剖析造成两国间诸多不同的原因。

1.4 滑雪场相关定义

目前尚没有关于滑雪场的公共统计，因此有关定义还不太明确。本书在分析日本滑雪场时会用到滑雪场的数量，因此，有必要用统一标准对滑雪场进行技术界定，比较符合条件的是滑雪客运索道相关指标（表 1–1）。选作分析对象的滑雪场是指拥有滑雪用普通客运索道或特殊索道（铁路事业法施行规则 47 条）的设施，并以有无客运索道作为滑雪场营业与否的判断依据。滑雪场的建造年度界定为普通索道或特殊索道商业运行的起始年度。本书的分析对象中排除了无提升设备或仅拥有不属于铁路事业法对象的输送设备（如绳塔[①]）的设施，这是因为不属于铁道事业法对象的输送设备的使用许可基准比较模糊，无法适用同样的基准判断有无。

表 1–1　日本滑雪场的属性・指标

属性・指标	单位・特性	资料
定义	配有用于滑雪的普通索道或特殊用途索道（铁道事业法施行规则 47 条）	
位置	维度、经度	地形图、航拍图片
海拔高度与垂直落差	海拔（尽量参照了滑雪场规模最大时最低地点的高程和最高地点的高程）	地形图
开设年	最早的普通索道或特殊用途索道开始营运的年份	《铁道要览》
范围	遵照右栏滑雪场指南	三浦雄一郎监修《95 滑雪指南（东日本篇、西日本篇）》1995
开发资本	分为市町村等、当地、城市、第三部门、不明等类型（是指 1990 年当时的索道经营公司属性。几个公司共同经营时，是指规模指数最大的公司的资本属性。对于 1990 年时业已关闭的滑雪场往前追溯，对于 1991 年以后开设的滑雪场依据开业时的公司属性）。本地资本是指投资主要来源于滑雪场近邻地区或其周边区域的民间资本，城市资本是指投资来源于本地以外的（地方中心城市或大城市）民间资本。其投资主体不甚清晰的“不明”案例也存在	综合 UNICOME 编《滑雪度假地年鉴》1997 市町村史（志）等

① 绳塔或滑雪塔，用发动机的动力旋转环状钢丝绳，滑雪者抓着钢丝绳被牵引上去，如同拖牵式索道。

续表

属性·指标	单位·特性	资料
索道规模指数	人·km/h：每小时运载人数乘以延长距离（km）（各种索道每小时运载人数采用如下的值），并将滑雪场内所有索道的值相加得出总和。座椅式索道：1 人座为 600；2 人座为 900；3 人座为 1800；4 人座为 2400；循环吊厢式索道：4 人座为 1200；6 人座为 1800；8 人座为 2400；T 型拖牵式索道为 450	《铁道要览》

注：原作者制作。

也有一些特殊情况。Kureha（1995，2008）和吴羽正昭（1999，2009）对 1990 年以后的滑雪场研究，排除了仅配置丙种特殊索道［拖牵式索道或拉杆式索道（照片 7–1）等滑行式索道］的滑雪场，这一点和上面的界定及研究对象范围的选定有一定出入。之所以这么处理，是因为有不少滑雪场尽管设有旧铁道事业法中规定的普通索道或乙种（滑雪用吊椅）、丙种特殊索道，但实际上存在停运普通或乙种而仅运行丙种索道营业的情况。若按照 Kureha（1995）的传统界定，这样的滑雪场应该归类到倒闭的滑雪场，但实际上这个滑雪场在利用丙种索道继续营业。为了避免由此引起的歧义，本书做了新的界定，不过有一些图表排除了仅设有丙种索道的滑雪场。滑雪场有无索道依据《铁道要览》判断。《铁道要览》的曾用名为《私铁要览》《民铁要览》，由国土交通省（原运输省）监制发行，从 1956 年（除 1959 年外）每年都发行一次，在本书中统称《铁道要览》。

下面对滑雪场的范围进行说明，因为这关乎滑雪场数量的统计。比如，是把长野县的菅平高原和志贺高原分别作为一个滑雪场来计数，还是把达沃斯、大松山、奥志贺高原、丸池、熊之汤等分别计数显然有出入。各自治体、观光协会或联盟、滑雪旅行指南等都各自按照自己的标准划定滑雪场的范围，各自为政。本书采用如下滑雪旅行指南的标准：1995 年由昭文社发行的《95 滑雪指南（东日本篇、西日本篇）》（三浦雄一郎监修，1995a；1995b），是当时最详细的滑雪场指南；对于 1995 年以后新建的滑雪场继续使用上述指南的后续系列书籍；对于 1994 年时已停业的滑雪场，通过参考各种滑雪场指南以及《铁道要览》进行确认。本研究采用的指标及属性除上述说明之外，还有表 1–1 中所示内容。

关于阿尔卑斯地区以及奥地利滑雪度假地的分析，主要使用过夜人次数和住宿设施的统计，因此大多数以镇（Gemeinde：参照第 8 章注 3）作为空间单位。若出现一个镇拥有多个滑雪场或一个滑雪场跨多个镇的情况时，都附注了说明。关于滑雪场的范围，参考了 *Skiguide Austria 2014*（Fritz und Fettner，2013）。

第 2 章　滑雪的发展史与滑雪度假地的诞生

2.1 滑雪技术的传播与阿尔卑斯式滑雪技术的形成

谈及世界滑雪历史的书籍已有多部，其中 Lunn（1927）的著作在早期的成果当中所获评价最高，而最新的研究成果有 Allen（2012、2017）等。日文的研究成果除天野诚一等（1970、1971）之外，还有中浦皓至（1999）、新井博（2011）等。以这些研究文献为依据，本节探讨滑雪技术的传播过程，下一节进行滑雪度假地形成过程的相关分析。

说到世界的滑雪发展历史，依然存在众多待解部分。关于滑雪的起源，有中亚起源说，但此说尚无定论，可以肯定的是，在公元前 2500 年左右的挪威壁画上出现的人物画像脚上套着滑雪板。19 世纪 70 年代以前，欧洲只有北欧有滑雪，即大家熟知的挪威式滑雪，当然，其并不是为了竞技，而是用来作为雪上的交通手段，也用于部队行进。

由此可见，挪威式滑雪占据滑雪历史的一半以上，而如今习以为常的“阿尔卑斯式”滑雪却仅有百年左右的历史。19 世纪中叶以后，滑雪从北欧传播至世界各地，其契机是 1890 年由挪威探险家弗里乔夫·南森（Fridtjof Nansen，1861—1930）所著的格陵兰岛游记的出版。挪威语版发行一年后，其英语版本和德语版本的译著相继出版。自此以后，滑雪技术从北欧南下穿过德国传到阿尔卑斯山区，其传播路径有数条，将在后文详述。其后，滑雪技术又从欧洲随着移民传至北美大陆，再跟随具备滑雪技术的人物传入日本。

将滑雪技术应用到阿尔卑斯山脉的高山区域，即阿尔卑斯式滑雪技术的创始人是奥地利的茨达尔斯基（Mathias Zdarsky，1856–1940）。茨达尔斯基受到南森著作的激励，从挪威订购了滑雪板，在其居住地利林费尔德（维也纳西南 70km 处的郡中心）周边潜心研究滑雪技术。茨达尔斯基于 1896 年完成了介绍阿尔卑斯式滑雪的第一本教材（Zdarsky，1897），并于一年后出版发行。该著作根据作者的居住地地名，命名为《利林费尔德滑雪技术》。茨达尔斯基式滑雪使用一根滑雪杖，教材配合照片等详细介绍了这一滑雪方法（Wolfgang，1985）。该技术同其弟子莱尔希（Theodor Edler von Lerch）少校在 1911 年介绍到日本的滑雪方式近乎一致。茨达尔斯基在滑雪固定器的设计上花费了大量的时间和精力，六年之间发明了两百多种（中浦皓至，1990）。主要是因为高山滑雪和平地滑雪不同，从高处往低处滑降时所产生的势能，对滑雪鞋（当时是登山鞋）和滑雪板之间的结合所带来的冲击很大。挪威式滑雪有个简单的固定器即可，但对于高山滑雪而言，固定器的重要性非同一般，它扮演着将身体的意向传递给滑雪板的媒介作用。

除了茨达尔斯基式滑雪方式之外，还有很多种滑法。1878 年的巴黎世界博览会上，挪威馆展出的滑雪板引起登山家亨利·杜阿梅尔（Henry Duhamel，1853—1917）浓厚的兴趣，他成了第一个使用滑雪板的法国人（Boyer，2006；Allen，2012）。在法国，滑雪以其军事方面的用途受到关注。在瑞士，德国籍地质学家 Wilhelm Paulcke（1873—1949）于 1883 年为母亲的治病疗养奔赴达沃斯，居留达沃斯期间，他的父亲于圣诞节赠予其特里马滑雪板（Barton，2008），由此可以推断 Paulcke 是用这个滑雪板练习滑雪的。柯南·道尔（Arthur Conan Doyle）——福尔摩斯的创造者——从 1893 年到 1894 年间也在达沃斯滑过雪（河村英和，2013）。从河村英和（2013）的照片来看，道尔的滑雪板看似后跟稍微上翘的北欧型。上面提到的 Wilhelm Paulcke 与德国黑森林（Schwarzwald）滑雪俱乐部的创建（1895）也有关联（Ski-Club Freiburg e. V., 1995）。综上所述，从北欧到阿尔卑斯有数条滑雪技术的传播路径，但是从茨达尔斯基发明山地滑降技术以后，滑雪才真正开始在阿尔卑斯山区得以普及。

2.2 滑雪场和滑雪度假地的形成

阿尔卑斯式滑雪有多种滑法。但不管使用哪一种滑法，熟练掌握其滑降技巧都并非易事，所以需要先在练习场学习和掌握速度和方向的调控方法，之后方可到雪山上实地演练。而对已掌握技巧的人来说，练习场则是多余的。这意味着在过去的阿尔卑斯式滑雪等同于如今所称的“山岳滑雪”，练习场是用来学习和练就技术的，其背景是 19 世纪中叶后在阿尔卑斯山脉盛行的阿尔卑斯主义。后来练习场内开始设置滑雪索道，同时久负盛名的阿尔卑斯山区度假地开启了冬季的营业，随即，练习场内的滑雪即场地滑雪渐成主角。

1907 年，阿尔卑斯地区第一个滑雪客运索道出现在奥地利福拉尔贝格州多恩比恩郊区的波戴勒（Bödele）滑雪场（照片 2-1；Allgeuer，1998：25），该索道采用动力牵引模式将载人雪橇提升上去。20 世纪 20 年代，大型缆绳技术开始运用到滑雪索道的制造。另外，瑞士以 19 世纪 70 年代瑞吉库尔姆的铁路铺设为开端，开启了登山铁路的建设（胁田武光，1989），奥地利也紧跟着开始建造登山铁路（吴羽正昭，2016）。

照片 2-1　波戴勒的滑雪索道（年代不明）用发动机动力提升大型雪橇的构造。

资料：Allgeuer（1998）

场内滑雪变成主流后，出现了专门选择在练习场内畅享滑雪的玩家，山岳滑雪虽然没有被淘汰，但参加的人数不多。与山岳滑雪相比，场内滑雪省去了攀登之苦，因此大受欢迎。也就是说，滑雪的功能由登山、移动手段向娱乐休闲活动转变，从而催生了滑雪场这一休闲度假空间的诞生。

场内滑雪发展的背景还包括滑雪技术的进步，滑雪场作为学习和掌握滑雪技术的场所变得非常重要。第二次世界大战前引人关注的滑雪技术有奥地利籍滑雪名人汉斯·施奈德（Hannes Schneider，1890—1955，后亡命美国）开发的阿尔贝格（Arlberg）技术，该技术于 20 世纪 20 年代成型，后通过电影、载有连续照片的书籍等媒介迅速普及到全世界。日本的滑雪爱好者也对阿尔贝格技术给予了高度关注，高桥次郎（1929）还出版过该技术的说明书。施奈德曾受聘于日本的玉川学园，于 1930 年到达日本，在长野县的菅平高原和新潟县的池之平以及北海道的十胜等地展示过其滑雪技巧。

滑雪场引入索道以后，促进了邻近区域滑雪度假小镇的形成与发展。同时，原来作为夏季登山和徒步旅行的据点而发展起来的既有度假地，通过修建滑雪场，又增添了冬季度假地的功能。除了滑雪项目之外，度假地内还增设滑冰等各种附属性休闲娱乐设施或配套雪后娱乐项目，以增添滑雪运动之后的休闲乐趣。

第二次世界大战后，滑雪技术继续进化和升级。法国和奥地利分别开发了称为大回转（rotation）和小回转（Beinspiel）的新技术，这两项技术是专门为在雪道顺利滑降而设计，适用于基础滑雪或场内滑雪。20 世纪 50 年代以后，正值大众旅游上升时期，大量游客涌进滑雪度假地，促使滑雪场的开发和住宿设施的建设力度加大。索道业已成为滑雪场的标配，滑雪者对雪道的花样有了更多追求，这促进了滑雪场规模的急剧扩张。20 世纪 80 年代前叶，尽管数量上有较大的差异，但阿尔卑斯山区的广大区域都开发有滑雪场（Hannss und Schröder，1985），北美、日本也修建了大量的滑雪索道。同时，这些滑雪场腹地的滑雪人口也有了显著增长。1990 年前后世界滑雪人口的估算值约为 6000 万，其中 40% 左右分布在欧洲（Goeldner，1992；Hudson，2000）。

然而，在 20 世纪 80 年代的美国、21 世纪初的日本（将在第 4 章详细分析），甚至阿尔卑斯区域也出现了滑雪场被淘汰的现象。20 世纪 80 年代，美国的小型滑雪场淘汰比较显著，数量约减少了 18%，但其总规模反而有 50% 的增长（Hudson and Hudson，2015）。

2.3 全球的滑雪场与滑雪度假地

在过去一百年间，滑雪运动广泛普及，世界各地相继出现了滑雪度假地，但尚无可用于展示世界滑雪度假地状况的国际通用指标。因此，这里用 Vanat（2015）的资料图来表示各国滑雪索道的数量（图 2–1），具体年份不详，据推测是 2010 年左右的数据。

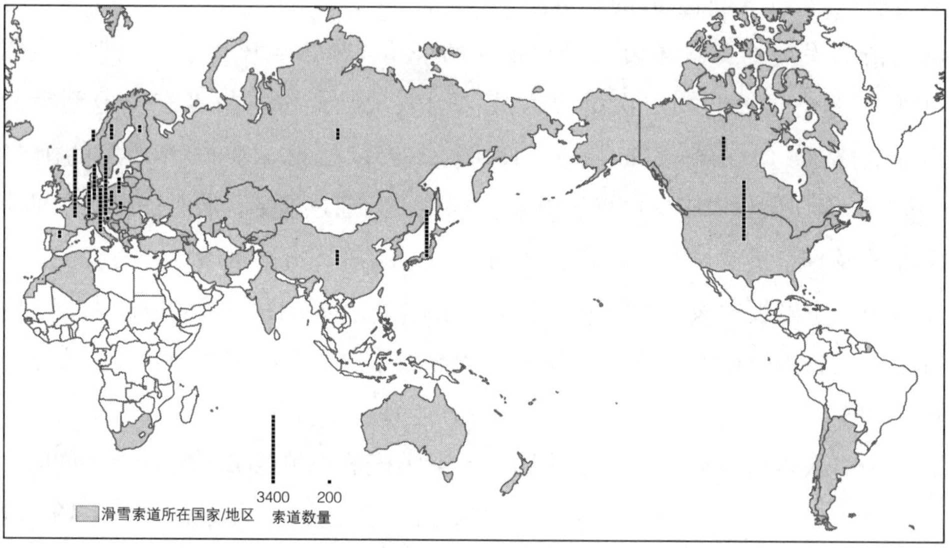

图 2–1　世界滑雪索道分布（21 世纪 10 年代前半期）

注：仅标记索道数量达 200 条以上的国家或地区索道总量。
资料：Vanat（2015）

世界各地的滑雪场都分布在有积雪的温带以寒地区。南半球很多国家没有滑雪索道，而北半球的滑雪索道遍及北美到欧亚大陆几乎所有的国家和地区。拥有 200 条以上索道的国家集中分布在欧洲，尤其是阿尔卑斯山区的国家——法国、奥地利、意大利、德国、瑞士，共有1700条以上的滑雪索道，北欧、东欧各国以及西班牙也有索道。此外，美国、日本的滑雪索道规模赶上阿尔卑斯区域国家的水平，而加拿大、中国和俄罗斯的索道数量则很少。

下面根据滑雪旅游指南书籍上的资料分析世界滑雪索道的分布。滑雪爱好者很少采取周游列国的旅游方式，这也不是滑雪娱乐的主流，相应地，全球性的滑雪旅游指南就比较少。也就是说，滑雪指南一般以特定区域的滑雪爱好者群体为对象，提供特定区域的信息。在市场上，面向欧洲阿尔卑斯区域或北美的滑雪场指南最多，日本的滑雪场指南一般以日本滑雪爱好者为对象出版发行日语版本。在德语圈曾经出版过以阿尔卑斯区域为对象的几本指南，目前已无定期发行的刊物［荷兰的 Snow Plaza（2013）也于 2015 年以后没再出版］。目前在英国定期出版的指南有 *Where to ski and snowboard*，此外也有一些介绍世界滑雪度假地的单行本。表 2–1 是借鉴 *Where to ski and snowboard*（Gill and Watts，2015）在英国（Wilson，2007）及美国（Wingenbach，2006）出版的单行本中的内容所整理的世界滑雪度假地分布概况。

表 2–1　滑雪场指南书籍上所记载的世界滑雪度假地分布

国名	*Where to ski and snowboard* Gill and Watts（2015）	*Top ski resorts* Wilson（2007）	*100 best ski resorts* Wingenbach（2006）
奥地利	20	3	13
法国	34	5	13
德国	1	1	1
意大利	12	2	6
瑞士	18	5	13
美国	18	7	39
加拿大	10	3	8
其他	安道尔 2、西班牙、芬兰、挪威、瑞典、保加利亚、罗马尼亚、斯洛文尼亚、苏格兰、日本	瑞典 1、挪威 1、智利 2、阿根廷 2、日本 1(志贺高原＋八方尾根 1 项）、新西兰 2，澳大利亚 1	西班牙 1、瑞典 1、智利 1、阿根廷 1、新西兰 2

注：以 Gill and Watts (2015) 中记载分量超过两页以上的国家为对象，剩下的归类到其他项里（安道尔除外）。其他项里的数字是上述资料中记载分量超过两页以上的滑雪度假地的数量。

资料：Gill and Watts（2015），Wilson（2007），Wingenbach（2006）

Gill and Watts（2015）及 Wingenbach（2006）是实用价值极高的度假地或滑雪场

指南，前者对阿尔卑斯区域、后者对美国进行了重点介绍。Wilson（2007）是大开本，附有大量照片介绍并解说世界著名滑雪度假地，该书上的资料显示世界滑雪度假地的一半以上分布在阿尔卑斯山区和北美区域（表 2–2），其余散布在北欧、南美、日本和大洋洲。上面介绍的滑雪度假地，从其索道数和滑雪道的垂直落差来看规模都比较大，多数和日本的志贺高原、八方尾根相媲美或者更大。很多大型滑雪度假地的顶部海拔在 3000m 以上。

表 2–2　世界主要滑雪度假地概要

国家 / 地区	滑雪度假地	滑雪用索道数	滑雪道海拔高度（m）
法国	Val d' Isèle & Tignes Courchevel & the Trois Vallées Chamonix & Argentière Les Arcs & La Plagne Paradiski La Grave & Les DuexAlpes	46+47 67+200 49 76+109 63	1550~3660（Tignes） 1300~3200（Trois Vallées） 1040~3840 1250~3250（La Plagne） 1400~3550（La Grave）
奥地利	St. Anton am Arlberg Kitzbühel Ischgl	86* 60 42	1300~2810 800~2000 1400~2900
瑞士	Zermatt Verbier St. Moritz Davos & Kloster Andermatt	57* 95* 23 54 34	1620~3820 1500~3330 1820~3060 1560~2840（Davos） 1450~2960
德国	Garmisch–Partenkirchen	38	740~2830
意大利	Cortina d' Ampezzo Selva & Val Gardina	51 83	1220~3240 1060~2520
斯堪的纳维亚	Åre Riksgänsen & Narvik	44 6+5	380~1270 520~910（Riksgänsen）
加拿大	Whistler & Blackomb Lake Louise & Banff Fernie	37 24* 10	675~2280（Blackomb） 1645~2640 1070~1920
美国	Aspen Jackson Hole Lake Tahoe Vail Park City &Snowbird/Alta Taos Ski Valley Telluride	42 16 64 33 15+25 12 16	2400~3800（Snowmass） 1920~3190（Jackson） 2000~3000（Heavenly） 2470~3550 2100~3000（Park City） 2800~3600 2650~3730
智利	Valle Nevado, La Parva & El Colorado Portillo	11+14+18 12	2880~3670（Valle Nevado） 2510~3350
阿根廷	Las Leñas San Carlos de Bariloche	13 39	2250~3430 1050~2040
日本	八方尾根＋志贺高原	34+75	760~1830（八方尾根）

续表

国家 / 地区	滑雪度假地	滑雪用索道数	滑雪道海拔高度（m）
新西兰	Treble Cone Ruapehu	7 14+9	1200~1860 1600~2320（Whakapapa）
澳大利亚	Jindabyne: Thredbo & Perisher Blue	50	1370~2040

注：上标 * 的是广域滑雪区域里的滑雪索道数量。
资料：Wilson（2007）

日本的滑雪索道总数多于意大利、瑞士和加拿大（图 2-1），但由于小型滑雪场比较多或因信息不足，在世界上的排序相对靠后。在 Wilson（2007）的指南中，用三页的篇幅介绍了志贺高原和八方尾根，登载的三张照片中只有一张是滑雪场（志贺高原 · 东馆山），其余两张是地狱谷温泉的日本猴和不知名的神社。

滑雪索道、度假地的分布与滑雪人口的分布相关。宏观上，滑雪场的分布区和滑雪人口分布区比较接近。因此，滑雪人口较多的欧洲，以阿尔卑斯山地为中心聚集着为数众多的滑雪场。另外，也有滑雪爱好者为滑雪运动而不惧长途跋涉远距离旅行，如澳大利亚滑雪爱好者不远千里漂洋过海到日本或北美滑雪，足见滑雪的魅力之大。这样的远距离移动，对滑雪度假地提出了一些新的功能要求。

第 3 章　滑雪旅游研究综述

3.1 前言

阿尔卑斯式滑雪技术得以确立以后，出现了以滑雪为目的的离开惯常生活圈、逗留积雪地带的“滑雪旅游”现象。随着第二次世界大战结束后滑雪旅游的快速成长，它也显示出各种各样的地域特征，这引起了地理学及其他研究领域的广泛兴趣，出现了专门以滑雪旅游和滑雪度假地为对象的研究。

本章将评述日本和阿尔卑斯区域的滑雪旅游相关研究动态及进展。滑雪旅游相关研究成果并不局限于地理学领域，本研究以地理学领域的研究成果为中心，同时也探讨相邻的社会学和林学等领域的研究成果。

3.2 日本的滑雪旅游研究进展

白坂蕃（1986）和 Kureha（1995）对日本滑雪旅游的研究课题和进展做过综述，但前者只分析到 1980 年，后者仅考察了主要研究成果。除此之外，社会学家加纳弘二（1993）概述了与滑雪场开发相关的旅游地理学研究，中村徹（1999）评述了滑雪场和自然环境相关的研究成果，山下清海（1988）以雪国的视角进行了展望。

旅游地理学科的综述性研究有青木荣一与山村顺次（1976）以及山村顺次（1995）等。他们将学科发展阶段划分为第二次世界大战前的萌芽期和第二次世界大战后的成长期，其中包括滑雪旅游的研究成果。另外，Ishii and Shirasaka（1988）也整理和归纳了 20 世纪 60 年代至 80 年代中期的日本旅游地理学研究成果。佐川日奈子（1992）、吴羽正昭（2003）、山田耕生（2003）分别以度假地、环境、山村为关键词进行了研究综述。吴羽正昭（2011）基于对上述综述性文献的分析，总结出日本旅游地理学研究以目的地研究占主导的特征。

本章前半部分，分别从滑雪场和滑雪度假地的区位与地域开展状况的研究、滑雪度假地的案例研究、滑雪人口及滑雪行为相关研究、滑雪与自然环境相关研究这 4 部分来综观日本滑雪旅游相关的地理学研究成果。滑雪度假地的案例研究比较多，按照所处区域分别描述。

3.3 日本的滑雪场与滑雪度假地的区位和地域开展状况相关研究

关于日本的滑雪场与滑雪度假地的分布及区位模式，研究者们从多种空间尺度进行了探讨，最早的研究出现于 20 世纪 40 年代初。安田初雄（1941a）研究了 1938 年前后存在的 285 处滑雪场（与本书定义有所区别）的分布特征，试图从雪深、地形以及人口密集区之间的交通条件进行分析。野本晃史（1962）以西日本的滑雪场区位和游客流为依据，对滑雪场进行了分类，并探讨了大山滑雪场的定位。

白坂蕃在日本的滑雪场以及滑雪度假地区位的研究上，做出了很大的贡献（白坂蕃，1986；Shirasaka，1984；1993）。首先，从积雪和地形等自然条件、与大城市之间的关系、投资主体的动态等社会经济条件分析了滑雪场的区位，进一步关注了滑雪场周边聚落的变化，明确了“滑雪聚落”的概念（第 1 章中提及），将其分为“既有聚落渐变型”和“新生聚落型”，并考察了发展模式及有关的地域条件。Kureha（1995；1998；2008）补充了 20 世纪 80 年代滑雪场区位动态的分析，认为 20 世纪 80 年代至 90 年代初为日本滑雪场开发的第二次高潮，表现为滑雪场内高运载能力的索道、人工造雪机、设计精致的餐馆、新酒店等设施的剧增。在此基础上进一步分析滑雪度假地的特征，将滑雪度假地分为大城市圈型和北日本型，认为前者的发展依赖于与城市的邻近性，后者的发展依赖于大投资商的融资力度。吴羽正昭（1999）和 Kureha（2005）归纳了日本滑雪场的开发进程与农山村区域的变迁，关于日本滑雪场区位的研究还有吴羽正昭（2006a；2008）等。

土屋俊幸（1997a）重点关注第二次世界大战以后日本滑雪场的开发与融资状况，根据资本构成将滑雪场分为社区独资型、社区主导型、社区和外来资本合资型、外来资本合资型、外来资本独资型 5 种类型。关于社区主导型（八方尾根的案例），认为社区共有土地的存在赋予了当地社区掌握发展主导权的可能性，具体表现为社区对外来资本可采取各种管控措施、保障当地居民享受到更多实惠。村田淳（2002）根据滑雪度假地的旅游资源对滑雪场进行了分类。

日本全域宏观尺度的研究还探讨了森林与滑雪场的关系。土屋俊幸（1986）分析了全日本大型滑雪场的经营方式与土地所属关系，佐佐木博（1987）在对国有林中开展的“休闲森林”的分析中关注到滑雪场，铃木乔（2001）分析了国有林中滑雪场的开发动态。关于滑雪场的开发主体，淡野明彦（1978）在大型私铁资本在日本主要旅游地的投资状况报告中提到了滑雪场的投资主体。德久球雄（1978）关注了滑雪场的开发条件，日暮贤司（1991a）则对滑雪场的开发方式进行了研究。沟尾良雄（1994）和 Kano（1997）分析了日本的滑雪旅游及滑雪场的开发历程，类似的研究还有宫泽裕（1994）和山田雄一（2004）的研究。关于滑雪民宿，白坂蕃（1983）总结了其发展状况及所面临的挑战。大谷毅（2001）指出了近年滑雪场经营中存在的问题。

对东北地区这一空间尺度的研究有八木浩司等（1991），探讨了滑雪场开发的变迁及区位类型，揭示了滑雪场的区位要素随时代的变迁特征，并试图从滑雪场的地形、位置、规模及经营形态为指标对滑雪场进行分类。

在都道府县的空间尺度上，有小泽丈夫（2010）、石井宽（1989）、菊地达夫（1999）对于北海道的研究；吉崎光哉（1991）对秋田县公营滑雪场特性的报告；吴羽正昭（1999）对长野县滑雪场开发演变的研究；市川键夫（1998；2004）研究了长野县滑雪旅游的变迁，重点关注滑雪旅游的开展与滑雪场开发及山村的变迁；新井博（2002）分析了第二次世界大战前福井县滑雪场的区域分布特点；吉本刚典（2002）关注了兵库县北部；阿部志朗（1991）关注了岛根县和广岛县界的滑雪场区位。

在更小的空间尺度上，土田邦彦（1973）分析了新潟县鱼沼地区的滑雪场区位，强调了与东京相隔距离远近所造成的南北差异；市川正夫（1997）分别对越后汤泽、志贺高原、野泽温泉、八方尾根的滑雪度假地进行研究，比较了开发历程、区位条件、住宿设施等方面的异同；山村顺次（1975a）关注了中央高地的旅游开发主体和开发方式，分别对当地资本主导型和外来资本主导型展开讨论。

上述研究是关于滑雪场区位空间开展状况的研究成果，也有对滑雪场或滑雪度假地倒闭现象的关注。日本的滑雪旅游从 20 世纪 90 年代中期开始趋于低迷，从而造成滑雪场经营趋于恶化，导致部分公司倒闭或转型，也有停业甚至关门的滑雪场（吴羽正昭，2008）。Kureha（2008）分析了滑雪场倒闭的地域特征，发现倒闭的滑雪场大多数是坐落在海拔较低处的小型滑雪场。樱田照雄（2015）关注了多个滑雪场，探讨了其经营方面的特征。

3.4 日本滑雪度假地案例研究

3.4.1 北海道

关于北海道的滑雪度假地，进藤贤一等（1991）研究了上川、石狩地区的各滑雪度假地的特征，小松原尚（1993）对留寿都高原、米浪信男（1989）和武田泉（1993a）对 TOMAMU（トマム）、芳贺亮子（1991）对富良野、小松原尚（2007）对

二世古（ニセコ）进行了研究。另外，武田泉（1993b；1994）研究了赤井川村的喜乐乐（キロロ）度假地，土屋俊幸（1997b）则以佐幌（サホロ）为案例分析了反开发运动。

随着滑雪旅游趋向疲软，滑雪场经营中存在的种种问题日益表面化，研究者开始关注滑雪场的经营策略。河西邦人（1999）针对北海道全域的滑雪场分别考察了经营策略。河西邦人（2000）分别对二世古安努普利、留寿都度假村、TOMAMU、喜乐乐、札幌国际、赤平山各滑雪场的经营战略进行了分析。河西邦人（2006）以比布（Pippu）滑雪场（比布町）为案例探讨了公营滑雪场的经营再生战略，并将芽室（芽室町）、宫城藏王白石、野泽温泉、立山山麓粟巢野（富山市）作为反面案例进行了比较。菊地达夫（2004）探讨了 TOMAMU 经营主体的变更与度假地的重构。此外，还有深川滑雪场（今西英俊，2006）、阿寒湖畔滑雪场（臼井冬彦，2008）相关的研究。

2005 年以后，澳大利亚人给二世古地区带来的影响开始引起研究者的兴趣。市冈浩子和成泽义亲（2006）、市冈浩子等（2008）分析了入境旅游的发展原因及存在问题，菊地达夫（2008）从滑雪度假地变迁的视角进行了归纳，也有关注外资融资状况的研究（菊地达夫，2009；菅原淳，2012）。还有研究者注意到外国人的度假公寓需求对土地利用与景观的影响（Kureha，2014；吴羽正昭，2014a），而上崎哉（2009）则探讨了景观地区指定机制，伊东宏修和前田和司（2003）以及河西邦人（2009）从创新创业的视角进行了研究。熊谷尤里亚（2009）和后藤英之等（2016）对外国人居住者和旅游者的意向进行了问卷调查。入境旅游视角的研究有滑雪度假地多国语言化（加藤重广，2009）和外语标记招牌（山川和彦，2011）的分析。小泽丈夫和池村菜々（2011）从北海道开拓以来的历史跨度上，包括土地所有状况等，详细分析了比罗夫地区滑雪度假地形成过程。山崎隆之和十代田朗（2009）探讨了度假地和俱知安市区的关系。

3.4.2 东北地区

1. 青森县

相马克典（1991）对大鳄町滑雪度假地开发状况做了报告。关于岩手县，度假地开发热时期的安比高原为对象的相关研究非常多：安比高原开发概况的报告（太田吉昭，1987）；林野利用的变迁与滑雪场开发的关系（中岛信博，1988）；安比高原的开发与村落振兴之间的关联（冈田秀二，1988）；安比高原的开发过程、游客的特征与地域社会关系的归纳（吴羽正昭，1991a）；安比高原滑雪民宿的区位研究（安食和宏，柏仓明彦，1988）；万木孝雄等（1993）也做了相关研究。安比高原之外，山村顺次和五岛纯一（1983）对松尾村（现八幡平市）东八幡平的温泉聚落进行了分析，木村毅（1992）对雫石町篠崎地区的滑雪度假地做了报告，伊藤贵启（1992）在岩手山南麓的土地利用变化的分析中提及了滑雪场。

2. 秋田县

田泽湖高原的研究有船泽小百合（1986）、金谷珠美（1992）、佐川日奈子（1993）；对阿仁町（现北秋田市）的研究有川俣修涛（1992）、松冈昌则（1997）、熊谷嘉隆（2008），山口和男（1999）概述了森吉山滑雪场开发与地域振兴之间的关系；佐藤雅彦（1989）分析了秋田市仁别地区的林野利用情况。

3. 宫城县

三桥勇（2003）研究了鬼首滑雪场的新动态，千相哲和沟尾良雄（1997）研究了坐落于宫城县和山形县交界处的藏王山两侧的滑雪度假地，探讨了共同开发的可能性与存在的问题。

4. 山形县

以藏王作为研究对象的论文比较多。白坂蕃（1978）、中川重和涩谷光夫（1985）、山口博（1990）和甲斐幸太郎（1999）从不同视角对藏王山麓滑雪度假地的形成过程做了分析；佐藤美津香和白坂蕃（1983）分析了从春季营业到初夏的月山滑雪场附近的山地聚落的特点；加纳弘二（1988）研究了栉引町（现鹤岗市）欌代滑雪场开发与社区的响应。

5. 福岛县

野边和博（1991）、山村顺次（1993）、松村和则（1993）和川崎淳平（1999）对馆岩村（现南会津町）的高杖滑雪度假地开发状况进行了研究；山村顺次（1994）对田岛町（现南会津町）针生地区的度假地（台鞍山）开发做了分析；松村和则和佐藤利明（1993a）、佐藤利明（1993）、松村和则（1995）对磐梯山周边地区的旅游开发与地域社会之间的关系做了分析；松村和则和佐藤利明（1993b）对福岛县“度假地法”开发做了分析；佐藤利明（1997；2007）及松村和则（1997）对里磐梯社区进行了分析；松村和则和佐藤利明（1997）对磐梯山周边的度假地开发进行了研究；石井雄二（1991）对猪苗代滑雪场邻近的民宿聚落进行了分析。

3.4.3 关东地区

关东地区的滑雪场不多，案例研究积累也相对较少。关于枥木县，堀场弘喜（1991）关注了猎人山滑雪场的开发与盐原温泉的变迁。关于群马县，吴羽正昭（1991b；1996）对片品村滑雪度假地，就滑雪场的开发、住宿设施的建设动态做了研究；桑原考史（2010）关注了片品村民宿对乡村旅游的响应；中岛直子（1992）与关户明子（1994）关注了川场村的城乡交流状况；菊地俊夫等（1995）在水上町藤原的生计系统变化的研究中涉及滑雪旅游；廣井达人（1995）对 Norn 水上（地名）滑雪场进行了分析；佐々木博（1997）从度假地的视角研究了草津温泉；山村顺次（1978；1992）对草津温泉的变迁进行了分析和归纳。

3.4.4 新潟县

新潟县分布着众多滑雪场，因此相关研究也很丰富。南鱼沼区域相关的研究有：石井英也（1970）分析了山地型民宿地域的形成；土田邦彦（1973）和户田秀一（1981）分析了上越铁路沿线的滑雪场特点；横山昭市（2003）归纳了度假地的变迁与存在的问题。

关于汤泽町：吴羽正昭（1995）结合交通条件与土地条件分析了町内滑雪场的开发状况，伊泽利久（1990）关注了度假地形成，笹冈达男等（1994）对度假地设施状况做了报告。也有不少度假房地产相关研究：佐々木博（1992）关注了区位特点，并探讨了度假房产对区域的影响；池田庄治（1993）对房地产开发状况做了详细分析。佐藤守正（1990）关注到汤泽町度假地发展对儿童生活所产生的影响。针对滑雪旅游低迷形势，柴田高（2014）关注了经营状况。个别度假地的研究有：三井田圭右（1982）对三国和三俣地区的研究；池野悟（1981）和三井田圭右（1979；1986）对浅贝（苗场）的研究。

相邻的盐泽町（现南鱼沼市）石打地区的内生式发展模式引起研究者的关注，土屋俊幸（1987）、栁泽能生和名和田是彦（1993）、保母武彦（1996）和桑原考史（2010）分别从不同视角进行了分析。篠田朗夫（1995）结合农林业土地利用状况的分析研究了安塚町的滑雪度假地开发状况。

妙高高原相关的研究有：砂本文彦（2000；2008）分析了第二次世界大战前妙高赤仓的特征；野本晃史（1961）和桐山和雄（1977）也对赤仓进行了研究；尾崎乕四郎（1979）对池之平地区做了分析；小西正雄（1980）从社会学角度研究民宿聚落，指出妙高高原杉野泽地区发展成民宿的背景有牢固的共同体凝聚力；横田忠夫（1980）也对杉野泽进行了研究。

下越地区的黑川村（现胎内市）的旅游开发也比较有名，池田庄治（1994）、上江洲薰和徐皎（1996）对胎内滑雪场做了研究。

3.4.5 长野县

长野县也和新潟县同样有丰富的案例研究。对于最北部的饭山市：松田宏道（1980）分析了市内多个滑雪场的开发过程以及土地的所属、雇佣形态；梅泽彰（1974）研究了紧邻户狩滑雪场的太田地区民宿发展进程；内川启（2003）详细分析了滑雪旅游停滞期农家民宿的生存战略；村山研一（2005）和佐藤真弓（2015）也对该地区进行了研究；加纳弘二（1994）研究了信浓平滑雪场邻近地区；近藤浩幸（2003）对斑尾高原做了调研。

关于野泽温泉，白坂蕃（1976）做了非常详细的研究，从多个角度考察了野泽温泉的滑雪旅游；关口孝治等（1995）从内生式发展视角对野泽温泉村的度假地发展进行了分析；藤森新作（1995）、藤森新作等（1996）从中山间地域振兴的视角重点关注了地方宣传；吉田秀雄（2006）论述了滑雪旅游停滞期村营滑雪场的民营化；渡边亮佑等（2016）从自然条件和社会经济条件分析了野泽温泉和户狩两个滑雪场以及周边地区的土地利用变化状况，与此相邻的木岛平村，有山田耕生（2002）的绿色旅游相关研究。

志贺高原相关的研究也有丰厚的积累。白石国男（1956）从住宿设施状况与游客流阐明了志贺高原的特征；广濑洁（1968）考察了20世纪60年代后半期的志贺高原滑雪游客下降情况，关注了滑雪场形态所产生的影响；山村顺次（1975b；1990）归纳了志贺高原的旅游及其变迁；白坂蕃（1986）对志贺高原新生型滑雪聚落进行了深入的研究；清水聪子（2014）关注了停滞期的志贺高原山岳度假旅游发展的可能性。

关于长野盆地西部：岩鼻通明（1981；1993；1999）关注了户隐高原，从山岳宗教聚落变迁的视角进行了定点追踪研究；花岛裕树等（2009）的调研发现在滑雪旅游需求低迷的情况下，黑姬高原的经营转向运动集训合宿或"治愈系森林"事业的新动态。

关于菅平高原：桝田一二（1940）从区域地理学（地志学）角度归纳了地域特征；伊藤达雄和青木荣一（1962）分析了菅平高原的旅游产业发展成因；山本正三等（1981）的调研结果显示，20世纪70年代开始在体育运动设施方面加大力度，从而发展成冬、夏两季型的旅游地；石井雄二（1984）分析了菅平的农业与民宿经营的关系。对于2000年以后的状况，新藤多惠子等（2003）、Kureha et al.（2003）以及吴羽正昭和渡边瑛季（2015）进行了归纳，揭示了住宿设施的经营重心由滑雪旅游向运动集训合宿的转向以及随之产生的景观变化。对于与菅平高原相邻的蜂之原高原，市川贞夫（1981）关注了西式民宿的区位和经营状况。

关于中信区域也有不少研究成果。山野明男（1980）分析了小谷村栂池高原旅游开发过程与民宿经营状况；白坂蕃（1982）观察到随着滑雪场的开发，栂池高原地区的农村聚落向近邻区域迁移的现象。对于白马村，浅川伶子（1964）研究了滑雪民宿，分析了民宿的生成以及民宿与农业经营的关系；石井英也（1977；1986；1992）揭示了原来基于农林业形成的地域综合体，随着滑雪场的开发向民宿为中心的地域综合体演化的过程；土屋俊幸（1997a）研究了村内滑雪场建设用地的土地归属特点；小谷达男（1978）分析了白马村旅游开发过程与地方经济之间的关联；日暮贤司（1991b）、石塚启子（1992）关注了度假地在开发热时期的状况；堀田恭子（2001）基于问卷调查分析了长野冬奥会对白马村的影响；石原照敏（2000）和小谷宽二（2003）研究了白马村的新动态；白马村和小谷村出现外国游客的时间稍晚于二世古，但增长很快，真田隆法（2009）和小室让（2014）对此进行了概述。对于大町市，佐々木绿（2006）分析了青木湖周边的山村变化，市川健夫和白坂蕃（1978）从山地聚落变迁的视角对乘鞍高原进行了研究。吴羽正昭等（2001）、丰岛建一等（2001）及吴羽正昭（2006b）揭示了滑雪停滞期住宿设施经营的两极分化现象。

学者们对县南地域也给予了一定关注。高池义泽（1936）报告了雾峰滑雪场的特征；池俊介（1986；2006）在蓼科高原的入会林野利用状况的分析中关注到滑雪场开发情况；神谷秀彦（1993）对开田村（现木曾町）进行了研究；大浦由美等（2002）总结了王泷村滑雪场过度开发引发的问题；土屋俊幸（1984）不仅关注到王泷村，而且对立科町（东信）和麻绩村（中信）的滑雪场开发进行了研究。

3.4.6 西日本

西日本的滑雪场不多，相关研究成果也较少。关于岐阜县，山村顺次（1985）做了久久野町（现高山市）的研究报告，马渕旻修（1990）论述了岐阜县奥美浓各滑雪场的性质，依光良三（1996）对御岳山西麓、佐藤延子（1997）对丹生川村（现高山市）做了报告。关于福井县，有北村修二（1990）对胜山市的研究。

关于兵库县，矢岛严（2004a）总结了但马地域的滑雪场开展状况及滑雪度假地的变迁。矢岛严（2004b）以关宫町（现养父市）为例，分析了其滑雪度假地发展与村落生活基础设施的生活用水、排水系统之间的关系。此外，还有冈山县蒜山高原的研究（石原照敏，1991）、爱媛县久万町（现久万高原町）的研究（篠原重则，1996）。横山秀司（1995）则对日本最南端滑雪场——宫崎县五濑町的滑雪场开发与游客动态进行了分析。

3.4.7 小结

上面对各滑雪度假地的案例，按照区域分别进行了已有研究成果的梳理。东日本尤其以长野县与新潟县的滑雪度假地为对象的研究占很大的比重，滑雪场的数量上北海道和东北也不逊色于长野和新潟两县，但其住宿设施的集聚程度比较低，规模比较小，较少被选作研究对象。

滑雪度假地研究视角具有显著的时代特征。至20世纪50年代，地志（区域地理）色彩浓厚。60年代到70年代，随着滑雪场开发的推进，住宿设施的发展状况、滑雪游客的到访情况、滑雪场的经营带来的就业率提升效果也受到关注，同时研究呈现滑雪场附近聚落的土地利用、经济活动、就业结构都出现了显著的变化。因而，这些变化显现的大规模滑雪场得到研究者的更多青睐，比如东北地区的藏王、中央高地的妙高高原、户狩、野泽温泉、志贺高原、菅平高原、白马村等大型滑雪度假地。

1980年以后，日本滑雪场的开发模式发生了很大变化（将于第2篇详述），特别是进入度假地开发热的时期（沟尾良隆，1990），度假地指向的滑雪场研究大幅增加。这些现象在北海道和东北地区比较显著，因此，安比高原和TOMAMU相关的研究频现，在滑雪人口的增长和滑雪旅游猛增的背景下，研究者对其给予了很多关注。

自1993年前后开始，滑雪旅游发展急转直下，滑雪场的开发停滞，随之滑雪度假地案例研究也大幅下滑。在这种情况下，探索能够替代滑雪旅游的新旅游模式以对策性视角，成为滑雪度假地研究的背景。滑雪度假地的入境旅游发展，尤其以二世古为对象的研究有了显著增长。

3.5 日本滑雪旅游行为及滑雪人口的研究

滑雪旅游行为与滑雪人口相关研究的主要对象为滑雪者。对于滑雪者的研究，不仅是地理学领域，其他学科部门的研究成果也不太多，通常是在滑雪度假地案例分析中，顺带分析滑雪者的行为，且仅占一小部分。关于这个主题，松村和则（1994）和吴羽正昭（2008）试图阐明总体倾向，探讨了滑雪所具有的休闲功能。菊地达夫（1997）就北海道滑雪旅游的特征和本州进行了比较，进一步分析了北海道内居住者的滑雪场选择特点及原因（菊地达夫，2000）。

关于滑雪旅行，有长津一郎（1973）的研究，揭示了当时主流的基于铁路交通的前夜出发、日归型的滑雪旅行特点。菊地达夫（1998a）关注了滑雪与修学旅行之间的关系，归纳了北海道滑雪修学旅行的动态（菊地达夫，1998b）。建元喜寿（2002）探讨了利用滑雪场开展环境教育野外课堂的可能性。三井大相（1985）关注了滑雪旅行所用交通手段，提供了有意义的数据。

关于滑雪人口的研究，竞技滑雪者相关的比较多。第二次世界大战前，木原均（1937）比较了各都道府县或区域的比赛成绩。安田初雄（1941b）从地理学角度，将滑雪运动盛行的地方视为滑雪运动高手聚集的地方，根据全日本滑雪竞赛成绩进行划区，结果显示滑雪运动盛行的地域集中在东日本尤其是日本海一侧，指出其原因为积雪条件及地形条件。第二次世界大战后，成濑玲子（1973）做了类似的研究，加纳哲也（1989）用安田初雄（1941b）的方法，分析滑雪运动盛行区的推移，结果和战前几乎一样。

相对上述研究，西野仁（1978；1979；1980）关注了一般（休闲型）滑雪游客。西野仁（1978）对滑雪人口进行了如下界定："利用某种交通手段移动的，惯常生活圈与滑雪地在空间上分隔的滑雪者人口"，据此推测日本滑雪者人口的变迁，结果呈现 1932 年至 1936 年的"战前激增期"和 1951 年至 1965 年的"战后激增期"。西野仁（1979）揭示了与滑雪人口增加相呼应，滑雪俱乐部数也有相应增长。西野仁（1980）考察了滑雪人口增加的原因，认为 20 世纪 50 年代以后，滑雪客运索道的激增和压雪机的使用提高了滑雪休闲的舒适度。

吴羽正昭（2002a）根据《舆论调查》和《度假白书》等资料，概观了总体滑雪人口的时空特征。日本的滑雪人口在 20 世纪 60 年代至 70 年代初的"第一次滑雪高潮"、80 年代至 90 年代初的"第二次滑雪高潮"中呈现较高增长率，"第二次滑雪运动高潮"的突出特征为年轻女性滑雪者的大幅增长。1993 年以后，年轻滑雪人口（不论性别）的下滑幅度比较大。日本的滑雪人口虽然多分布于北海道、新潟县等东日本的日本海一侧积雪地带，但其一大半人口居住在太平洋一侧的大都市圈里。Kureha（2004a）将其归因于滑雪运动的高端时尚性和滑雪运动所具有的"经济性制约程度较大的休闲活动"性质。

地理学研究领域没有滑雪者意向相关调查研究成果，其他研究领域有山根宏文（2006）的对年轻人滑雪意向进行的调查，以及宫崎治夫（2005）的滑雪者意识与滑雪产业市场开发战略的关联性研究。宫本将规（2006）则关注了在滑雪民宿中以打工换食宿的大学生滑雪者群体。

3.6 日本的滑雪与自然环境相关研究

滑雪场开发对自然环境产生的影响也是研究者关注的重点领域，对此石塚和雄（1975）在 20 世纪 70 年代就曾敲响警钟。对于环境影响也有不同看法，藤原信（1994）在其著作中提到了很多案例。露崎史朗（1988）、中村徹（1990）、建元喜寿和中村徹（1999a）以自然环境的视角简洁地归纳了滑雪场开发带来的问题。渡边隆一（1999）分析了长野县滑雪场开发与自然保护的问题。

滑雪与自然环境相关关系的研究中，最受关注的是滑雪场的植被问题。中村徹（1999）评述了相关研究成果，并在具体研究（中村徹，1988）中，提供了重要的借鉴。这一研究比较了日本50多处滑雪场附近的植被，明确了滑雪场植被的一般特征。中村徹等（1999）在进行野泽温泉等研究外，还有一些其他成果。露崎史朗（1991；1999）以北海道为中心做了详细的调研。Tsuyuzaki（1994）同时考虑了滑雪场开发的区域特征，提供了非常好的思路。

冬季的滑雪季，滑雪场为防止雪道的融雪以及为加固雪面而喷洒硫酸铵（建元喜寿和中村徹，1998），建元喜寿和中村徹（1999b）就硫酸铵的喷洒对地下水的污染状况进行了追踪调查。川相元齐等（2000）对菅平高原地带、下平勇毅等（2001）对野泽温泉、村上哲生等（2003）对岐阜县长良川上流域进行了调研。杨海军等（1997）分析了岩手县雫石町的滑雪场的开发对于土壤环境的影响。

从自然与环境保护的视角，和田一雄（1995）关注了志贺高原的自然保护与旅游开发之间的关联性，服部英一（1995）总结了自然界自我修复状况。从其他角度，小山泰弘和小林询（2000）、小山泰弘和小山佳子（2002）以及小山泰弘（2006）对长野县停业或废弃滑雪场内的植被变化进行了调查分析。

关于全球变暖和滑雪旅游之间的关系，有Fukushima et al.（2002）、畑中贤一等（2000；2006）、Kureha（2008）、中口毅博（2010）和大田原望海等（2014）的研究。

3.7 阿尔卑斯区域的旅游与滑雪度假地研究综述——以奥地利为中心

3.7.1 阿尔卑斯区域的地志学（区域地理）研究

关于阿尔卑斯区域的旅游发展演化有大量的研究积累，主要分为两类。

第一类是阿尔卑斯区域地理相关研究，以阿尔卑斯全域或特定区域为对象，关注旅游的地域特征。较为古典的研究有Martonne（1926）、Krebs（1928a，b）以及Birkenhauer（1980）等。最新的成果有Bätzing（1991；2003；2015）和Veit（2002）等。日语文献有阪口丰（1973）、Glauert（1975）的日译版（1980）、呉羽正昭（2014b）、浮田典良等（2015）等，在质和量上各有千秋。Bätzing（1991；2003；2015）及Hannss（1977）系统归纳了阿尔卑斯全域的旅游发展史，对此将在第7章详述。Hannss und Schröder（1985）基于滑雪索道的客运量分析了阿尔卑斯区域滑雪旅游发展的空间差异。

第二类是探索阿尔卑斯区域旅游特征的研究，主要以特定国家或领域为研究对象。对于奥地利为对象的研究，Lichtenberger（1976）关注了截至20世纪70年代初的旅游供需结构，指出游客尤其是外国游客的需求向奥地利西部的集聚特征，并指出小型住宿设施扮演着重要角色。20 世纪 80 年代，Zimmermann（1985）论述了奥地利冬季旅游成长显著，几乎所有的滑雪度假地都显示冬季旅游和夏季旅游的组合式发展特点。Haimayer（1988）分析了奥地利蒂罗尔州的旅游特征，发现游客的需求集中在拥有冬季旅游发展潜力的特定区域。奥地利州级尺度的研究，有 Stenzel（1988）对萨尔茨堡州的研究、Zimmermann（1984）对克恩顿州的研究以及 Eder（1991）对施泰尔马克州（Steiermark）的研究等。

3.7.2 阿尔卑斯区域（滑雪）度假地发展演化研究

阿尔卑斯区域的度假地发展演化有一定的研究积累。从宏观角度关注旅游地域差异的研究有 Barker（1982）和 Penz（1984）。Barker（1982）强调了阿尔卑斯区域的东西差异，并建构了模型（将于第 7 章详述）。Penz（1984）关注森林线附近及其以上的高地放牧区农业开展状况，指出滑雪度假地生成模型可分为德语圈蒂罗尔区域（奥地利的蒂罗尔州与意大利的南蒂罗尔州）的“阶梯系统”与意大利特伦蒂诺的“上层系统”。在“阶梯系统”，高地放牧区通过索道与谷底的度假地相连，而“上层系统”则在远远高出定居生活圈的高海拔区域生成新的滑雪度假地。Haimayer（1984）也提出了相似的观点。Job（2005）根据自创的模型归纳整理了约 2005 年以前的阿尔卑斯区域度假地的变迁，归纳出滑雪场滑雪道上人工造雪使用频率的上升、对大型活动的依赖、向高处迁移等新动态，但这一研究止于概况性的描述，仍需进一步的实证。

3.7.3 滑雪度假地发展演变的案例研究

聚焦奥地利滑雪度假地的较古典的研究有 Jülg（1984），指出奥地利滑雪度假地发展的地形、气候和社会经济条件，但是这一研究着重滑雪游客的需求，没能深入至发展演化过程的结构性探索。奥地利滑雪度假地发展相关的研究很多。Kureha（1995）认为优越的自然条件、基于地缘和相似文化而能够获得大量的德国度假客源，是奥地利滑雪度假地得以发展的主要条件。20 世纪 90 年代中期以后，则有来自东欧的游客作为新的客源为奥地利滑雪度假地的发展输入能量（Kureha，2004b）。Haimayer（2006）结合具体案例，分析滑雪度假地出现的新动态。Mayer（2009）将索道公司引进新索道的行为视为一种改革创新，识别出这一改革创新的传播过程中呈现的等级扩散和近邻效果，并指出索道的新颖性在确保游客流量方面扮演着重要角色。如上所述，一些滑雪度假地的冬季旅游保持着旺盛的生命力。

也有不少研究者关注了滑雪度假地的发展以及滑雪场的经营。Jülg（2004）关注了奥地利滑雪度假地的发展演变，展示其从 20 世纪 50 年代急剧成长到 21 世纪最初 10

年跌入停滞期，很多地方出现衰退的迹象，指出其背景为积雪不稳定情况的加剧和滑雪人口的减少等。类似的现象也出现在其他地方，如瑞士（吴羽正昭，2014b）。瑞士的冬季住宿人次数在20世纪80年代以后持续停滞，法国的滑雪度假地也同样面临种种发展危机（Tuppen，2000），美国的滑雪相关产业也在20世纪80年代后期开始出现停滞（Scott，2006；Hudson and Hudson，2015）。

停滞现象有时涉及某个特定区域整体，抑或只限于其中部分滑雪度假地。Falk（2010）指出影响滑雪度假地过夜人次数变动的因素在于客源国的GDP，并发现复活节假期的开始时间越早，过夜人次数就越多。停滞限定于部分区域的研究，有对瑞士关闭滑雪场的案例分析（Heise und Schuck，2016），美国的案例研究比较多，如Boddie and Boddie（2015）。还有关于瑞士的较早的研究，报告中出现多个滑雪场的扩张和合并计划（Mathis et al.，2003）。Falk（2013）关注奥地利滑雪场的关停情况，探讨索道经营公司的存续条件，发现：①人工造雪系统的配置越早，越有利于公司继续存活；②平均海拔1700m以上的滑雪场关停风险较小；③经济不景气时关停危机加大；④雪深与关停之间不存在有意相关。

关于滑雪度假地的个别案例研究非常多，其研究重点为发展演化。Profunser（1980）以南蒂罗尔全域，尤其是科瓦拉因巴迪亚（Corvara in Badia）为主要研究对象区域，基于索道、旅游需求及住宿设施的指标进行了分析。Beyer（1987）对上陶恩（位于奥地利萨尔茨堡州，海拔1664m）进行了研究，将其从季节性营业的农业聚落向滑雪度假地的演变与积雪的稳定性和公路交通便利度的提升相联系。Chucholl（2003）试图引用巴特勒生命周期模型分析加尔密施·帕滕基尔（Garmisch–Partenkirchen，德国）的度假地发展状况。

德语圈的案例研究数量正在下降，目前仅见于若干本科毕业论文和硕士论文。

3.7.4 全球变暖与阿尔卑斯区域的滑雪度假地研究

目前，奥地利乃至阿尔卑斯区域滑雪度假地的相关研究者非常关心全球变暖的影响。关于阿尔卑斯整体（Abegg et al.，2007）和奥地利（Steiger and Stätter，2013）以及瑞士（Gonseth，2013）的研究指出，随着全球变暖的加速，地处低海拔处的滑雪场经营将难以为继。相反，对于坐落在较高海拔处的滑雪场，积雪年际变化对其所产生的影响到目前为止还不太显著（Töglhofer et al.，2011）。Gonseth（2013）指出晴天天数的增加有助于到访游客数量的增加。作为应对全球变暖的对策，人工造雪的重要性进一步得到关注，Steiger and Mayer（2008）等诸多研究是关于人工造雪的利用。Steiger（2011）关注了出现少雪现象的2006年雪季，分析了蒂罗尔州滑雪场经营的脆弱性，指出滑雪场经营所表现出的这种脆弱性主要出现于地处低海拔处的中小型滑雪场。Hoffmann et al.（2009）调查了瑞士的滑雪索道公司，发现对全球变暖危机意识较强的公司会主动出击，积极摸索应对方法，但没有明确的证据能够证明易受全球变暖影响的公司在采取积极对策。Steiger and Abegg（2011）关注了全球变暖给阿尔卑斯区域夏季旅游带来的影响。Scott et al.（2012）总结归纳了全球变暖与旅游（滑雪）相关性的诸特征。

3.8 小结

综上所述，日本的滑雪旅游研究以个别度假地案例分析为主导，从分析对象的空间分布特点来看，以东日本区域为主，这里包括中央日本北部；从时间分布特点来看，研究集中于经济高速成长期和度假地开发热时期。近年，以二世古等积极发展入境旅游的滑雪度假地的研究，以及全球变暖对滑雪旅游的影响方面的研究渐增。如今的滑雪场关停及滑雪旅游低迷的趋势还会持续，因此对滑雪度假地可持续发展的地域条件以及其发展机理的探索需要研究者的更多努力。

关于阿尔卑斯区域，积累了丰富的旅游包括相关区域地理学的研究成果。截至 20 世纪 80 年代，从大众旅游目的地的视角对度假地的发展演化进行了探讨。其后，虽然替代性旅游成了主流，滑雪度假地依然保持持续发展状态，并出现了一系列的变化，需要从发展演化的视角关注其变迁特征，而这一研究并没有深入。关于奥地利，近年的滑雪度假地相关研究集中在全球变暖的关注上，而对其持续发展状况研究者并没有给予足够的关心，因此需要进一步的深入探索。

第2篇

日本滑雪度假地的发展演化

二世古比罗夫地区山庄村（2013年2月）

第 4 章　日本滑雪度假地的发展历程

4.1 滑雪运动的传入

普遍认为滑雪是在 1911 年 1 月由莱尔希少校（照片 4–1）带入日本的。其实，在那之前也有多次滑雪运动传入日本的契机。北海道大学（当时为东北帝国大学农科大学）的德语讲师汉斯科勒（Hans Koller）等，通过各种路径引滑雪板到日本（中浦皓至，2010a）。也有居留日本的外国人随身带来的，如横滨 SIEMENS 公司的驻在员克拉策（Egon von Kratzer，奥匈帝国国籍）曾经以滑雪的方式登富士山（仁滕祐治，1982），还曾在山形县五色温泉滑过雪（瓜生卓造，1978 等），但这些都是个人行为，没有滑雪技术的系统讲授和训练过程，因此没能将正统滑雪技术传播开来。

照片 4–1　新潟县上越市高田的莱尔希雕像（2011 年 2 月）

高田市金谷山被认为是日本的滑雪发祥地，建有日本滑雪发祥纪念馆。除了高田之外，北海道的旭川机场和俱知安町也设有莱尔希的雕像。

奥匈帝国的军官 Theodor Edler von Lerch（1869—1945，参谋将校少校，入驻日本时晋升为中校，以下统称莱尔希）是阿尔卑斯式滑雪的创始人茨达尔斯基（参看第 1 篇第 2 章）的徒弟。莱尔希以军事考察为目的于 1910 年 11 月底抵达日本，于 1912 年 9 月底回国。莱尔希到日本并非为讲授滑雪技术，而是为参加奥匈帝国国防省参谋本部组织实施的东亚军事观摩学习，也有莱尔希本人对日本抱有极大兴趣的原因（新井博，2011）。

当时的日本陆军有意将滑雪技术用于军事上，从奥地利随身携带滑雪板抵日的莱尔希本人也强烈要求去多雪的地带。最终，莱尔希在第 13 师团（现新潟县上越市高田）开始了滑雪技术的讲授。他于 1911 年 1 月 5 日到达高田，从 1 月 12 日起利用东京陆军省制造的 10 套滑雪板向军人传授滑雪技术。他传授的是茨达尔斯基式的长单杖滑雪方法。之所以将高田作为日本滑雪的起点，是由于第 13 师团以莱尔希和师团长长冈外史为主力，并向普通民众传授了滑雪技术。长冈外史希望将滑雪作为儿童冬季休闲娱乐活动普及，于是开设学习班培训新潟县的教师，由此系统且规范的滑雪技术得以推广。莱尔希对滑雪登山有着极大的兴趣，不仅登过高田近邻的南叶山，还尝试登妙高山和富士山等。

第二年雪季的 1912 年 1 月，在高田和小千古举办了滑雪技术培训会，通过广泛的宣传，新潟县以及长野县有不少民间学员来参加培训（中浦皓至，2010b），还有青森县和秋田县积雪区域的当时第 8 师团的军人也来参加了培训。1912 年 2 月初，莱尔希被调往北海道旭川的第 7 师团，在那里也开展了滑雪技术培训（中浦皓至，1999）；同年 4 月，他以滑雪形式登上羊蹄山。在莱尔希离开后，由日本滑雪俱乐部高田支部开展了组织性的滑雪技术培训，也有针对个人的指导（中浦皓至，2010b），学员来自日本全国各积雪区域，并将学到的滑雪技术带回各自的家乡。

4.2 第二次世界大战前滑雪技术的传播与滑雪旅游

莱尔希和其徒弟们传授的早期滑雪技术，以培训班为媒介传播到广大积雪区域，使得滑雪运动这一新兴事物在积雪区域得到推广。滑雪技术主要应用于两个领域：一是积雪区域的军事和公共事务领域；二是休闲和竞技领域，这也是滑雪技术得以推广到大城市的主要原因。

在军事和公共事务领域，滑雪的作用是雪上交通手段，主要由积雪区域的军队、警察、营林局（署）、邮政、电力公司等机构使用，这些机构还经常组织举办滑雪比赛。比如青森营林局，在大正初期会滑雪的只有几个人，到 20 世纪 20 年代便出现了

滑雪比赛的参赛者（きった等，1982）。1926 年 2 月，创办了青森林友滑雪俱乐部。

休闲滑雪与竞技滑雪，最开始主要在积雪区域进行，很多积雪区域都创办了滑雪俱乐部，尤其温泉区域在滑雪俱乐部的组织创建上非常积极。当时的积雪区域的温泉大多具有汤治场（治病疗养的药泉，译者注）的性质，冬季因积雪太厚，温泉利用者门可罗雀，处于“冬枯”状态（白坂蕃，1986），因此，旅馆业主们为了改善冬季的淡季状态，对于滑雪项目的开展态度非常积极。滑雪场的开发与修建由滑雪俱乐部牵头，将稀树的采草地或茅草地开辟为滑雪道，如野泽温泉（彩图 1）、志贺高原发哺·熊之汤、燕温泉、妙高赤仓温泉、草津温泉、藏王温泉（彩图 2）等。

温泉以外的积雪区域也有滑雪俱乐部成立。比如，长野县的饭山市和北安曇郡以及菅平高原等。当地居民不仅积极投身修建滑雪道，而且努力提升自身的滑雪技术。这些地区因和大城市之间的优越交通区位、适于滑雪的雪质和地形条件等，吸引了广大滑雪游客。这一过程中，在白马村八方（彩图 3）及菅平高原出现了原始民宿，其代替温泉旅馆成为滑雪游客的住宿场所。大正末期，最开始由在八方从事登山向导工作的两户农家留宿滑雪游客为起点，此后，多户农家获得警察许可后开始经营民宿（市川健夫，1975）。在菅平高原，农家将蚕棚转用为滑雪游客的客房。

为响应第二次世界大战前以入境为重心的国家旅游政策而建设的西式宾馆，逐渐成了滑雪度假地的核心；同时为申办原定于 1940 年举办的冬奥会，急需修建和完善旅游设施（砂本文彦，2008）。1937 年，在志贺高原丸池建造了“志贺高原温泉宾馆”，在妙高赤仓温泉南部建了“赤仓观光酒店”（照片 4–2），这一过程中，温泉和农村逐步呈现滑雪度假地的模样。另外，也有富裕的财政界人士引领度假地的生成与发展的例子，如 1932 年建的“岩原滑雪山庄”（ホイチョイ·プロダクション，1987）。

在积雪区域，滑雪运动也向教育部门渗透。长野县到大正初期为止，滑雪已推广到饭山市、长野市、大町市、诹访郡、木曾郡等的中小学和师范院校（臼田明，2013）。在北海道，北海道大学和小樽商科大学（中浦皓至，1999；中川喜直，2011）热衷于进行滑雪教育。大正年间，滑雪比赛的举办次数激增，竞技滑雪在主办滑雪比赛的教育机构之间有了长足的发展，如高田中学、高田高校滑雪部校友会等。

滑雪技术向大城市传播的过程中，大学的滑雪部和山岳部成员扮演了重要的角色。1911 年 12 月，学习院大学的学生在高田从莱尔希处学习了滑雪技术，再逐步推广到庆应大学、东京帝国大学、早稻田大学。在关西，京都二中的校长中山再次郎在滑雪技术及滑雪场开发中扮演了积极的角色（中浦皓至，2010a）。滑雪运动也传播到大学生以外的人群中。明治末期到大正初期，在高田等地学习到滑雪技术的东京的滑雪爱好者们，于1914年2月共同创办了日本滑雪俱乐部东京支部（中浦皓至，2010a）。因装备和交通等成本很高，滑雪所需花费不菲，需要一定经济能力的支撑，因此，大城市里相对富裕的大学生和富裕阶层构成滑雪活动的骨干。当时没有高速交通网，因此，空间移动所需时间较长，有必要在滑雪目的地过夜。滑雪游客来到具有优越滑雪条件的温泉区域，投宿于温泉旅馆，也因这些客户群体所具备的经济能力催生了长居型的滑雪旅游形态。

照片 4-2　赤仓观光酒店（2014 年 3 月）

赤仓观光酒店坐落在赤仓温泉旅馆街区西南侧坡地上。作为第二次世界大战前入境旅游振兴政策推动的国际度假地建设项目，由大仓酒店集团管理经营。

日本和欧洲的阿尔卑斯区域一样，滑雪的功能也发生了变化，主要是从登山、移动手段向场内滑雪的转型。日本滑雪登山的普及晚于欧洲，但在很短的时间内便完成了这一转型。其结果是，场内滑雪立即成为主流的方式，“场内滑雪 = 滑雪”成为常识，滑雪场转化为休闲空间，只是第二次世界大战前日本还没有滑雪客运索道。

大正末期，雪道多分布在中央日本北部和日本海一侧的温泉地以及与大城市交通连接较好的积雪区域。白坂蕃（1986）根据1924年刊发的日本国内第一本滑雪场指南——《滑雪与滑冰》（铁道省，1924）绘制了分布图。分布图显示以上述的滑雪度假地为主体，但西日本的伊吹山和大山等地也分布着滑雪场。志贺高原滑雪俱乐部（1991）的资料中登载的1936年滑雪场分布图，也显示相似的空间布局。1934年刊发的《全日本滑雪目的地指南》（长田进，1934）中登载的滑雪场和雪道有200多处，包含了当时处在其殖民统治下的库页岛和朝鲜等。

4.3 滑雪旅游的恢复期（1946—1955 年）

第二次世界大战结束后的 1946—1947 年滑雪季，驻日美军在札幌藻岩山和志贺高原丸池修建了日本第一条滑雪客运索道，并在那里享受滑雪之乐趣。驻日美军当时使用的滑雪场位于“藻岩山往复式吊厢索道”的西侧，和现在的藻岩山滑雪场位置有所出入。客运索道的出现给既有的滑雪场带来了新的刺激。1948 年，草津温泉修建了滑雪索道，该索道用松木搭建支架，牵引绳用的是附近小串硫黄矿山的缆绳。20 世纪 50 年代后，各地争先恐后地修建滑雪索道。最开始修建索道的以大鳄、山形藏王、五色、沼尻、草津、妙高赤仓、越后汤泽、野泽温泉、宇奈月等温泉区域为主（表 4–1），后来逐渐推广到志贺高原（彩图 4）、菅平、雾峰等高原及石打丸山、八方尾根等农村区域。从地域分布来看，长野、新潟两县索道占全国的一半左右。这个时期修建的滑雪索道是单人吊椅式，绝大多数是由当地滑雪场附近温泉旅馆经营者和有钱农户的投资或由市町村政府主导修建的，有一小部分是由城市资本投资建设的，如日本 CABLE 对岩原滑雪索道的投资。

表 4–1 日本 1955 年的滑雪场

编号	滑雪场名称	道 / 县	开设年	索道数	备注
1	荒井山市民	北海道	1955	乙 1	1999 年 关闭 / 停业
2	赤平山	北海道	1955	丙 1	2004 年 关闭 / 停业
3	旭川富泽	北海道	1955	丙 1	1968 年 关闭 / 停业
4	芦别中之丘	北海道	1955	丙 1	1973 年 关闭 / 停业
5	大鳄温泉	青森	1954	乙 1	
6	十和田大汤温泉	秋田	1955	乙 1	2002 年 关闭 / 停业
7	上野々	宫城	1955	乙 1	
8	藏王温泉	山形	1952	乙 2	
9	五色	山形	1955	乙 1	1997 年 关闭 / 停业
10	安达太郎高原	福岛	1954	乙 1	
11	沼尻	福岛	1955	乙 1	
12	草津・本白跟	群马	1953	乙 2	
13	赤仓温泉	新潟	1950	乙 2 丙 1	

续表

编号	滑雪场名称	道 / 县	开设年	索道数	备注
14	池之平	新潟	1950	乙 1	
15	石打丸山	新潟	1954	乙 2	
16	土樽	新潟	1955	乙 1	2005 年 关闭 / 停业
17	汤泽高原・布场	新潟	1955	乙 2	
18	野泽温泉	长野	1951	乙 2	
19	SUNVALLEY・丸池・莲池	长野	1952	乙 3	
20	岩岳	长野	1952	乙 1	
21	籔原高原	长野	1952	乙 1	
22	雾峰	长野	1953	乙 1	
23	八方尾根	长野	1954	乙 1	
24	木户池	长野	1955	乙 1	
25	菅平高原	长野	1955	乙 2	
26	饭山（神明丘）	长野	1955	乙 1	1970 年 关闭 / 停业
27	宇奈月温泉	富山	1955	乙 1	
28	奥神锅	兵库	1954	乙 2	

注：开设年份的界定借鉴如下资料中所记载滑雪索道开始运行的年份。乙是指乙种特殊索道（滑雪用座椅式索道），丙是指丙种特殊索道（滑行式的 T 型索道）。

资料：运输省《铁道要览 1957 年度；1965 年度》

4.4 滑雪旅游的开展期（1955—1980 年）

随着经济和国民收入的大幅增长，滑雪运动的大众化进程进入快速通道。原本带有富裕阶层休闲活动性质的滑雪旅游，在经济高速成长期，随着闲暇时间的延长和居民生活水平的普遍提高，逐渐演变成大众性的休闲活动。进出滑雪场的交通条件也有了很大的改善，出现了前一天晚上乘坐夜行火车到滑雪场，第二天白天游玩后于当天晚上返回居住地的“前夜行日归型”的滑雪旅游模式（长津一郎，1973）。

4.4.1 滑雪场的建设状况

随着滑雪者人数的增加，滑雪场的开发建设进一步加快，其分布也出现了新的变化。滑降技术的升级，提升了人们对大型滑雪场的需求（白坂蕃，1986）。第二次世界大战前，很多滑雪场分布于多雪的温泉区域，主要是因温泉具备住宿设施。进入经济高速成长期后，趋于多样化的住宿设施，改变了原来的分布模式，对此将在后文详述。新的滑雪场相继出现在农村的里山和非居住地的森林里。最开始是村后的采草地和茅草场被开辟为雪道，而 1972 年以后，以斑尾高原的滑雪场开发为发端，广阔的无人区开始出现了大型滑雪场。滑雪场分布的变化也和交通手段的变化相关。传统的滑雪旅游高度依赖铁路交通，随着汽车的普及，对公路的依赖程度渐增，私家车或大巴逐步成为滑雪旅游的重要交通手段。结果，远离火车站点的地区也出现了滑雪场（白坂蕃，1986）。

在滑雪旅游的开展期，出现了大量新的滑雪场（图 4–1）。新建的滑雪场从 20 世纪 50 年代后期开始增加，1960 年至 1973 年期间每年新增滑雪场有 20 多处，个别年份新增滑雪场的数量更是达到 30 多处。70 年代中期以后，石油危机引发经济减速，滑雪场开发速度锐减。滑雪场的空间分布也发生了比较大的变化。至 1960 年，滑雪场集中分布在新潟县和长野县（图 4–2；表 4–2），60 年代以后滑雪场在全国范围内都有增加。60 年代，新增滑雪场多出现在北海道、南东北和近畿地区，尤其在北海道的增加显著，70 年代，北海道、东北地区北部、关东、东海、中国地区的增加显著。60 年代为止一直位居滑雪运动核心区域的长野县和新潟县、再加群马县的中央日本北部，滑雪场的数量也一直保持持续增长的态势。

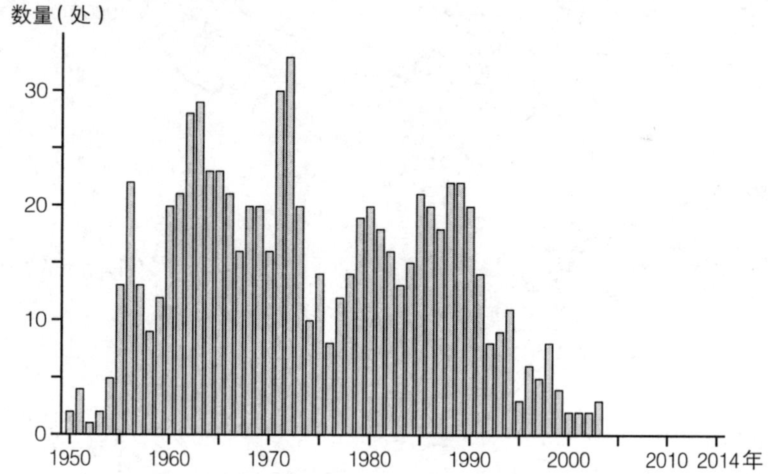

图 4–1　日本新建滑雪场的变迁（1950—2014 年）

资料：国土交通省（运输省）监修《铁道要览》

滑雪场的开发如火如荼的同时，滑雪索道的建设也紧锣密鼓地进行着（表 4–3）。滑雪用乙种特殊索道的数量及其总长度在 20 世纪 60 年代到 70 年代大幅上升。当时的吊椅式索道大部分为单人座，因此其运载效率比较低。1971 年，长野县志贺高原上搭建了日本第一条双人座吊椅式索道，但双人座索道在整个 70 年代增加并不是太多。滑雪场内兴建了多家餐饮店，几乎都是当地人在个人所有的土地上建设的。

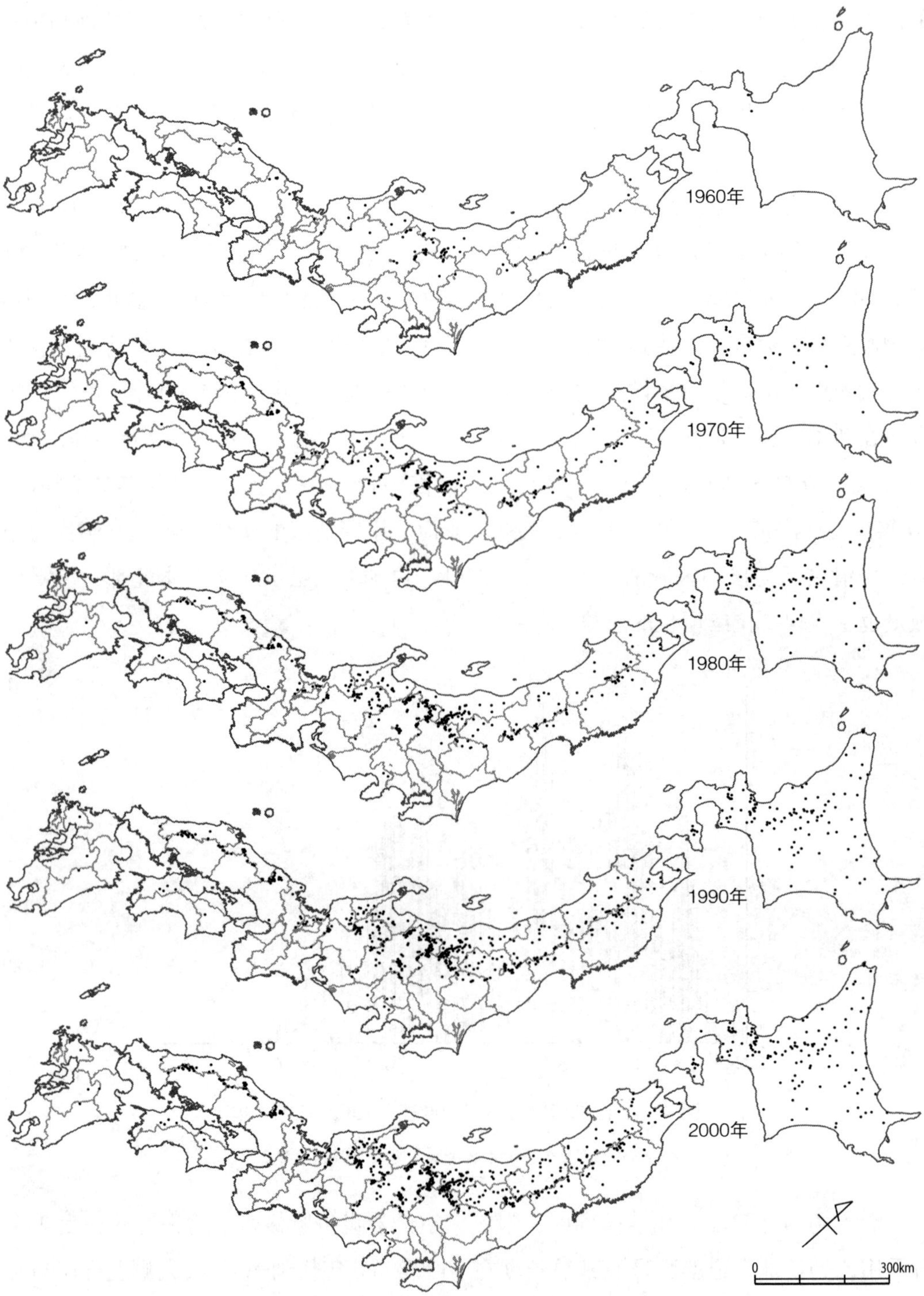

图 4-2　日本滑雪场空间布局演变（1960—2000 年）

注：仅有两种特殊索道的滑雪场除外。

资料：国土交通省（运输省）监修《铁道要览》

表 4-2　日本滑雪场的数量与规模指数的变迁（1959—1999 年）

分类		滑雪场个数					规模指数（人·km/h）			
		1959	1969	1979	1989	1999	1969	1979	1989	1999
总数		83	294	445	601	631	237 659	562 250	1 687 978	2 362 303
区域	北海道	8	51	91	125	131	24 365	81 266	263 777	338 086
	北东北	2	21	40	61	66	11 024	27 800	147 940	198 720
	南东北	13	33	46	66	68	29 369	49 049	164 039	244 830
	关东	7	21	26	37	40	17 772	36 540	136 995	213 957
	新潟	19	44	60	74	73	49 707	106 093	298 992	390 226
	北陆	4	12	21	26	35	6804	25 033	53 095	96 093
	长野	16	55	62	87	89	66 826	151 885	415 797	557 307
	东海	3	17	39	42	43	10 134	36 985	80 023	146 777
	近畿	8	25	30	38	35	14 856	30 506	68 215	79 038
	中国	3	14	26	38	41	6463	16 033	54 621	88 071
	四国·九州	0	1	4	7	10	339	1060	4484	9198
索道公司资本	市町村等	20	76	149	232	251	46 690	119 675	322 527	423 752
	当地	29	91	104	112	91	68 175	120 704	282 719	346 035
	城市	29	99	149	199	209	99 537	260 153	824 631	1 122 631
	第三部门	4	22	35	52	73	20 629	57 214	245 631	456 155
	不明	1	6	8	6	7	2628	4504	12 470	13 730

注：①滑雪场规模指数 = ∑（IL × TC）IL: 索道的延长距离（km）；TC: 索道的运载能力（人/h）。

②北东北（青森县、岩手县、秋田县）；南东北（宫城县、山形县、福岛县）；关东（枥木县、群马县、山梨县）；东海（静冈县、爱知县、岐阜县、三重县）。

资料：国土交通省（运输省）监修《铁道要览》

表 4-3　日本索道数量的变迁（1958—2015 年）

年	普通索道		特殊索道					
			甲种		乙种		丙种	
	设施数	距离（km）	设施数	距离（km）	设施数	距离（km）	设施数	距离（km）
1958	32	20	3	1	83	36	4	1
1960	56	47	24	9	169	77	10	3
1965	84	72	56	24	422	187	22	6
1970	106	100	128	57	784	376	30	8

续表

<table>
<tr><th rowspan="3">年</th><th colspan="2" rowspan="2">普通索道</th><th colspan="6">特殊索道</th></tr>
<tr><th colspan="2">甲种</th><th colspan="2">乙种</th><th colspan="2">丙种</th></tr>
<tr><th>设施数</th><th>距离（km）</th><th>设施数</th><th>距离（km）</th><th>设施数</th><th>距离（km）</th><th>设施数</th><th>距离（km）</th></tr>
<tr><td>1975</td><td>112</td><td>120</td><td>149</td><td>67</td><td>1283</td><td>648</td><td>27</td><td>8</td></tr>
<tr><td>1980</td><td>114</td><td>129</td><td>147</td><td>66</td><td>1626</td><td>854</td><td>48</td><td>21</td></tr>
<tr><td>1985</td><td>130</td><td>165</td><td>149</td><td>64</td><td>2158</td><td>1181</td><td>64</td><td>34</td></tr>
<tr><td>1990</td><td>166</td><td>248</td><td>150</td><td>67</td><td>2596</td><td>1514</td><td>58</td><td>32</td></tr>
<tr><td>1995</td><td>188</td><td>303</td><td>167</td><td>71</td><td>2774</td><td>1717</td><td>47</td><td>25</td></tr>
<tr><td>2000</td><td>186</td><td>307</td><td rowspan="4">设施数</td><td colspan="2">2857</td><td rowspan="4">距离（km）</td><td colspan="2">1771</td></tr>
<tr><td>2005</td><td>188</td><td>321</td><td colspan="2">2631</td><td colspan="2">1651</td></tr>
<tr><td>2010</td><td>174</td><td>301</td><td colspan="2">2328</td><td colspan="2">1489</td></tr>
<tr><td>2015</td><td>171</td><td>300</td><td colspan="2">2187</td><td colspan="2">1415</td></tr>
</table>

注：普通索道：往复吊厢式索道、地面缆车、循环吊厢式索道；甲种特殊索道：滑雪用途之外的索道（座椅式）；乙种特殊索道：滑雪索道（座椅式）；丙种特殊索道：滑雪索道（T 型拖牵式）；2000 年以后没有特殊索道的细分，各年 3 月末统计为准。

资料：国土交通省（运输省）监修《铁道要览》(《私铁要览》《民铁要览》)。

滑雪场的建设中投入的资金大部分用在索道的修建上，收益也是一大半流向索道，因此滑雪场的开发主体大多为索道经营公司。大型滑雪场的发展吸引了大城市的大额资本的注入，主要是因为原来一直扮演中心角色的本地资金不足所致（表 4–2）。滑雪场的开发与经营被划归到旅游事业也有重要的意义，索道是滑雪场的关键设施，而索道在法律[①]上归属铁路类。结果引来了铁路系集团融资并参与到滑雪场的建设中。如西武铁路集团的国土规划（现 KOKUDO，但滑雪场的经营归 Prince Hotel）、东急、东武等，国土规划投资建造的苗场（照片 4–3）和万座滑雪场，东急投资建设的白马滑雪场等就是铁路系列集团建设滑雪场的典型案例。此外，有观光事业公司投资的，如前面提到的斑尾高原滑雪场是由藤田观光公司开发，还有市町村投资开发的，如野泽温泉村。

4.4.2 住宿设施的建设状况

20 世纪 60—70 年代滑雪场的增加，催生了新型住宿设施，具有代表性的有民宿和山庄。民宿在第二次世界大战前已有雏形，60 年代以后随着农村地区滑雪场开发的进展，农户改造自住房的一部分用作客房，从而成为民宿的现象十分普遍（照片 4–4）（石井英也，1992）。快速增长的滑雪者急需大量廉价住宿设施，而农户又急需能够替

① 曾称“地方铁道法”，1987 年以后改称“铁道事业法”。

代薪炭的新副业，从而促进了民宿型住宿产业的发展。结果，在积雪区域的农村形成了冬季经营民宿、其他季节从事农业生产的新生产循环模式。在日本全国农村人口流失日益严峻之时，不少以滑雪民宿为主体的“民宿村”却能够维持一定的人口水平（三井田圭右，1979）。如群马县的片品村、新潟县的汤泽町、盐泽町（当时）、妙高高原町（当时）、长野县的饭山市、真田町（当时）菅平高原、白马村、小谷村等为其代表性案例，野泽温泉等温泉地也聚集着为数众多的民宿。

照片 4–3　苗场滑雪场（2012 年 12 月）

苗场滑雪场于 1961 年修建在新潟县汤泽町浅贝聚落的苗山山麓上，召开滑雪比赛的次数比较多。它是由“国土规划”独资经营的滑雪度假地（现在由 Prince Hotel 经营），有好几栋酒店建筑（照片中心位置）。照片中心靠里的山坡上矗立的建筑是浅贝的度假公寓。

照片 4–4　长野县白马村饭森地区的民宿（2011 年 9 月）

大户农家改造而成的民宿，紧挨着五龙远见滑雪场饭森滑雪区。

在滑雪区的农村，“农业 + 冬季住宿业”渐成固定生计模式的同时，也有加速转型为住宿产业专业化的地区。1970 年左右一些民宿开始了夏季的住宿接待业务。一些在开业之际所投资金比较多的民宿，还款压力比较大，促使其探索夏季经营的可能性。尤其处在高海拔的山村地带，因其农业生产效率比较低，迫切需要替代性产业。在这样的状况下，合宿尤其是体育运动集训合宿作为夏季的旅游形态备受关注。于是开始修建运动场、网球场、体育馆等体育运动基础设施，以吸引以大学生群体为主的合宿类客户。群马县片品村于 1968 年修建了片品高原滑雪场，邻近的中里地区陆续有民宿开业。4 年后的 1972 年，由 4 户民宿合作将农田改造成网球场，共打造了 22 块网球场地（吴羽正昭，1991b）。其后，该村陆续由个人或公共团体修建网球场、运动场和体育馆等，这使得民宿可在夏季接待合宿者，冬季接待滑雪游客。长野县的菅平高原则将旱田改造成橄榄球场，以使部分民宿在夏季有生意可做，从而扩大其营业范围（山本正三等，1981；新藤多惠子等，2003）。这些案例显示部分民宿区域呈现转向住宿产业专业化地域的趋势。

这一时期，一些滑雪旅游地域出现了西式民宿——山庄（pension，其语源意指“退休金”。运营模式的雏形为退休后靠退休金生活的老年夫妻，以较低的费用将自家多余的房间出租给学生等客人，并提供自家餐饮的经营方式；后来演绎为泛指比一般酒店便宜的小型住宿设施——译者注）。山庄以其精致浪漫的西式建筑风格吸引女性和年轻人。山庄的经营特点为：业主多来自外地；以西式建筑、装修风格及西餐为主要卖点；大部分由个人经营。辞职或脱离工薪生活的城市居民购买山庄建筑用地，按照个人喜好构建瑞士山地农舍风格的房屋。1969 年在草津温泉建成的“绵贯山庄”是日本的第一号山庄（照片 4–5）。20 世纪 70 年代初，在长野县须坂市峰之原高原以及白马村 ECHOLAND 等地，实行了山庄建筑用地的集团式分块出售，促成了山庄小镇的形成。这与当时异常火热的首都圈外缘部别墅用地分块出售（吴羽正昭，2009b）的模式相似。此外，也有一些小型的山庄聚集区域（Suzuki，2015）。

4.5 滑雪旅游的发展期（1980—1993 年）

20 世纪 80 年代至 90 年代初，日本的滑雪旅游发展迅速。据余暇开发中心刊发的《闲暇白皮书》报告显示，1993 年的滑雪人口达 1860 万人。滑雪成为年轻人的流行时尚活动：身着一身最新款式时尚滑雪服，配上新潮的滑雪器具，在雪道上滑出一个完美的平行转弯，即滑雪演技（耍酷）成为一种身份（status）的象征。电影《带我去滑雪》（1987 年，马场康夫执导——译者注）的公映也对滑雪人口的增加产生了积极的影响。一直具有厚重农村色彩的滑雪场，随着城市化要素的持续融入，转变成奢华时尚空间，吸引着对时尚非常敏感的 20 岁左右女性滑雪者。1991 年到 1996 年的社会生活基本调查结果显示，20 世纪 90 年代前半期日本全国滑雪人口为 1350 万左右。从 1981 年到 1991 年之间的滑雪人口性别结构来看（图 4-3），男性增加了 2 倍左右，而女性则增加了近 3 倍；从年龄构成来看，20 代年轻人的增加显著，尤其女性滑雪人口表现突出，且增加的部分一半以上来自大城市（吴羽正昭，2002a）。

照片 4-5　草津温泉的山庄（2016 年 2 月）

绵贯山庄是日本第一家山庄，建于1969年。附近区域山庄比较集中，附设于山庄的西餐厅很受欢迎。

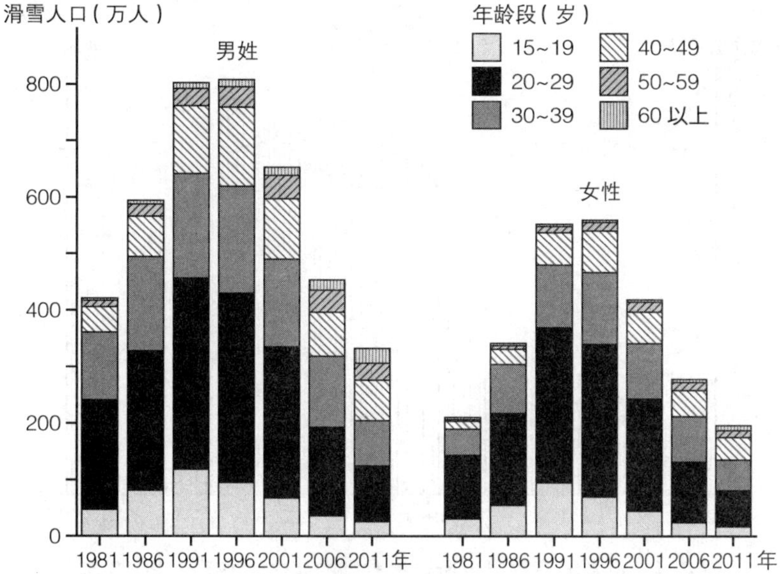

图 4-3　日本滑雪人口的性别、年龄段变化（1981—2011 年）

注：2011 年的数字包含单板。
资料：总务省《社会生活基本调查》

4.5.1 滑雪场的发展

滑雪旅游加速发展的同时，滑雪场开发速度也有很大的提升（图 4–1）。从 20 世纪 80 年代后半期到 90 年代初，每年新增滑雪场达 20 多处。从空间分布特征来看（图 4–2），1990 年的滑雪场空间分布总体趋势和 1980 年大致相同，但 1990 年滑雪场密度在各区域都有一定的上升，北海道、东北地区的北部、关东地区的北部、长野县东南部以及岐阜县都有较明显的增加。

滑雪场发展所展现的特征及其背景有以下 4 点：

（1）度假地开发热。在泡沫经济的刺激下，日本的度假地建设有了激进式的发展（佐藤诚，1990）。随着 1987 年综合保养地域整备法（度假地法）的制定，大量度假地开发规划方案相继出台。

（2）国营林地为滑雪场建设提供了土地基础。1980 年前后，开发于国营林野中的滑雪场数量稳步增长（图 4–4），且雪场面积增长率大于雪场数量增长率，即滑雪场使用面积扩大，意味着滑雪场开发趋向大型化。20 世纪 90 年代初，开发于国营林野中的滑雪场总量达 200 处以上，面积大于 3 万公顷。国营林野一般坐落在海拔较高的深山里，这也表明滑雪场开发的深入程度。如群马县片品村的尾濑岩鞍滑雪场，利用国有林野向高海拔区域扩展（吴羽正昭，1991b）。其背景是处于负债经营状态的国营林野，期望通过旅游开发实现扭亏为盈。

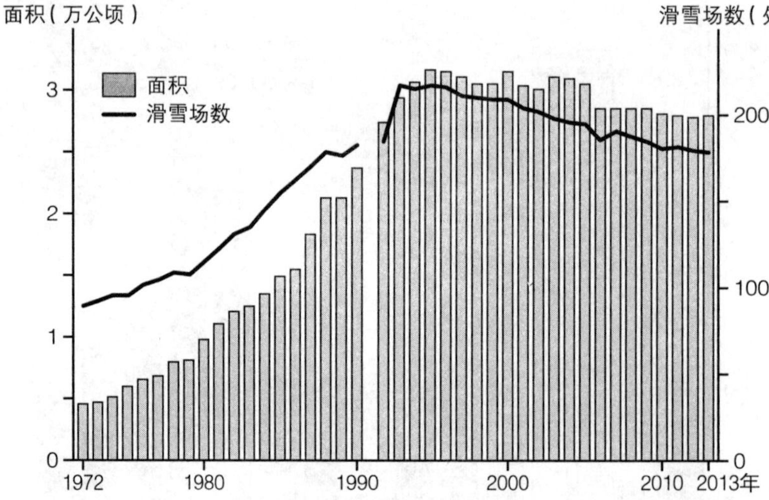

图 4–4　日本国有林野上所建滑雪场的变化（1972—2013 年）

注：1991 年没有数据。

资料：林野厅《国有林野事业统计书》

（3）大城市和积雪区域之间高速路网的覆盖。连接东京的关越高速、东北高速的建设大大方便了以汽车或大巴作为主要交通手段的滑雪游客。1985年秋关越隧道的开通，大幅提升了首都圈至新潟县南滑雪场聚集地之间的交通通达性。专门营运滑雪大巴的旅行社出售含往返交通、住宿、索道券的特价优惠包价旅游产品，该包价产品广受年青一代的青睐。一到周末前夜，东京都各汽车总站上，发往滑雪场的大巴络绎不绝。

（4）滑雪场内硬件设备的技术升级。滑雪场普遍备有运载能力较强的滑雪索道、人工造雪机以及压雪车等。20世纪70年代为止以单人吊椅为主导的滑雪索道，进入80年代后逐渐被双人吊椅所取代（图4–5），到80年代中期以后3~4人座开始增多，大幅提升运载能力。运载能力的计算方法，尽管也受运行速度的影响，但一般为单人吊椅索道每小时运载600人左右。由此可推算座椅数乘600为每小时的运载人次，这意味着4人座索道的运载能力为单人座的4倍。表4–3显示乙种特殊索道的总数不断增多，循环吊厢式索道也有较大幅度的增长。循环吊厢式索道归属普通索道类别，这个时期积雪区以外的地方几乎没有使用循环吊厢式索道的，因此80年代以后新增的循环吊厢式索道基本都在滑雪场。索道运载能力的提升和滑雪人口的增长相辅相成，促使索道运载人次的几何级增长（图4–6）。图4–5和图4–6显示，索道数量与索道运载人次从60年代开始稳定增长，80年代中期以后曲线明显变陡。

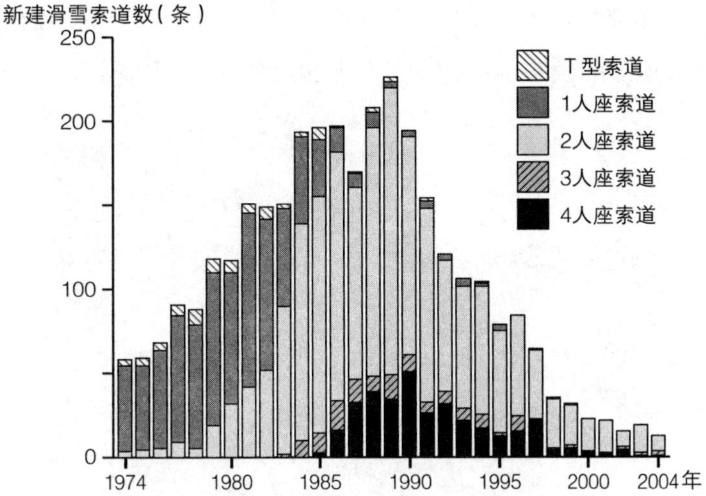

图4–5　日本新建滑雪索道种类变化（1974—2004年）

资料：日本CABLE《冰雪经济》

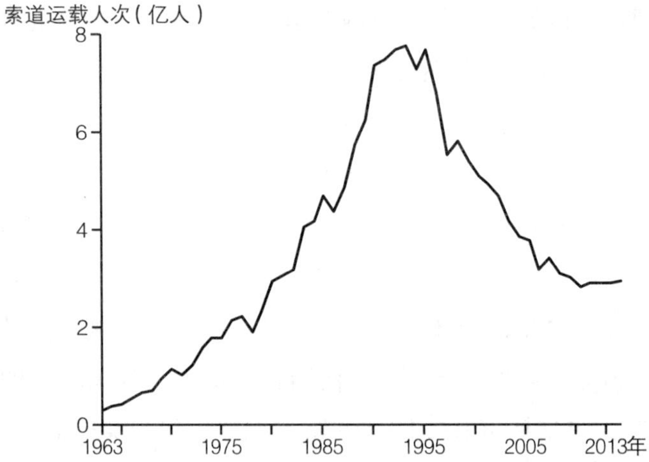

图 4-6 日本索道输送人数的推移（1963—2014 年）

注：1997 年为止是乙种特殊索道的数据，1998 年以后为全部特殊索道的运载人数。
资料：国土交通省（运输省）《铁道输送统计年报》

人工造雪机于 1960 年由轻井泽王子酒店首次试用，20 世纪 80 年代中期以后，与造雪技术的改进同步，机器使用量大增。人工造雪机减缓了气候条件对滑雪场的制约，只要气温足够低，稀（寡）雪区域只要具备合适的地形条件便可修建滑雪场，因此在关东地区北部、八岳山麓、岐阜县等地也相继出现了很多新滑雪场（图 4–2）。除此之外，为了保障元旦长假期间足够的积雪量，以及为了将滑雪场开张的时间往前延伸以占先利，很多滑雪场都配备了人工造雪机（照片 4–6）。同时，以增加滑雪道的舒适性为目的，改变局部地形的做法也比较常见，不少滑雪场利用压雪车来平整滑雪道。

照片 4–6 尾濑岩鞍滑雪场的人工造雪机（1995 年 9 月）

群马县片品村尾濑滑雪场建于 1974 年。滑雪场的主体为偏东向的斜面，国有林野所在的西侧开发程度比较高。1979 年以后，配置了人工造雪机。照片左端的柱状物即为射枪形的人工造雪机。

4.5.2 新滑雪度假区与滑雪场的出现

滑雪场的开发可分为新滑雪场的建设和既有滑雪场的扩张。新滑雪场的开发促成了新型滑雪场的出现，有度假区型和简约型滑雪场。

度假区型滑雪场配套建设度假酒店，酒店与滑雪场构成功能互补的有机整体，同时建设室内游泳池和其他运动设施以及度假公寓（照片 4–7）等，从而带有明显的度假综合体性质，这一点与法国阿尔卑斯综合性滑雪度假地相似（将于第 7 章详述）。日本的度假区型滑雪场多分布在北海道以及东北地区，以北海道的 TOMAMU 和佐幌、岩手县的安比高原为其代表。在 20 世纪 60 年代和 70 年代，苗场和斑尾高原等若干滑雪场也带有综合度假地性质。但急剧成长是在 80 年代的度假地开发热时期，全部都是由大城市的开发商独立投资、规划并建设的。度假地型滑雪场大幅提升了滑雪场的档次和形象。

安比高原滑雪场（彩图 5）是在“八幡平地域综合森林休闲区——安比高原规划”框架下于 1981 年 12 月修建的（吴羽正昭，1991a）。该项目规划面积达 3353hm^2，由 2844 hm^2 的国营林野和 509 hm^2 的私有地所构成，其中滑雪场占项目规划区东部 1/3 的面积。项目开发主体为第三部门的安比综合开发股份公司，日本 Recruit Center 股份公司（当时）的投资额度占总投资额的一半左右。滑雪场内配备了当时最先进的滑雪索道和西餐厅，中央滑雪道脚下建了两家酒店（照片 4–8）和三栋度假公寓，都在 20 世纪 90 年代初之前已完工。同时还有山庄村和别墅区，由 49 栋房屋（1990 年）所构成，从而形成规模庞大的滑雪度假地。

照片 4–7　NASPA 新大谷酒店（1994 年 8 月）

NASPA 于 1992 年建在新潟县汤泽高原滑雪场的南侧。越后汤泽曾是度假公寓银座，紧挨着滑雪场脚下屹立着酒店（照片中央部位）、业主公寓（塔形建筑）和度假公寓（内侧）。

照片 4-8　安比高原滑雪场（2015 年 3 月）

安比高原滑雪场位于岩手县安代町（现八幡平市）。滑雪道展布于海拔 1328~500m，度假地的中心为滑雪场下方的两栋酒店大楼。

简约型滑雪场的目标客户群为日归滑雪游客，多分布在接近首都圈的区域。一般配套有大型停车场和为深夜抵达滑雪场的客人所准备的简易休息处，索道从早上 5 点就开始运行。简约型滑雪场是在假期短、交通网发达的背景下形成的，代表性的滑雪场有新潟县的神立高原、群马县的川场、长野县的富士见 PANORAMA、SAILER-VALLEY 等，还有从新干线的站点直达的 GALA 汤泽滑雪场（照片 4-9）也属于这一类型。1993 年，建在千叶县船桥市的 LALAPORT DOME SSAWS 室内滑雪场为市民提供就近享受滑雪乐趣的机会，因此也可以认为是属于简约型的滑雪场（2002 年 9 月停业，后拆除）。

照片 4-9　GALA 汤泽滑雪场（2005 年 10 月）

GALA 汤泽于 1990 年，在邻近上越新干线越后汤泽站的保线基地上，以车站为据点开发建成。一出站台，眼前就是循环吊厢式索道的乘车点。

支撑这些大型滑雪场开发的资金来源于大城市，传统的开发商多为铁路系的大型集团公司，后来房地产商和大型综合建筑公司也参与进来，也有如前所述的人才派遣公司（Recruit）等异种行业的参与。异种行业的参与给滑雪场的经营带来新的视角，这也在一定程度上能够解释上述新型滑雪场的诞生原因。铁路系开发商也不断加大开发力度，如国土计划（当时）在 1990 年拥有 28 处滑雪场（Kureha，1995）。

表 4–2 是滑雪场开发投资归属与滑雪场的数量、规模。从滑雪场的数量来看，归属市町村等地方自治体的最多，然而通过规模指数和平均数判断，大型滑雪场的开发大多是由城市资本或包含城市资本的第三部门进行的。依赖外来城市资本的结果，在后期面临停滞状况时，造成了一些问题，而由市町村投资开发的滑雪场，过度投资行为逐步压迫地方财政。

4.5.3 既有滑雪度假地的变化

既有滑雪场也相继扩张规模，积极改造和更新设施。分别表现为：用运力较强的新型索道代替旧索道，从而大幅提升人员运载效率；开发和完善新滑雪道，主要往高处扩展规模；将餐馆等设施改造成女性滑雪游客喜欢的样子，以迎合不断增长的这一市场群体的口味，从而由传统的“食堂”转型为以自助服务为主的西式餐厅。与此同时，为了应对日益增加的自驾游客，对停车场也进行了扩充。

滑雪人口的剧增，不仅推动了滑雪场的开发，也给民宿、山庄村、温泉等传统住宿设施的聚集区带来了很大的变化。这些地区的住宿设施数量上没有多大变化，这意味着区域的设施数量几近饱和，面对旺盛的住宿需求，各接待设施都通过扩大规模来提升容量，如民宿改建成近代建筑、温泉旅馆扩容等。民宿区改建和改装住宿设施的需求推动了建筑产业的发展。一些度假村还出现了居酒屋和迪厅等。

4.5.4 滑雪场的空间布局

图 4–2 显示 1990 年的滑雪场空间分布和 2010 年基本一致。日本的滑雪场集中分布在日本海一侧，整体上表现为东日本地区的分布密度大于西日本地区，在中央日本北部特别密集（即群马县北、新潟县西到长野县北一带）的特征。东北地区的奥羽山脉沿线、北海道的二世古周边有一定的集中，但分散大于集中。造成这一空间分布特征的原因如下。首先是积雪的影响。日本的积雪集中在日本海一侧，因此日本海一侧的滑雪场分布比较多。其次是地形的影响。日本的大型滑雪场大都分布在火山山麓，如二世古、藏王、磐梯山、苗场、妙高等。志贺高原（照片 4–10）和野泽温泉等侵蚀活动旺盛的壮年期山地也有滑雪场分布。另外，像（日本的）北阿尔卑斯等海拔很高的山地，除白马山麓等个例外，反而滑雪场分布较少，可能由于坡度过大和积雪量过多的缘故。最后是交通条件的影响。滑雪场相对集中在中央日本北部，得益于和大城

市圈之间的优越交通区位。日本滑雪人口的一半以上居住在东京、大阪、名古屋等大城市圈，然而，日本滑雪旅行具有一日游为主的短期性特点。因此，从居住地到滑雪场之间的交通通达性显得格外重要，接近于三大城市圈的区位特点是中日本北部区域滑雪场集中发展的重要原因。

照片 4-10　志贺高原寺子屋滑雪场（2012 年 1 月）

寺子屋滑雪场在东馆山东南侧，志贺高原接近中央的位置（海拔 2000m 左右）。右边往里是烧额山和奥志贺滑雪场。志贺高原南北约 13km，其特点是区域广阔，落差也大。

下面关注滑雪场的垂直分布（图 4-7，1990 年）。针对滑雪场分布的高程特点，关注西日本到中央日本之间沿东西方向、东北日本的南北方向进行分析。滑雪场顶部的海拔在中央日本处比较高，这里 2000~3000m 的高山比较多，如志贺高原（最高点为 2307m，横手山，彩图 4）、乘鞍高原、八方尾根等。日本山地的海拔在中央日本最高，向北向西逐渐降低，滑雪场顶点的空间分布也呈现同样特点。日本滑雪场顶点的高程，除了北海道的二世古和 TOMAMU、富良野、长野县的八方尾根（照片 4-11）之外，很少有高过森林线的。垂直落差是衡量滑雪场规模的指标之一，图 4-7 只标注了规模比较大的滑雪场，垂直落差最大的野泽温泉和八方尾根接近 1100m，志贺高原仅为 700m 左右，其他的滑雪场大都不到 500m。

4.6 滑雪旅游停滞期（1993 年以后）

4.6.1 滑雪人口的下降

直到 20 世纪 90 年代初还在急速升温的滑雪旅游，一瞬间跌入低谷，明显停滞和衰退，这一时期被称为滑雪旅游停滞期。

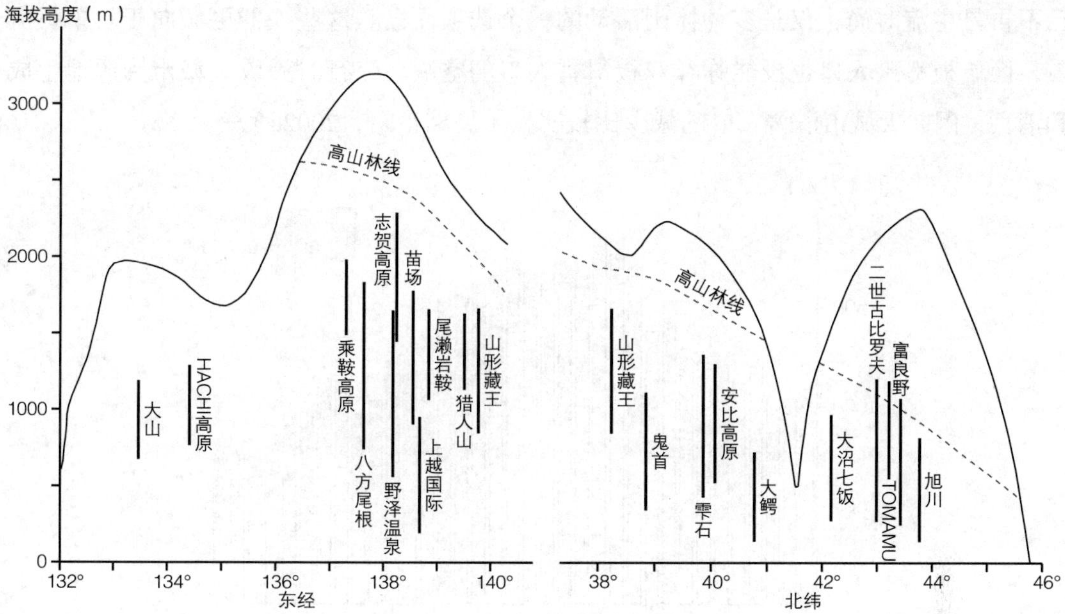

图 4–7　日本滑雪场的垂直分布（1990 年）

资料：Kureha（1995）（部分修改）

照片 4–11　八方尾根滑雪场黑菱滑雪区（2014 年 2 月）

八方尾根滑雪场展布于北阿尔卑斯东侧坡面海拔 1831~760m 之间。照片上方的休息室处海拔为 1680m，森林树木稀疏，在其上面有一条索道。

滑雪旅游停滞首先表现在滑雪人口的下降。滑雪人口在 1993 年以 1800 万人次的记录达到顶峰后走向衰减（图 4–8）。1997 年开始将单板滑雪人口计入统计，到 2000 年左右由单板滑雪人口填补双板滑雪人口减少的空缺，而在 2005 年以后整体下滑异常明显，从社会生活基本调查结果来看，状况更为严峻（图 4–3）。从年龄结构来看，尤以 20~39 岁年龄组的滑雪人口减幅特别大。在大学生和二十几岁的年轻群体中，滑雪已不再是主流时尚，仅是多种休闲活动的一个选项而已。这些人群更倾向于玩单板滑雪，而单板滑雪人口也没能弥补双板滑雪人口的空缺。流行时尚以大城市为源地生成和消亡，因此大城市滑雪人口的减少比较明显（吴羽正昭，2002a）。

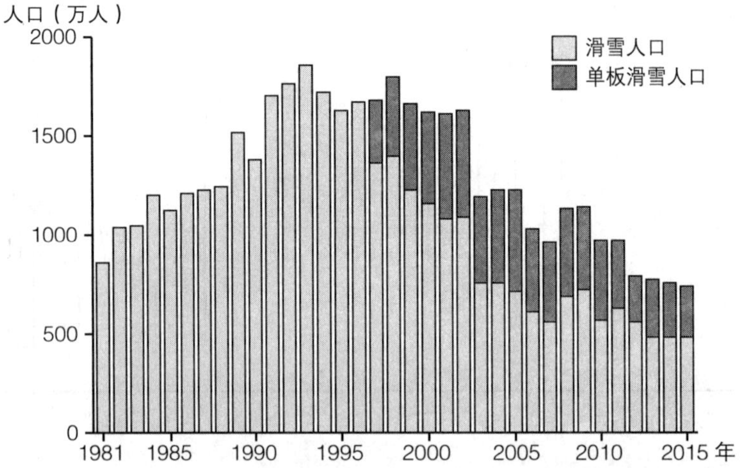

图 4-8　日本滑雪人口的变化（1981—2015 年）

资料：余暇开发中心（日本生产性本部）《LEISURE 白皮书》

与此相应，滑雪索道运载人次大幅降低（图 4-6），尤其在 20 世纪 90 年代中期，趋势线快速跌落，且持续到 21 世纪 10 年代。其结果是，滑雪场的建设趋于停滞，滑雪场内设施的升级换代等建设性活动剧减，几乎也没有开发新的滑雪场（图 4-1）。

滑雪旅游的这种停滞和衰退意味着大众旅游的一种活动形态的消亡（吴羽正昭，2009a）。日本滑雪旅游的大众化特征如下。首先是通往滑雪场公路的拥挤。大部分滑雪人口居住在大城市，外出滑雪的时间集中在周末或小长假，这是造成 20 世纪 90 年代前后大城市通往积雪区域的高速公路出现大拥堵的原因。其次为滑雪场内漫长的等候时间。滑雪者乘坐索道通常要排队等候数十分钟，休息时间在餐馆用餐也要等数十分钟。住宿设施为了增加接待量，只提供单调统一的餐饮和服务。游客在结束滑雪返程的途中也和去程一样要煎熬在拥堵的路上。滑雪旅游的大众化用“大量化”和“单一化”来描述可能比较贴切。

大众化滑雪旅游繁盛于 20 世纪 80 年代后期至 90 年代初，可能与当时滑雪被当作最时尚活动的市场定位有关，人们对此心驰神往（吴羽正昭，2009a）。因此，一旦市场回归冷静，人们对滑雪旅游的热情也迅速降温，滑雪的吸引力已经不足以克服上述“困难与煎熬”，对流行风向反应最敏感的正是年轻女性滑雪游客。当然，也不排除滑雪场在建构自身吸引力方面的努力不够。滑雪旅游的鼎盛时期，即使滑雪场不作任何市场营销努力，依然有大量的游客蜂拥而至，当时滑雪业界盛传“即使不做任何事，客人也会找上门”。滑雪场内的服务供应商和住宿设施方面只顾扩大规模、提高容量，对于索道、餐厅的拥挤和客人排队等待的焦虑心情，民宿服务质量的低劣，都没有给予认真的思考和足够的关怀。

4.6.2 滑雪度假地的变化

为了缓解滑雪游客剧减的状况，滑雪场经营者尝试了各种办法。20 世纪 90 年代后期，长野县的滑雪场引进了人工造雪机和索道自动检票机等设备（吴羽正昭，1999）。通过修建单板场地来放开单板滑雪项目的滑雪场也逐渐增多，而当时大部分滑雪场对单板滑雪的态度是不积极或禁止的（吴羽正昭，1999）。有些滑雪场对准特殊群体，采取针对性的经营战略（吴羽正昭，2009a），如群马县片品高原开设儿童雪上游乐场并开办滑雪培训学校，也有些滑雪场专门接待“猫跳滑雪”（mogul）和单板滑雪游客，还有些滑雪场专门接待外国游客，这些都是特色经营的案例。北海道的二世古区域、山形县的藏王、新潟县的赤仓温泉、长野县的白马村和野泽温泉村都曾积极接待澳大利亚等国外滑雪游客（参考第 6 章）。

然而，索道收入的持续下滑导致滑雪场经营状况不断恶化，泡沫期在索道等设备上投入的资金过多也是经营恶化的原因之一。有些地方由当地政府填补部分经营赤字。从 2005 年开始，索道的经营权频繁易主，2007 年 530 多家滑雪场（不包括仅有丙种特殊索道）中的 45%（240 多处）更换了索道经营主体（吴羽正昭，2009a）。特别是大城市资本的退出比较多。严重的还有索道运营公司的倒闭，如群马县川场（2000 年）、长野县斑尾和龙王（2005 年），适用民事再生法而宣告破产。

经营权变更的主要形式有大城市资本从第三部门的经营公司抽身撤离，以及索道公司破产后经营权转移到其他公司的形式（吴羽正昭，2009a）。收购企业的类型有：加森观光和星野 RESORT 等特定观光开发・经营公司、J–Mountains–Group（2012 年由 MACEARTH Co. Ltd. 接管）等以滑雪场经营再生为主业务的咨询公司、花旗（Citi）集团和摩根士丹利等外资系列投资公司等。还有如宫城县白石市，由当地 NPO 接手滑雪场经营的案例。公营滑雪场经营恶化的影响甚至会连累市町村的合并进程②。

② 长野县木曾郡王泷村，在1986年将“御岳滑雪场”作为村营事业进行了大规模开发，1993年的来访客源达 67 万人次。但其后，访客数量剧减至 1/10，而负债达 20 亿日元以上。2004 年在木曾郡的市町村合并协议过程中，王泷村因“御岳滑雪场”的负债问题没能并入新设的木曾町（吴羽正昭，2009a）。后来经财政努力，降低了实质公债费比例，从而在 2008 年脱离财政再建团体。滑雪场经营问题严重时期由加森观光负责经营，从 2012 年由 MACEARTH 受托经营。青森县大鳄町也具有与王泷村类似的公营滑雪场经营问题。

上述经营主体的变更主要发生在大中型滑雪场，因此在空间上，集中于大中型滑雪场集聚的东日本（吴羽正昭，2009a）。除上述案例以外，北海道的TOMAMU、岩手县的安比高原、福岛县的ALTS磐梯等滑雪场因经济泡沫期的过多融资，给滑雪旅游停滞期的经营造成巨大压力。当然，这些滑雪场就要看今后采取的经营策略，若表现好，对其前景具有乐观预估的投资商可能会产生收购意向。随着雷曼危机等经济环境的变化和时间的推移，滑雪场状况也处于动态变化中，TOMAMU和喜乐乐等地开始出现亚洲资本。滑雪场的关停现象也日益严重。

滑雪场的存续问题日益表面化，殃及滑雪场周边区域。因滑雪游客数量的整体下滑和日归游客的比例上升，滑雪场附近住宿设施集中的度假小镇也受到很大的冲击。

长野县菅平高原致力发展夏季的体育运动集训合宿项目，通过完善管理体制和运动场设施，设法转移经营重心（新藤多惠子等，2003；Kureha et al.，2003）。长野县饭山市户狩地区推进绿色旅游，探索脱离单靠冬季营业的经营模式（内川启，2003），这些都是在风雨飘摇中探寻滑雪之外出路的实例。

4.7 小结

1911年引进正规滑雪技术以后，滑雪在日本得到了迅速推广。滑雪的休闲旅游活动性不断增强，滑雪人口大增，随之以温泉为中心形成了滑雪度假区，以响应市场需求。20世纪60年代至90年代初期，日本的滑雪旅游走向大众化，有了跳跃式的发展。在其前半阶段的“滑雪旅游开展期”，积雪山区的农村相继建设滑雪场，滑雪的空间范围不断扩张。邻近滑雪场的务农山村，开展以民宿为中心的住宿接待业务，旅游相关产业有了长足的成长，也有新的滑雪度假地坐落在非居住空间上。

20世纪80年代到90年代初的“滑雪旅游发展期”，日本全国上下热火朝天地进行度假地的建设，滑雪场的开发也进入白热化的状态。伴随新型索道和人工造雪机以及度假酒店，出现了“度假区型”和“日归型”等新型滑雪场模式。滑雪成为年轻人，尤其是年轻女性的时尚活动，滑雪人口有了爆发式增长。滑雪度假地在这样大规模市场需求下得到了长足的发展。

然而，到20世纪90年代中期，滑雪旅游开始停滞，滑雪人口剧减。滑雪场经营公司的破产、经营主体的变更、滑雪场的停业和倒闭等现象接踵而至，度假区内住宿设施的关停也相继出现。现存的各滑雪度假区，或以维持滑雪旅游为目标，或以扩充滑雪以外的旅游项目为目标，积极应对，探寻活路，对此将在后续的第5、6章详述。

第 5 章　日本滑雪场的倒闭和停业现象研究

5.1 前言

日本人真正接触正规滑雪的年份为 1911 年。最初日本人将滑雪视为登山手段和竞技运动项目，后来逐步延伸为休闲活动，即开始流行滑雪场内的滑雪。到 20 世纪 50 年代开始建设配备滑雪索道的真正意义的滑雪场，其后的发展可划分为如下阶段：20 世纪 60 年代到 70 年代初的“第一次滑雪场建设高峰”、石油危机后 20 世纪 80 年代至 90 年代初的“第二次滑雪场建设高峰”和 1993 年以后的衰退期。20 世纪 60 年代到 70 年代初，基于经济高速成长与后续的日本列岛改造论为代表的旅游开发热潮下，滑雪场建设的空间范围从中央日本北部到北海道、东北地区及西日本的日本海一侧不断扩大，就地域特性来看，从温泉地扩展到农村及非居住区。石油危机后 20 世纪 80 年代至 90 年代初的第二次高峰期，度假地建设热潮和泡沫经济的双重推力，为滑雪场的开发与建设注入了新的能量，主要表现为滑雪人口的剧增和大型滑雪场的出现与增长。滑雪场的开发与建设获得了各色主体和多种形式的大城市资本的投资，用来建造运载能力强大的索道、西式餐厅和酒店，并通过改造地形、配置人工造雪机和压雪车等来提升雪道质量和舒适度。滑雪场的建设和良好运营态势也得益于滑雪旅游的发展即滑雪人口的成长与关联产业的发展。

然而，风云突变，1993 年以后滑雪人口急剧下滑。与泡沫经济的崩溃几近同步，第二次滑雪场建设盛况已成明日黄花。新建滑雪场的数量明显减少，既有滑雪场的设施也几乎没有得到更新升级。索道公司的破产及经营主体的变更、关闭和停业的滑雪场逐渐增多（Kureha，2008；吴羽正昭，2009a）。在前面的分析中主要关注了索道公司经营主体的变更，滑雪场的关闭、停业现象也仅做了概括性的分析。但是如下文所述，日本全国滑雪场中，停业、关闭者已超过 1/3，需要进行更全面、更深入的分析。

众所周知，在日本滑雪作为一种休闲活动，其活动领域主要限定在滑雪场内。因此，研究滑雪度假地与滑雪旅游的特征时，对滑雪场动态的分析是不可或缺的。本章关注日本全国滑雪场的关闭、停业状况，考察其地域特征，在此基础上展望滑雪场的今后发展。

5.2 分析方法

首先对滑雪场的关闭、停业进行如下界定：在国土交通省发布的《铁道要览》（参看第 1 章）中，无普通索道或特殊索道记录的滑雪场视为“关闭”。同资料中，某个滑雪场内全部普通索道以及特殊索道被标记为“休止中”时，视为“停业”。即“停业”意味着今后有恢复营业的可能性。如长野县的鹿岛枪滑雪场、北海道的 WINDSOR-VILLAGE 洞爷湖属于重新恢复营业的案例。有时难以判断滑雪场是处于关闭还是停业状态，因为经过短期停业后再关闭的情况更为多见。本章对于停业 3 年后关闭的滑雪场，把开始停业的年份作为其关闭时间。尽管做了上述识别，但严格区分停业和关闭仍存在一定难度，因此，在分析过程中统称为“关停滑雪场”，对于其余的滑雪场，在本章中称为“营业中滑雪场”。

《铁道要览》中还存在仍记录着已关闭滑雪场或对已处于停业状态滑雪场漏标的情况。针对这种情况，通过朝日新闻和日本经济新闻等新闻报道以及《休闲产业资料月刊》《雪上经济》等业界资料予以确认、补充和完善。

这里也进一步说明“年度”的含义。滑雪场的营业期一般从年底开始到下一年年初，这一时间段正值跨年，所以本章采用“年度”作为时间单位。例如，2005 年度是指 2005 年秋至 2006 年春。本章除部分特殊情况外，以 2013 年 3 月或 2012 年度为止的数据为分析基础。下面若没有特别标注和说明，“年”概指年度。

滑雪场的关停不仅仅是发生在日本的现象，其他国家也有。从美国的情况来看，其滑雪场从 1982 年的 735 处减至 2009 年的 471 处[①]，奥地利也有关停的滑雪场（Falk，2013）。Falk（2013）从以下 3 方面分析了奥地利索道经营公司的存活条件（见第 3 章）：其一是索道经营公司的企业特征（如开业年、人工造雪设备的持有状况、新型高性能滑雪索道的持有状况）；其二是区位特征（如平均海拔、积雪变动、市场距离、竞争状况）；其三为宏观经济要素（如经济发展周期）。结果发现人工造雪系统的配置越早越有利于滑雪场的存活，平均海拔超过 1700m 的滑雪场关停风险小，经济不景气时关停风险上升，而积雪深度和关停之间没有呈现有意相关性。

本章引用 Falk（2013）的思路和指标进行分析，但所用分析数据和奥地利不完全

---

① 关于美国的情况，可参考剑持胜（2002）。

一致，有些数据获取困难，因此对指标进行一定的取舍和修正。在数据方面，有“开业年”和“新型高性能索道的持有情况”的数据，但没有“人工造雪设备的持有情况”的数据，遂从分析中剔除这一项。“新型高性能索道的持有情况”与后述的规模指数挂钩，因此改用规模指数进行分析。对于“新型高性能索道的持有情况”与后述的规模指数挂钩，因此改用规模指数进行分析。对于区位特征中的海拔高度和竞争状况，放入本章的分析、考察项里。市场距离和宏观经济要素，会引致分析过于复杂，因此从分析中排除。本章用来分析滑雪场的指标和属性，除了上述之外，还有表 1–1 所示的内容。

分析流程如下：第一，分析滑雪场的变迁，展示全日本滑雪场的状况，并详述滑雪场的关停动态；第二，分析关停滑雪场的属性，采用海拔高度、表征滑雪场规模的和索道的规模指数、索道经营主体的资本属性等指标；第三，用分布图图示滑雪场关停的空间格局，并结合第一部分和第二部分的分析，考察地域特征。根据以上分析结果，考察滑雪场的区位条件、相关的地域特征、市町村合并和经营上存在的问题等以及各要素之间的内在联系。最后，对滑雪场和滑雪度假地的未来走向进行展望。

5.3 关停滑雪场的空间动态

5.3.1 滑雪场关停的变迁

在 1960 年到 20 世纪 70 年代中期之间的“第一次滑雪场建设高峰”期，日本新建的滑雪场最多（图 4–1、图 5–1）。石油危机后，滑雪场开发速度有所减缓，但在 1980 年到 20 世纪 90 年代初的“第二次滑雪场建设高峰”期，新建滑雪场重又大幅增加。但是高潮过后，几乎没有新的滑雪场出现。

最早的滑雪场关闭现象出现于 1962 年，关闭的是石筵滑雪场（福岛县郡山市热海町）（图 5–2）。自此开始，20 世纪 60 年代中期后陆续有滑雪场关停，到 70 年代以后关停数量有一定规模。从图 5–1 的休业滑雪场累计数量来看，1990 年以后尤其是在 2000 年以后有较大幅度的增长。与此相反，营业中滑雪场的数量持续下降。具体来看（图 5–2），1989 年有异常的增加，2000 年以 11 处滑雪场关停为开端，其后关停速度加快，在 2006 年以关停 21 处达到顶峰。进入 21 世纪 10 年代后，虽有所减缓，但关停还在持续。总体来看，滑雪场的关停尤其集中在 21 世纪最初 10 年的中期。

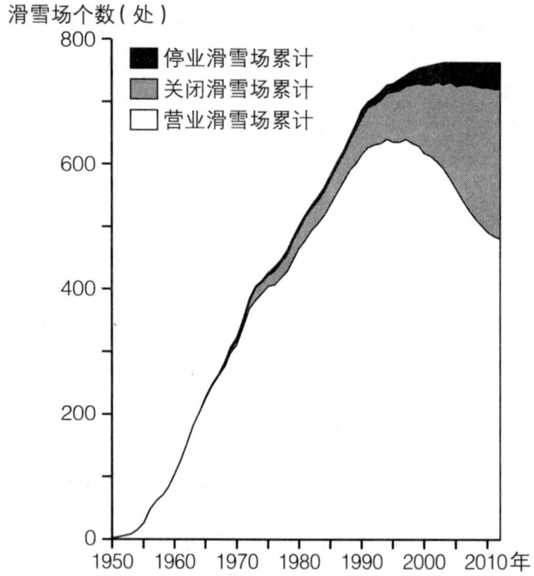

图 5-1　日本滑雪场个数的变迁（1950—2012 年）

资料：国土交通省（运输省）监修《铁道要览》

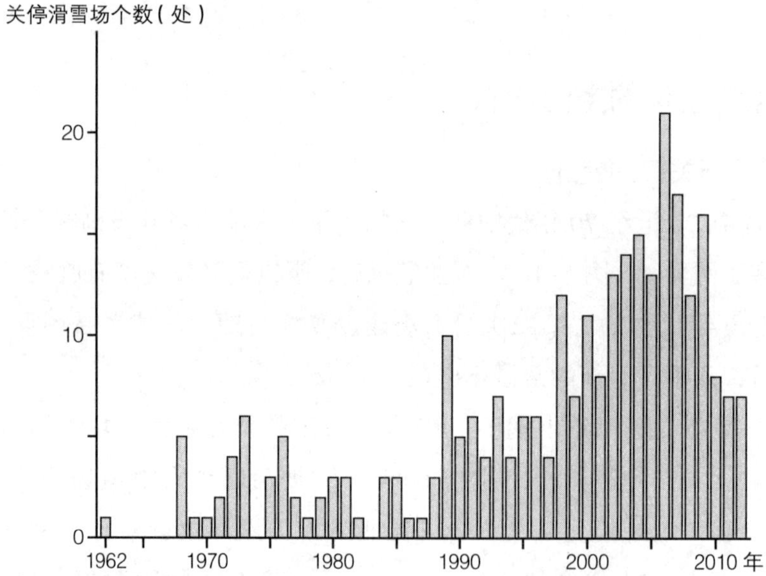

图 5-2　日本滑雪场的关停状况（1962—2012 年）

资料：国土交通省（运输省）监修《铁道要览》

下面根据索道相关记载列出具体数据。若以索道作为判断依据，日本截至 2012 年开设的滑雪场总数达 763 处，其中关闭 241 处、停业 43 处，关停滑雪场达滑雪场总量的 37%。在 2012 年，营业中的滑雪场有 479 处。

5.3.2 关停滑雪场的特征分析

关停的滑雪场在总体上呈现以下特点。第一，小型滑雪场。这些滑雪场的滑道垂直落差比较小，场内仅有 1~2 条索道。第二，索道的经营投资主体多以市町村主导。

“小”。关停滑雪场在其垂直落差与规模指数上均呈现小型特征。日本建成滑雪场的垂直总落差为 213km，其中关停滑雪场的垂直落差总和为 54km，约占总落差的 25%；从规模指数来看，全日本滑雪场的总规模为 250 万人 · km/h（2009 年），其中关停滑雪场的总规模是 31 万人 · km/h，仅占全国的 12% 左右。这一数据反映关停滑雪场的规模尤其是索道规模的占比远远小于滑雪场个数的占比，表明关停的滑雪场个体的规模相对较小。

滑雪是沿着有落差的坡面从高处往下滑降，垂直落差大的滑雪场比较受欢迎。而垂直落差越大则意味着需要架设的索道更多，规模指数也会随之上升，因此这二者之间有较强的正相关关系。图 5-3 分别比较了关停滑雪场和营业中滑雪场的数量与垂直落差、规模指数的关系。关停滑雪场相对集中于垂直落差在 200m 以下、规模指数小于 2000 人 · km/h 的区域，而营业中滑雪场，很多垂直落差达全国平均（263m）的 2 倍，规模指数很大的区间也有一定的分布。另外，从表 5-1 所显示的滑雪场最高点的高程来看，关停滑雪场的高程比营业中滑雪场低 200m 左右。

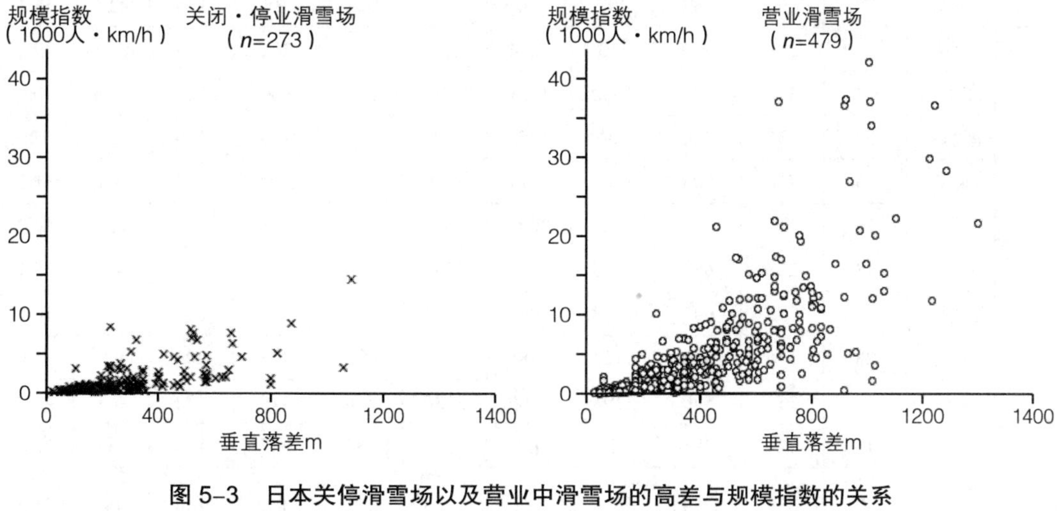

图 5-3 日本关停滑雪场以及营业中滑雪场的高差与规模指数的关系

注：①关停滑雪场的规模指数与垂直落差的值，采用其营业时的最大估计值，数据不明确时，则排除。
②营业中滑雪场的规模指数与垂直落差的值采用的是 2009 年的数据。

从规模指数的变迁来看，营业中滑雪场普遍呈现在 20 世纪 80 年代其规模扩张幅度较大。相比之下，关停滑雪场的规模则没有太大的变化（表 5-1），规模指数最大也不过 1500~2000 人 · km/h，仅相当于营业中滑雪场的 1979 年的规模指数。总体来看，关停滑雪场的“小规模”非常突出。

表 5-1　日本关停滑雪场的各种特征（2012 年度）与变迁

分类		滑雪场个数	平均规模指数（人 · km / h）					平均海拔（m）			各类滑雪场中，关停滑雪场的占比（%）	滑雪场总体中，关停滑雪场所占比重（%）
			1969 年	1979 年	1989 年	1999 年	2009 年	最高点	最低点	垂直落差		
总数		763	808	1263	2809	3744	4047	865	582	263	—	—
营业中滑雪场		479	1120	1722	3675	4495	4133	941	608	333	—	—
关停滑雪场		284	337	529	1059	1534	2179	732	536	197	100.0	37.2
索道经营公司资本	市町村等	102	306	391	567	618	788	618	467	153	35.9	34.9
	当地	78	326	444	708	1140	1228	628	473	155	27.4	54.5
	城市	86	354	741	1832	2432	3338	928	668	260	30.3	35.7
	第三部门	11	773	1040	2328	4027	7553	1117	666	452	3.9	14.7
	不明	7	191	252	497	702	—	507	38	125	22.5	58.3
区域	北海道	63	225	510	813	1034	732	369	205	164	22.1	39.1
	北东北	33	377	500	1002	1321	260	526	309	225	11.6	40.2
	南东北	32	337	500	904	1852	246	684	475	209	11.3	35.6
	关东	15	470	604	1988	3217	7569	1348	1155	192	5.3	31.3
	新潟县	36	371	408	836	2091	2452	526	333	193	12.7	40.0
	北陆	13	238	657	1448	2016	2769	668	387	281	4.6	36.1
	长野县	32	375	691	1504	1953	3244	1239	1017	222	11.3	30.5
	东海	28	346	598	1123	1388	1193	1107	904	204	9.9	51.9
	近畿	18	353	560	1198	1169	3130	660	478	182	6.3	42.9
	中国	10	324	391	758	939	—	787	647	140	3.5	23.3
	四国 · 九州	4	339	244	436	581	1128	1213	1073	140	1.4	33.3

注：北东北（青森县、岩手县、秋田县）；南东北（宫城县、山形县、福岛县）；关东（栃木县、群马县、山梨县）；东海（静冈县、爱知县、岐阜县、三重县）

资料：参考表 1-1

从关停滑雪场的索道经营公司资本结构来看（表 5-2），由市町村经营的有 102 所，约占 36%；其次为城市资本，占 30%，本地资本约占 27%。这里需要特别提示的是市町村营的滑雪场，其规模都比较小（表 5–1）。本地资本主导的滑雪场也和市町村营滑雪场一样，规模和垂直落差都不大。而城市资本主导的滑雪场则规模比较大，如新潟县的新井度假村（Arai Ski Resort）（于 1993 年建设，2006 年开始进入停业整顿，于 2017 年 12 月恢复营业。原著中记述为将于 2017 年 12 月恢复营业，经确认，译著出版时已经恢复营业 – 译者注）的规模指数高达 14 000 人 · km/h。

表 5–2　日本各区域关停滑雪场的特征

	关停滑雪场数	不同年代关停占比（%）					不同索道经营资本的占比（%）				
		1970 年代	1980 年代	1990 年代	2000 年代	2010 年代	市町村等	当地	城市	第三部门	不明
总数	284	11.6	9.9	21.5	49.3	7.7	35.8	27.5	30.3	3.9	2.5
北海道	63	20.6	4.8	15.9	55.5	3.2	52.4	23.8	20.6	0.0	3.2
北东北	33	9.1	12.1	24.2	51.6	3.0	45.6	24.2	24.2	3.0	3.0
南东北	32	21.9	15.6	28.1	31.3	3.1	25.0	43.8	15.6	12.5	3.1
关东	15	13.3	6.7	33.3	40.0	6.7	40.0	20.0	26.7	13.3	0.0
新潟县	36	2.8	11.1	30.6	47.2	8.3	22.2	30.6	38.8	5.6	2.8
北陆	13	0.0	7.7	0.0	61.5	30.8	53.8	23.1	15.4	7.7	0.0
长野县	32	21.9	12.5	18.8	37.4	9.4	15.6	34.4	43.8	3.1	3.1
东海	28	0.0	17.9	21.4	42.8	17.9	39.3	14.3	42.8	0.0	3.6
近畿	18	0.0	5.6	27.8	61.0	5.6	5.6	33.3	61.1	0.0	0.0
中国	10	0.0	0.0	10.0	90.0	0.0	50.0	30.0	20.0	0.0	0.0
四国 · 九州	4	0.0	0.0	0.0	75.0	25.0	75.0	0.0	25.0	0.0	0.0

注：北东北（青森县、岩手县、秋田县）；南东北（宫城县、山形县、福岛县）；关东（枥木县、群马县、山梨县）；东海（静冈县、爱知县、岐阜县、三重县）

资料：参考表 1–1

下面对不同来源资本类型索道经营公司投资建设的滑雪场总量和其关停滑雪场所占的占比关系进行分析。本地资本投资的 143 处滑雪场当中，有 78 处（约 55%）处于关停状态。城市资本主导的 241 处滑雪场当中，有 86 处（36%）；市町村营的 292 处滑雪场当中，有 102 处（35%）处于关停状态。从占比来看，本地资本的关停比较突出。

最后关注建成年份。关停滑雪场的建成年份的均值为 1972 年，而营业中滑雪场的平均建成年份为 1976 年，虽然关停滑雪场的建成年份略早，但难以将其判定为决定性的差异。也即意味着开业的早晚对于关停或持续经营所产生的影响不大。

5.3.3 滑雪场关停的空间特征

图 5–4 为 2012 年日本滑雪场的空间分布，其宏观空间分布特征和营业中滑雪场的趋势没有太大差异[②]。即从日本全国范围来看，滑雪场主要分布在日本海一侧，东日本比西日本多，集中在中日本北部（参看第4章）。关停滑雪场在西日本稍微多一点之外，其余和营业中滑雪场相差不大。这也意味着从日本全国宏观范围来看，无论是关停滑雪场还是营业中的滑雪场都具有相似的区域条件。

图 5–4　日本滑雪场的空间分布（2012 年）

资料：国土交通省（运输省）监修《铁道要览》

② 由于没能在地形图上确定位置，所以分布图上少了如下6处滑雪场：旭川富泽滑雪场（北海道旭川市）、见晴台滑雪场（北海道虻田町）、弥生滑雪场（青森县弘前市）、石渊湖滑雪场（岩手县奥州市胆泽区）、石筵滑雪场（福岛县郡山市热海町）、坊主山水织音里滑雪场（福岛县会津若松市湊町）。

具体来看，北海道最多，有 63 处（表 5–2），约占全国关停滑雪场总数的两成左右。其次为新潟县 36 处、长野县 32 处、东海区域 28 处。东海区域的岐阜县就占 26 处。滑雪场分布多的地方关停也比较多。

从关停滑雪场占比的空间分布特点来看（表 5–1），上述 4 个地域中，东海区域以 52% 的关停比例占首位，其次是新潟县（40%）、北海道（39%）和长野县（30%）。

结合表 5–2 探讨各区域关停滑雪场的时间特征。北海道关停的滑雪场中近一半发生于 21 世纪最初 10 年，东北地区北部、近畿以西也在同期关停比较多，其他地方也有类似的倾向，但关东地区和新潟县更多的关停出现在 20 世纪 90 年代，北陆则在 2000 年以后关停最多。东北地区的南部与长野县相似，在 20 世纪 80 年代的关停比较显著，而其后的关停占比低于全国平均。20 世纪 70 年代以前就有不少滑雪场关停现象，北海道也有出现，都是一些仅营业几年后就关停的小型滑雪场。

下面再考察各区域关停滑雪场的索道经营公司的资本属性。北海道、东北地区北部、北陆地区以市町村营的滑雪场关停比较多，可能是因这些地区的滑雪场原来公营比重较大的缘故。在东北地区南部，本地资本的滑雪场关停比较多。属于城市资本的关停在新潟县、长野县、东海和近畿地区比较多见，其接近大城市的区位条件吸引了较多城市的资本注入，也是城市资本滑雪场关停现象密集在这一地区的原因。

在大城市附近，利用接近大城市的区位条件而成立的小型滑雪场，以及同样基于接近大城市的区位而吸引城市资本建设的小型滑雪场出现了较多关停现象。这种关停从 20 世纪 80 年代开始依然在持续。远离大城市的北海道、东北地区的东部和北陆区域，关停多发生在 21 世纪的公营滑雪场。

5.4 滑雪场关停的地域特征

前文展示了滑雪场关停的一般特征与空间分布。这一节将从区域地理视角探讨与关停有关的地域特征。主要考察滑雪场的区位条件、滑雪场集聚的不经济（近邻负效应）、市町村合并和时代背景等要素以及各要素之间的内在联系。

5.4.1 滑雪场所需区位条件

白坂蕃（1986）认为 20 世纪 70 年代为止，气候、地形和交通是滑雪场的开发与建设三大关键区位因素。这些条件对后来的滑雪场开发也同样至关重要。下面探讨这些条件分别对滑雪场关停产生何种影响。同时也将考察影响力虽然没有上述三大区位因素大，但亦分布着众多滑雪场的温泉区域的状况。

1. 气候条件

积雪量是影响滑雪场区位的重要气候条件。白坂蕃（1986）指出积雪量的多寡左右着滑雪场营业季的长短，而营业季的时长会影响市场圈域的大小。比如营业季短于90天的滑雪场，以当地滑雪者为主。虽然图5-4的空间分布上没有表现出较少的积雪量和关停之间的空间关联性，但也确实存在因积雪不足而关停的滑雪场。

2. 交通条件

一直到20世纪70年代左右，火车站的位置是非常重要的滑雪场区位条件，直通大城市的火车站与滑雪场之间的距离和通达性是滑雪场开发的关键因素之一。随着交通的发达，滑雪者的交通手段发生了变化，滑雪场对交通条件的要求也出现了很大的变化。80年代以后，滑雪者的交通手段几乎都变成自驾和大巴，滑雪场是否靠近火车站就变得不再重要了。土樽滑雪场坐落在火车穿过（新）清水隧洞后到达新潟县的第一个火车站前的位置，随着汽车的普及，其交通区位的优越性逐渐失去价值。山形县的奥羽山脉沿线，从南至北紧挨着火车站分布有五色滑雪场（奥羽线板谷站）、面白山滑雪场（仙山线面白山高原站）、最上赤仓国际滑雪场（陆羽东线赤仓温泉站）等，得益于其优越的交通区位，曾经热闹非凡，如今已全部关闭。

3. 地形条件对滑雪场规模的影响

从20世纪50年代中期开始，随着滑雪场的建设步伐加速和日本民众滑雪技术的提升，人们日益要求规模宏大且花样繁多的雪道（白坂蕃，1986），即意味着地形条件对滑雪场的区位重要性非同小可。到20世纪70年代为止，以小型滑雪场居多、滑雪场总量还不大的时代，交通便利或者位于温泉区域的滑雪场，即使其规模不大也同样占有一席之地。然而，随着人们对大型滑雪场的需求提升，小滑雪场慢慢失去了其存在价值，实际上关停的滑雪场里以中小型滑雪场居多。

4. 温泉与滑雪场

温泉并不是滑雪场的必需条件，但是在日本，滑雪场的区位和温泉紧密相关，不少温泉区域设有滑雪场。究其原因在于温泉旅馆的经营者期望依靠修建滑雪场来增加冬季的入住率，用以弥补冬季积雪期间温泉游客减少而产生的经济损失（白坂蕃，1986）。野泽温泉、草津温泉、越后汤泽温泉、藏王温泉等温泉区域率先修建了滑雪场，其效果较好，在这些成功案例的示范带动下，其他温泉区域也争先恐后修建滑雪场。

同时，温泉区域滑雪场的关停案例也比较多（表5-3）。温泉区域的大部分关停滑雪场是20世纪50年代或60年代初主要修建在东日本一带的，说明当时温泉这一要素在滑雪场的区位中占据比较重要的地位。其中的一半以上于1990年左右关停，但早在

70 年代就有不少小型滑雪场业已关闭。

表 5-3　日本温泉地滑雪场的主要关停滑雪场

滑雪场名称	道县	开设年	关停年	垂直落差（m）	规模指数（人·km/h）
十和田大汤温泉	秋田	1955	2002	700	1132
五色	山形	1955	1997	200	348
燕温泉	新潟	1956	2006	220	542
土汤	福岛	1958	1972	200	159
山田温泉	长野	1958	2007	145	805
水无山	石川	1959	1980	250	136
浅间温泉	长野	1959	1979	110	257
吾妻（高汤）	福岛	1960	2006	450	1962
根根山	北海道	1961	1976	150	104
芦之牧	福岛	1961	1979	80	109
川汤努普利	北海道	1962	1994	100	176
Sky Valley 鸣子	宫城	1962	2003	720	5049
白骨	长野	1962	1972	50	131
前黑（盐原）	枥木	1962	1975	100	373
莺宿	岩手	1963	1989	—	82
宝生	新潟	1963	1981	280	525
浊河温泉	岐阜	1963	2010	290	531
濑见温泉	山形	1964	1993	200	150
北汤泽温泉	北海道	1965	1998	150	172
中之泽	福岛	1965	1992	60	181
定山溪三笠山	北海道	1966	1976	100	171
沼之平山（青根）	宫城	1966	1972	90	180
石之汤・笠岳	长野	1966	2009	100	977
饭坂	福岛	1967	1978	110	143
汤西川温泉	枥木	1968	2002	136	232
銀山温泉	山形	1971	1990	170	355
新穗高温泉	岐阜	1973	1993	210	593

注：①仅显示 20 世纪 70 年代为止已开业的主要滑雪场。
②—显示没有数据。
③规模指数采用的是关停之前的值。
资料：参考表 1-1

5.4.2 近邻负效应

在如上所述多重区位条件的影响下，滑雪场在微观空间尺度上表现为相对集群分布于某些特定区域。例如，福岛县的磐梯－吾妻山麓，新潟县的汤泽町－南鱼沼市、妙高山麓，长野县的饭山市－下高井郡、白马村－小谷村、八岳山麓，岐阜县的郡上市白鸟町，兵库县的钵伏山－神锅高原等地都是滑雪场的密集分布区。在各大聚集区内，大大小小规模不等的滑雪场并存，其吸引力也各异。在滑雪旅游的繁盛期，需求量庞大，滑雪场往往人员爆满，客流在一定程度上出现分流，因此，规模小且没什么特色的滑雪场也能从中分得一些游客，从而维持一定的客流量。

20 世纪 90 年代中期后，滑雪人口锐减，规模大且知名度较高的滑雪场也不再拥挤不堪，滑雪的舒适度大有提升，开始出现了优胜劣汰的竞争。名气大的滑雪场还能维持一定的客流量，但缺乏魅力的滑雪场则门可罗雀。相邻滑雪场之间的竞争导致了部分滑雪场的关停，即出现了“近邻负效应”或“集聚不经济”。表 5–4 为主要滑雪场的聚集地及其关停滑雪场。例如，长野县白马村的白马高地（HIGHLAND）滑雪场（1972 年开业），由于受八方尾根和岩岳以及五龙远见等大型滑雪场“近邻负效应”的影响，于 2009 年关闭。从新潟县汤泽町到南鱼沼市的狭小区域里曾分布着为数众多的滑雪场（吴羽正昭，1995），目前已有十多处关停。

表 5–4　日本主要滑雪场聚集区的关停实例（排名不分先后）

滑雪场集聚区	主要关停滑雪场
福岛县磐梯・吾妻山麓	见祢山，中之泽，石筵，土汤，吾妻，饭坂，五色（山形县）
群马县万座・草津	女渊，鹿泽，表万座，Skiport・Shizuka，草津音乐之林
新潟县汤泽町・南鱼沼市	三国，二居，白板高原，城平，Kayama Captain Coast，土樽，First 石打（旧小田急石打），八箇高原，小栗山，六日町坂户，Sport com 浦佐国际，浦佐
新潟县妙高山麓	新井船冈山，Arai Ski Resort，松峯，妙高 PINE Valley，妙高东山，妙高 Panorama，妙高坪岳，燕温泉
长野县饭山市・下高井郡	户狩小境，信浓平，饭山国际，饭山（神明丘），北饭山，斑尾高原丰田，斑尾高原大平，柏原，七卷，北志贺 Heights，GORIN 高原，上林温泉，安南平，石之汤・笠岳
长野县白马村・小谷村	牧寄，白马高地（旧 Green club），Sun Alpina 青木湖，大町
长野县八岳山麓	浅间温泉，东美原白桦平，东美原高原美之国，姫木平，和田峠，雾峰泽渡，蓼科 Associates
岐阜县郡上市白鸟町	石徹白 Charlotte Town，正洞，高平，平家平，中日白鸟，油坂，Hirugano 尾上平，大栄，荘川高原一色国际
兵库县钵伏山・神锅高原	神锅 Alpine Rose，大机山，新神锅（Family），口神锅（山宫），名色高原，大冈山，葛畑，冰之山山麓，新户仓

资料：参考表 1–1

这种“近邻负效应”在 20 世纪 70 年代已有所显现，小型滑雪场在其开业之初还有一些客流量，但由于一直没能更新升级和扩充，到后期客流逐渐流失到近邻其他大型滑雪场。比如，长野县的白马村岩岳滑雪场以东的牧寄滑雪场（1962 年开业、1976 年关闭），还有野泽温泉的七卷滑雪场（1967 年开业、1982 年关闭）就属此类。

5.4.3 市町村的合并与市町村管理运营的影响

被称为“平成大合并”的市町村合并运动始于 2005 年，近邻负效应和市町村合并联动加剧了滑雪场的关停。

日本的滑雪场中有 1/4（约 300 处）是由市町村投资兴建并经营的。从 20 世纪 90 年代后半期开始，滑雪场的亏本经营问题日益严重，市町村财政状况的同步恶化，使得地方政府填补滑雪场赤字变得力不从心。比如大鳄温泉滑雪场（青森县大鳄町）、御岳 2240 滑雪场（长野县王泷村）的市町村亏本经营问题就曾引起过广泛的关注（参考第 4 章）。在一些滑雪场聚集区，各个市町村各自分别经营和管理着滑雪场，若这些市町村进行合并，合并后的新行政区可能要面临同时担负多个亏本项目的状况，势必会对这些项目进行整顿与取舍，这也就导致一些滑雪场的关停。

石川县白山市就是这一行政区合并后整理淘汰滑雪场的典型案例地。历经波折，已有白山中宫温泉、白峰高原、白山濑女高原以及大日的 4 个滑雪场遭到关停，2013 年当时仅剩下两处滑雪场还在营业（白山千丈温泉 SEYMOUR、白山一里野温泉）。还有新潟县鱼沼市的例子。鱼沼市对其辖区内的须原、小出、汤之谷药师、大汤温泉、关越国际大原滑雪场的存续问题展开了激烈的争论，市政府于 2009 年 12 月制订了关停其中 4 处滑雪场的《重组计划》，但因遭到居民的强烈反对，没能关掉上述滑雪场。后上述滑雪场于 2013 年 11 月转向民营化，分别被不同的 NPO 法人与公司接管和经营。曾经还有中峰和 AXIOM 度假地的两处滑雪场，位于这个合并市域范围内，分别于 1996 年和 2001 年，即在合并前业已关停。

今天，很多市町村营或公营滑雪场面临各种原因造成的经营危机（浅山章，2010）。日本的公营滑雪场基数庞大，大部分于石油危机期和泡沫期由市町村投资兴建的，目的是增加当地的就业机会以替代冬季外出打工，以及振兴体育和旅游产业的发展。现在，财政负担、滑雪者剧减等不利因素给公营滑雪场带来的压力越来越大，有的滑雪场采取委托管理者的制度来尝试打开局面，但前景依然不容乐观。比如，长野县野泽温泉滑雪场的索道原来一直由村里管理和运营，2005 年将其让渡给一家由本地出资建立的股份公司“野泽温泉”。

5.4.4 滑雪场建设浪潮的时代背景

日本经历过两次滑雪场建设的高峰期，尤其在20世纪80年代后半期到90年代前半期，在索道技术创新的有力支撑下，滑雪场的建设走向大型化。从当时的经济效益及经营效果来看，滑雪场的建设收益率非常可观。因此，索道经营公司热衷于投资兴建大型的索道，同时将巨额资金投入到配套的休息室和直营住宿设施的建设中。

随着泡沫经济的崩溃，兴建度假地的热潮迅速降温。20世纪90年代中期滑雪游客锐减，索道经营公司的收入大幅下降，投资成本的回收陷入泥潭。滑雪场经营状况恶化，很多企业面临需要重组或削骨瘦身的局面，结果造成大批索道公司的转让和破产，变动非常激烈（高梨光，2011）。这一状况持续了近20年，加重了滑雪场的经营压力，造成索道经营公司的破产和转让仍处于进行时态。营业中的滑雪场中，有六成都经历过索道经营公司的变更（包括更名）（参考第4章）。

如KOKUDO（原国土计划公司）（PM编辑部，2007），因集团公司经营业绩恶化，将多处滑雪场变卖给别的公司，还关掉一些滑雪场（表5–5）。该集团属下原来共有36处滑雪场，其中关掉的滑雪场达11处，大多数分布在东日本。目前由该集团下属的姊妹公司PRINCE HOTEL公司经营管理11处滑雪场，这一数字还不到鼎盛期的一半，而转让给外部企业的滑雪场有14处。

表5–5 KOKUDO（原国土计划公司）系列的滑雪场现状（2012年）

现状	数量	滑雪场名称
营业	11	富良野，雫石，万座温泉，苗场，浅贝，神乐三俣，神乐田代，六日町八海山，妙高杉之原·国际，烧额山，轻井泽王子
外部公司经营	14	糠平温泉，二世古东山，函馆大沼七饭，札幌广岛王子，鲹泽，森吉山阿仁，表万座①，水上高原，中里，岩原②，福井和泉，国境，箱馆山
关闭	11	真驹内，深川，津别，千畑，森吉山森吉，日光菖蒲浜，小千谷山本山高原，三国，土樽，燕温泉，Gorin高原，伊吹山③

注：① 2011年度开始停业。

②只运行循环吊厢式索道1条（1997年转让于外部企业“岩原观光”）。

③ 2005年度转让于外部企业PISTEJAPON，从2008年停业，2010年关闭。

资料：参考表1–1

现存于日本滑雪场中的大部分滑雪索道是在“第二次滑雪场建设高峰”时期兴建的，从那以后几乎没有再建过新索道，也没有对旧索道进行过多少更新改造。一般认为索道的使用寿命是30年左右，因此索道装备的维修和改造将是滑雪场将要面对的另一个挑战。

5.4.5 滑雪人口的影响

滑雪人口的减少对滑雪场经营带来的影响是非常大的。这里将根据《休闲白皮书（LEISURE 白书）》的统计数据，考察日本全国滑雪人口的变迁状况（图 4–8）。日本的滑雪人口在 20 世纪 90 年代中期开始下降明显，单板滑雪在最开始的时候填补了一些空白，但其规模不足以完全填补急速下降的滑雪人口的缺位，无法阻挡整体市场下滑的态势。滑雪人口的减少显然加剧了滑雪场数量的递减和淘汰。从年龄和性别结构来看（图 4–3），在 30 岁以下年龄层中，女性滑雪人口的减少尤为显著。《休闲白皮书》2013 版刊载了日本国民近 5 年所放弃的闲暇活动调查报告，滑雪排在放弃选项的第一位，其理由是综合性的，在此不展开说明。

图 5–5 是滑雪人口下降情况的空间格局。《社会生活基本调查》（总务省）显示，2011 年的日本滑雪人口仅为 530 万，这一数据与 1991 年的 1350 万相比大为减少。从图中可以看出东日本的滑雪人口的减少幅度明显大于西日本；在东日本，日本海一侧的减少幅度又大于太平洋一侧。日本全国的滑雪人口普遍下降，尤其是秋田县（相对值为 23）、福岛县（相对值为 28.6）、新潟县（相对值为 29.5）等积雪区域的减少更为显著。年龄层次上，15~24 岁的年轻滑雪人口减少显著。尽管从这个图难以看出，但能够推测拥有大量滑雪人口的大城市圈，其滑雪人口绝对数量的下降幅度很大。

这一分析结果意味着上述 3 县以及东日本积雪区域居民的滑雪参与率也不高，导致以地方客户群为目标市场的小型滑雪场的经营难以为继。同样的倾向也出现于西日本，结果如表 5–4 所示，兵库县的钵伏山至神锅高原等区域，相继出现了多个关停滑雪场。

5.5 未来展望

2010 年后，滑雪场的关停数量有所下降，但滑雪场的经营环境依然非常严峻。下面从区位条件、特色、滑雪场的经营现状等方面对未来日本滑雪场的发展进行展望。

5.5.1 滑雪场区位条件的反思

滑雪场的区位条件是随着时代而动态变化的，滑雪场若想长盛不衰，必须要有自己的独特魅力，在此结合区位条件为滑雪场的特色建构提供一些思路。

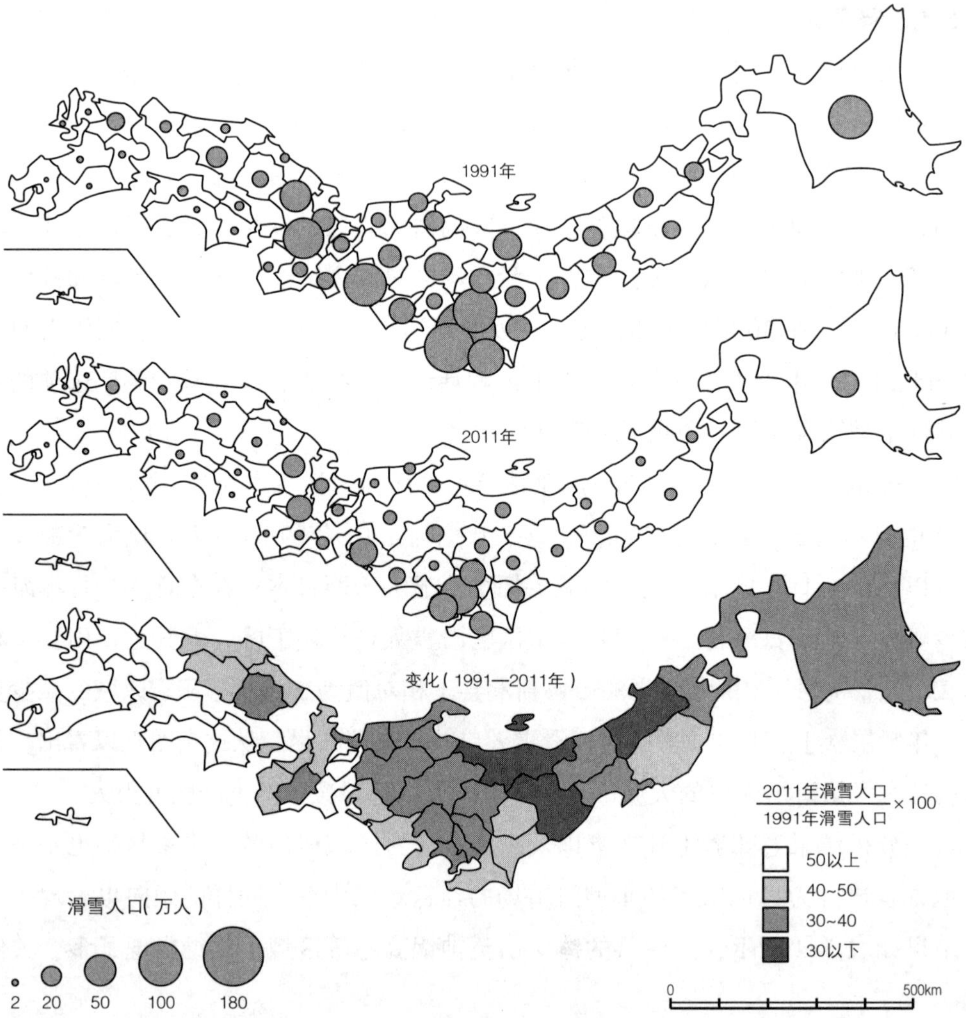

图 5-5　日本滑雪人口空间布局演变（1991—2011 年）

注：只统计 15 岁以上者，2011 年的值包括单板滑雪。
资料：总务省《社会生活基本调查》

1. 滑雪场的类型

首先，基于分析和探讨近些年滑雪场重建的过程中使用的滑雪场类型的划分模式，梳理滑雪场的位置属性及其他特征。坂仓海彦（2010）根据滑雪场的目标客户和对接服务层次，将滑雪场划分为以下 4 种类型：①当地社区整合型——住宿主体型；②住宿设施包围型；③大城市圈日归型；④积雪城市近郊型；高梨光（2011）以经营状况较好的滑雪场为对象，分为以下三类：⑤日归型；⑥长住型、⑦短住型。

这两种分类法其实有不少相似之处。如③、④、⑤都属于日归型，其中③和④尽管提示了大城市圈和积雪城市近郊的位置差异，但⑤的次一级分类上也出现了类似的亚类型。除了③、④、⑤之外，其他都同属住宿型。其中的①和⑥具有高度相似性，如拥有相当规模的滑雪场，周边社区集聚着一定数量的住宿设施，因此有条件将其活用到入境旅游的发展。②和⑦虽然也拥有一定规模的滑雪场，但尚难以着力发展入境旅游。高梨光（2011）指出⑦是日本最常见的类型，举出其中比较成功的滑雪场经营案例，认为定向目标群体、开展专业化服务是其经营秘诀。进一步指出，经早期改革运营体制而提升的灵活性在此发挥了关键作用。

2. 滑雪场的独特优势

从上述分类过程中所用到的指标来看，构成滑雪场个体特色和优势的要素可分为以下 3 个维度，即 A 规模、B 可进入性、C 与周边社区的相关性等。规模大、位于大城市近郊（或地方城市近郊）、周边社区集聚着住宿设施等条件构成滑雪场的独特优势。各滑雪场要充分认识到上述维度的重要性，在此基础上进一步考虑如何提升针对目标客户的专业化服务。即要做到人无我有，人有我优，并努力创新，创建特色。比如在滑雪场的规模上，全球变暖的趋势将会进一步提升海拔较高区域的优势。

当然，除了上述 3 个维度之外也有其他影响滑雪场特色的因素，比如滑雪场集聚区的竞争与合作等。通过发售通用索道票，可将滑雪场集群造成的不利竞争转化为有利合作。有些滑雪场在 3 个维度的特色与优势方面一个都不占，这些滑雪场需要从滑雪场经营内容或文化创意方面独辟蹊径。

5.5.2 滑雪场经营的变化与现状

从 20 世纪 60 年代到 90 年代，日本的滑雪场不断推进，到泡沫期滑雪运动发展成为高端休闲活动。那时，即使不提供任何特殊服务，索道经营公司也能获得大量的客源，挣得盆满钵满。不过，也有一些大城市资本经营主体，在针对女性的服务以及餐饮开发方面，表现出一定的先进经营理念（Kureha，2008）。

面对 20 世纪 90 年代以来日益严峻的滑雪经营危机，索道公司进行重组和整合，其经营内容也发生了很大的变化，很多措施与个性化特色的创建相关。各个滑雪场在对外宣传和营销中，将着重点放在其独特性的展示上。比如，分别设置机压雪道和非机压雪道以迎合近年来日益高涨的粉雪滑雪的流行趋势，以提供进行跳跃或展示空中特技等自由式滑雪的场地（PARK）为卖点等。另外，滑雪场对内部服务进行了创新。从索道工作人员的接客服务到滑雪场内饭店的餐饮质量、租赁用滑雪板的质量与种类、滑雪培训班以及季票的发售等各个方面，开展了多种崭新的服务。滑雪场的目标客户主要有亲子游、修学旅行、竞赛团体、高龄人群等。上述服务内容有较大的普遍性，滑雪场在这方面不易表现出其有别于其他滑雪场的独特优势，同时服务内容的扩充与升级也会造成成本压力。

面对这一状况，一些企业着手兼并其他营业中的滑雪场，结果出现了由少数索道公司经营和管理多家滑雪场的集团化模式（表 5–6），KOKUDO（表 5–5）和东急等集团在泡沫期以前就已经实施过集团化经营。现在的集团化表现为新加入的企业运用所积累的经营管理经验和规模经济效益，开展和实施独立的经营战略。比如，曾在兵库县 HACHI 高原滑雪场内经营餐饮设施和住宿设施为主业务的 MACEARTH 集团，从 2008 年开始着手滑雪场的经营，到 2014 年，由其经营管理的滑雪场便达到 30 处（月刊休闲产业资料编辑部，2013）。2015 年 12 月，其属下有 33 处滑雪场，空间范围遍及北海道到广岛县，包括全包管理的和部分滑雪场域的管理。其经营管理的滑雪场总面积为 1777hm^2，索道总数为 162 条，可滑行雪道总长为 292km，滑雪场来访游客数量约 300 万人（2014 年），田野实地操练团体的接待量达 1038 团次③。

表 5–6　日本主要滑雪场经营集团（2014 年）

类型	索道运营公司或协助公司	滑雪场数
新加入型	MACEARTH	30
	X–Project	8
	铃木商会	6
	日本滑雪场开发	6
	Hospitality Partners	5
	星野 RESORT	3
传统型	PRINCE HOTEL	11
	东急 RESORT SERVICE	9
	加森观光	8
	日本 CABLE	7
	休暇村协会	6
其他	志贺高原度假地开发	3
合计（有重复）		102

新加入企业所收购的滑雪场多以中型为主，如从 MACEARTH 集团所收购的滑雪场平均规模指数来看，加上部分管理部分也只有 6300 人 · km/h，X–project 集团的平均规模指数也仅为 4000 人 · km/h。MACEARTH 集团同时接管如福岛县磐梯山周边、长

③　数据来源为 MACEARTH 集团的网页。https://macearthgroup.jp/resorts（2016 年 9 月 22 日最终阅览）。

野县高社山周边的多个相邻滑雪场，试图以此实现规模化发展（月刊休闲产业资料编辑部，2013）。另外，日本滑雪场开发集团则收购了长野县龙王和群马县川场等规模比较大的滑雪场。还有一些集团只接手同一个滑雪场内的一部分索道，如八方尾根滑雪场的索道是多个索道经营公司分别经营管理的，其中的某个索道公司负责的部分被转手，而不是所有的索道同时被接管。

这些新加入企业经营的滑雪场的空间分布近似城市资本经营的滑雪场的空间布局形式（表 5–2），也同表 5–6 的“传统型”相似，主要集中在长野县、新潟县、关东地区、近畿地区。与大城市之间的交通通达性较好的滑雪场被收购的可能性大一些，如果滑雪场具备上面所提到的“特色”，与滑雪市场相关的区位条件就不是很重要。比如，由 X–project 经营的岩手县夏油高原滑雪场，具有温泉及丰富的积雪等特色。

外国滑雪游客的来访也对滑雪场的经营产生影响。北海道的二世古安努普利（ANNUPURI）周边、新潟县的妙高赤仓区域、长野县的野泽温泉村和白马村、小谷村等地，外国滑雪游客的接待量显著增长。外国滑雪游客的登场，将对今后的服务的开展提出新的要求。从 2000 年左右开始，访问北海道俱知安町的澳大利亚人增多，后来其活动范围逐渐扩展到本州的大型滑雪场。紧随澳大利亚人的步伐，欧洲、北美、韩国、新加坡，以及中国香港等地的游客纷至沓来，国外客源不断扩大。对于具备接待外国游客条件的一些滑雪场而言，入境旅游的发展可能会带来转机。滑雪场的规模效应、粉雪的存在、特色服务的供给等将是重要的基础条件，关于这一点有待今后进一步分析和探讨。

包括澳大利亚在内的欧美系滑雪游客对滑雪后的休闲娱乐活动（after ski）有很高的期待（小室让，2014）。滑雪场外的当地社区应如何开展相应服务，住宿设施的经营者如何去应对长住者都将是重要的课题。然而，过度依赖入境旅游也伴随着一定的风险，对这一点要有清醒的认识。之所以这么说，是因为政治、经济或社会、文化等方面的任何风吹草动，或者一些灾害等，都可能会导致外国游客的迅速撤离。因此，也要在一定程度上保留以日本国内游客为对象的服务内容。

5.5.3 日本的滑雪特性

日本滑雪场经营的最大难处之一是客人的留宿日期比较短，和欧洲阿尔卑斯区域滑雪度假地（参考第 7~9 章）相比，差异非常明显。因为普遍实行长假的缘故，欧洲阿尔卑斯区域游客的平均延续逗留日程长达一个星期，这能够保证索道经营者、住宿设施、餐饮和其他服务设施获得稳定的收入。日本为推广和实行长假做了多年的努力，但现政府的政策依然没有明显的进展。快乐周一（Happy Monday）的实施使得假日有了一定的增加，但假日比较分散，少有整块连续性的长假。目前，只能寄希望于正值离退休的团块世代④成员，他们离退休以后有可能成为滑雪度假地的长住者，从而带动滑雪度假地长期逗留的发展。

关于缺乏“特色”的问题，有必要多多关注滑雪所具有的教育价值和意义。很多市町村经营的滑雪场处于已经关闭或停业的状态，这可能也是多雪区域滑雪人口下降的原因之一。目前营业中的滑雪场，应增强和巩固作为学校体育和体育少年团的滑雪培训基地的功能。滑雪场化身为教育空间，在积雪区域将滑雪这一传统传承下去，也许有可能成为滑雪场的特色之一。

在培育青少年滑雪人口方面，由 Recruit life Style 从 2011 年开始策划实施的“雪 MAJI!19”活动做出了比较大的贡献。加盟该活动的滑雪场面向 19 岁以下滑雪者推行免索道使用费，以此增加青少年的滑雪体验机会，让他们感受到滑雪的乐趣，吸引他们将来继续参与滑雪。最开始，加盟的 89 处滑雪场共接待了 12.8 万人，2013 年这一人数增至 52.8 万人（172 处滑雪场）⑤，卓有成效，只是加盟的滑雪场分布偏向中央日本北部和西日本，可能与北日本市町村经营的滑雪场比较多这一原因有关。加盟“雪 MAJI!19”活动的滑雪场中，位居中央日本北部和西日本的以城市资本经营较多，而市町村经营的滑雪场少之又少。“雪 MAJI!19”的加盟滑雪场在 2014 年为 181 处，2015 年为 191 处，而参与人数分别只有 51.2 万人和 49.2 万人⑥。类似的活动还有“雪 MAJI!20”，面向 20 岁的人员实行索道票半免，福岛县组织了“雪 MAJI!FUKUSHIMA”活动，面向 20~22 岁的人员，提供福岛县内平日免费索道票。目前重要的是如何维持活动参与者的数量，并需要追踪考察“雪 MAJI!19”等活动的参与者在其 20 岁或 23 岁以后有没有继续滑雪。

5.6 小结

本章分析了日本全国滑雪场的关停动态，并阐释了其地域特征。日本滑雪场总数的 40% 左右处于已关闭或停业的状态，从索道的规模、垂直落差等指标显示，关停者大部分为小型滑雪场。靠近大城市的区域，由城市资本投资开发的小型滑雪场的关停

---

④ 指的是日本战后的第一个生育高峰期即1947年至1949年期间出生的人，这一代被看作是20世纪60年代中期推动经济腾飞的主力，是日本经济的脊梁。这一代约 700 万人于 2007 年开始陆续退休。他们大都拥有坚实的经济基础，一直是最引人关注的消费群体。据估算，日本 60 岁左右人口所拥有的资产，是 40~50 岁人口的 3 倍以上。这群数量庞大的银发族经济基础雄厚、购买力强，退休后还将有充足的闲暇时间——译者注。

⑤ 基于 Jalan research center 的网页的信息。http://jrc.jalan.net/j/2014/05/19snowmagic201-708.html（2014年6月3日最终阅览）。这里的滑雪场数量统计方法和本书的统计有差异。

⑥ 基于 Jalan research center 的网页的信息。https://majibu.jp/yukimaji19/pc/srope（2016年12月28日最终阅览）。

比较多，而离大城市较远的地方，以市町村经营的滑雪场的关停占主导。积雪不足不是关停的主要原因，市场萎缩对经营造成的冲击是最大的。造成经营恶化的起因，主要有滑雪场区位条件的时代变迁、近邻负效应以及 2000 年前后的市町村合并运动。开发热潮的突然降温以及持续的经济低迷，对滑雪人口的大减也有很大的影响。

对今后滑雪场的发展而言，重要的是规模、可进入性、特色建构。独创滑雪场的个性固然重要，同时也要注意到目前滑雪场经营中显现的集团化倾向。集团化效果将如何呈现是今后的滑雪场相关研究中需关注的重要课题。日益增多的外国滑雪游客对滑雪场所提出的新的要求，滑雪场有必要因地制宜地创建滑雪场自身的特色。

日本滑雪旅游的短期逗留特点不可能马上就有根本性的改变，这也意味着日本滑雪场的经营模式在今后不可能出现突变。因此，滑雪场区位中，和大城市的接近性依然是重要的条件。从地方层次上，要进一步发挥市町村营滑雪场的教育功能，这一举措或许会成为拯救公营滑雪场的灵药。在宏观层次上，“雪 MAJI!19”等活动的开展，在滑雪者的增员方面意义非凡。综上所述，在各种空间尺度上，因地制宜的发展战略越来越重要。虽然在本章没做介绍，出于环境保护和地域振兴等视角，所关闭的滑雪场场地的利用也将成为研究的关注点。

第 6 章　日本滑雪旅游停滞期滑雪度假地的响应

6.1 前言

如前面第 4、5 章所介绍，近年来日本的滑雪旅游发展形势并不乐观，面对危机，各地都在想方设法寻找对策。本章将通过案例分析，探讨滑雪度假地的经营策略以及地方响应。研究案例地分别为：长野县菅平高原、群马县片品村、长野县乘鞍高原、长野县黑姬高原、北海道二世古区域。菅平高原和片品村是由农村聚落转变为滑雪度假地的案例，其住宿设施的主体为民宿或由民宿发展而成的旅馆；乘鞍高原和黑姬高原的特点是滑雪场离传统村落有一定的距离，接邻滑雪场生成了以山庄形式为主的住宿设施的集聚区；二世古区域是率先引入入境旅游，并有着较为成熟完善的入境旅游服务体系的地方。本章最后总结归纳上述 5 个区域在发展战略上的共性与差异，并探讨其地域特征。

6.2 长野县菅平高原

菅平高原位于上田市北部（图 6–1），人们从江户时代晚期开始定居和开垦地形相对平坦的地方，明治时代前半期，在根子岳西南山坡上开设北信牧场（现菅平牧场），这里平均海拔约 1300m 的农村聚落（山本正三等，1981）。滑雪出现在菅平高原的时间晚于其他地方，到了大正末期才开始导入，因奥地利的滑雪高手施耐德（Schneider）的到访（1930 年），使得“菅平高原”之名声远扬海内外。当时，因上田站有大巴（在昭和初期中途需换乘马拉雪橇）运行，所以与长野市以北的滑雪场相比，从时间距离上，是最接近信越铁路的滑雪场。同时，其海拔高、雪质优良，而这些条件是滑雪场建设的得天独厚的地理优势。第二次世界大战前就有部分农户经营民宿，该区域又铺设了两个橄榄球场地，开启了夏季橄榄球集训合宿业务（1931 年）。

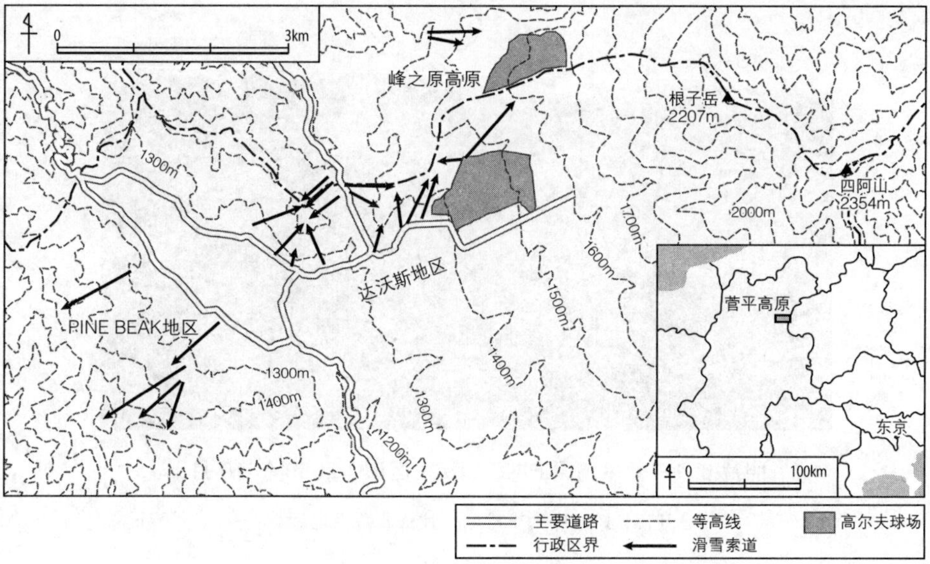

图 6–1　长野县菅平高原概况（2016 年）

注：滑雪索道的位置依据地理院地图。

第二次世界大战以后，菅平高原率先于 1955 年在太郎山（今日太郎区域）架设了第一条滑雪索道。其后滑雪场的空间范围向达沃斯（今达沃斯区域，是日本的滑雪场名称——译者注）和大松山燕山的东坡（今 PINE BEAK 区域）（照片 6–1）扩张。同时，还兴建了别墅和高尔夫球场，东北相邻的峰之原高原（须坂市）上也后续修建了滑雪场、高尔夫球场以及山庄度假村。参加橄榄球集训合宿的团队数量也逐步增多，1980 年前后已建成 28 个橄榄球运动场地。其住宿设施主要有 3 种：一是农业兼营类，业主在农忙季节种植莴苣等高原蔬菜，冬季从事民宿经营业务；二是专营民宿类，业主将原有耕地改建成运动场，夏冬两季专门从事民宿经营业务；三是山庄类，地处高原周边，主要由外来人口经营住宿接待业务。

在泡沫期，更新和改造滑雪索道的同时，利用其海拔高、气温低的自然条件优势，增设人工造雪机。20 世纪 80 年代，橄榄球集训合宿有了长足的发展，客源有大学橄榄球部、高中和社会团队，且需求不断增长，场地也快速增量，1990 年时已达 68 个场地。人工草坪运动场的普及是橄榄球集训合宿市场快速增长的原因之一。结果，这里发展成冬季有滑雪、夏季有橄榄球的度假地。80 年代后期尽管冬季的来访者比例高于夏季（图 6–2），但总体上呈现双季型特点。

照片 6-1 菅平高原 PINE BEAK 区域（2009 年 10 月）

PINE BEAK 脚下耕地，种植着高原蔬菜。

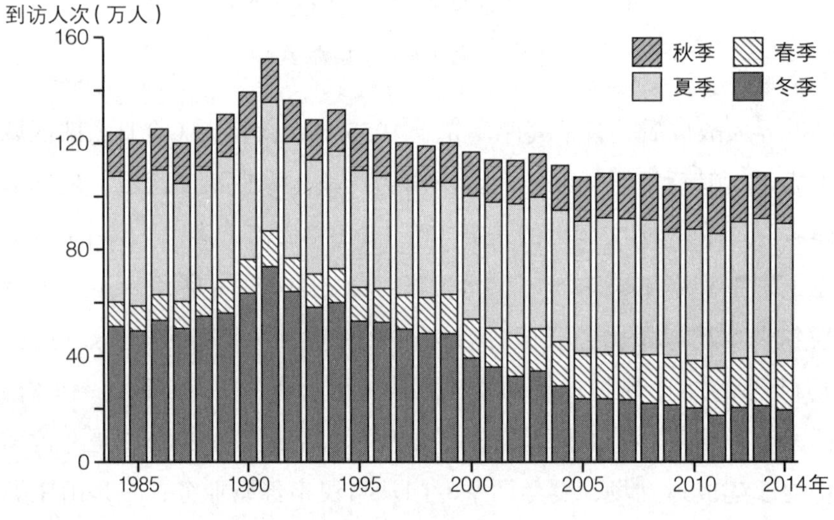

图 6-2 长野县菅平高原游客数量的变迁（1984—2014 年）

注：冬季为 12 月 ~ 次年 3 月；春季为 4~6 月；夏季为 7~8 月；秋季为 9~11 月。
资料：长野县《观光地利用者统计调查结果》。

然而，随着滑雪旅游停滞期的到来，菅平高原的滑雪游客如海水退潮般消失。冬季来访游客数量从 20 世纪 90 年代初的 70 万人次的峰值，持续递减，2010 年业已降到 20 万人次以下（图 6-2）。菅平高原滑雪游客的降幅如此之大可能有如下原因引起：首先，其滑雪场总体面积尽管比较大，但场地分散在 3 个区域；其次，海拔虽然比较高，但各区域滑雪场垂直落差平均仅有 400m 左右。从这些指标来看，菅平高原的滑雪场充其量也只能算作中小型滑雪场。

另外，菅平高原的滑雪场也有在低温条件下形成的优良雪质和易于使用人工雪的长处。达沃斯区背后的根子岳上开展的滑雪登山，以及高原缓坡上开展的雪地步行（snowshoe）（越野滑雪）项目也有很大的吸引力。同时，作为合宿用的住宿设施的存在为滑雪修学旅行的开展提供了便利的条件。据长野县观光部统计，菅平高原每年接待的“滑雪教育旅行”① 者达 5 万 ~7 万人，其“娇小”特征正符合以初学者为主的修学旅行的需求。除此之外，阿尔卑斯式滑雪竞技项目和特技项目的赛事以及北欧式滑雪大赛的承办次数比较多，因此大学和高中滑雪部的集训合宿需求也比较大。

尽管具有上述诸多优势，也没能阻挡冬季来访者数量持续下滑的局面。其夏季旅游却有较好的表现，夏季来访者数量从 2000 年以来保持着 70 万人左右的规模（图 6–2）。夏季的利用以橄榄球集训合宿为中心，20 世纪 90 年代中期以后开始有了足球集训合宿项目，再后来又作为田径集训合宿接待地，重要性逐步提升。

每年 8 月，大量的大学和高中的橄榄球实力强队陆续抵达菅平高原开展训练，与其说是团队的独自训练，更是为了和其他强队进行热身赛（吴羽正昭，渡边瑛季，2015）。通过和水平相近的球队开展热身比赛，能够强化团队内部合作能力，同时还有机会就近探查到对手的实力与状态。基于这一市场需求，运动场地变得格外重要，目前其数量已增至 109 处（吴羽正昭，渡边瑛季，2015）。21 世纪 00 年代中期以后，人工草坪运动场地也逐步增多。1999 年，真田町（当时的）修建的“菅平高原体育广场（SANIAPARK）”也为合宿旅游发展做出了贡献。

1993 年日本的职业足球联赛启动，其带动了日本全国足球竞技人口的增长。从 20 世纪 90 年代中期开始，小学到大学的多个年龄组的足球集训团队的来访比较活跃（进藤贤一等，2003）。足球集训团体的来访时期为橄榄球集训正式开始之前的 7 月下旬到 8 月上旬。菅平高原较高的海拔（1200~1500m）以及 SANIAPARK 的存在等，又是开展田径运动集训的绝佳宝地。已有不少住宿设施专门接待田径合宿，尤其是位于菅平高原和峰之原（Suzuki，2015）的部分山庄，非常愿意接受不需要运动场等专业设施的田径集训团体。此外还有登山游客，四阿山是深田久弥所称颂的日本一百名山之一，相邻的根子岳也因易于攀登而极具人气（照片 6–2）。

① 这里所指的教育旅行包括修学旅行和学校或教育关联机构主持的能够确认校名的体验旅行、合宿以及特殊课程等旅行项目（长野县观光部山岳高原观光课《学习旅行实态调查结果（小学、中学、高中）》）。

照片 6-2　冬季的根子岳和四阿山（2010 年 12 月）

从菅平高原 PINE BEAK 区域望去，左侧为根子岳，右侧为四阿山。在左手边能够看到达沃斯滑雪场。

如上所述，菅平高原的旅游业重心正向夏季合宿转移，这一转向引起滑雪度假地的相应改变和改造。这一变化也可能招致冬季滑雪服务水平的下降，比如，供合宿学生使用的盥洗设备等，会使家庭单位的或个人滑雪游客感到不适。

2016 年菅平高原的住宿设施总数约有 110 家，和 1990 年的鼎盛时期的 150 家相比，有明显下降而设施的规模却变大，最大的设施客容量达 500 人，此外，客容量达 100 人以上的住宿设施有 40 多家（基于渡边瑛季的调查）。大型的住宿设施自备运动场地，在经营模式和硬件上积极迎合运动集训的需求，以谋求经营的可持续；另一面，只在冬季接待客人的民宿和部分山庄，受滑雪游客数量下降的影响，或已停业，或以接待熟人谋生等，缩小经营规模。

6.3 群马县片品村

片品村位于群马县东北部，和东京由关越高速连接，交通便利。20 世纪 50 年代中期开始人口流失严重，沦落为典型的过疏山村（村政府海拔约为 800m）。尽管拥有尾濑这一知名度极高的旅游资源，但仍以农林业为主要经济活动。从 60 年代开始，相继开发了 9 个滑雪场（图 6–3），大部分滑雪场建在当地居民曾用来采集家畜饲料、屋顶材料、薪柴的山地（吴羽正昭，1991b）。当地居民对旅游产业的依赖程度逐步加大，以替代衰退中的畜产和薪柴生产。随着滑雪场的开发，村里出现了多家民宿，很多村民在冬季兼职于滑雪场或相关行业。另外，兴建两处山庄村（花咲、丸沼），住宿设施也走向多样化。

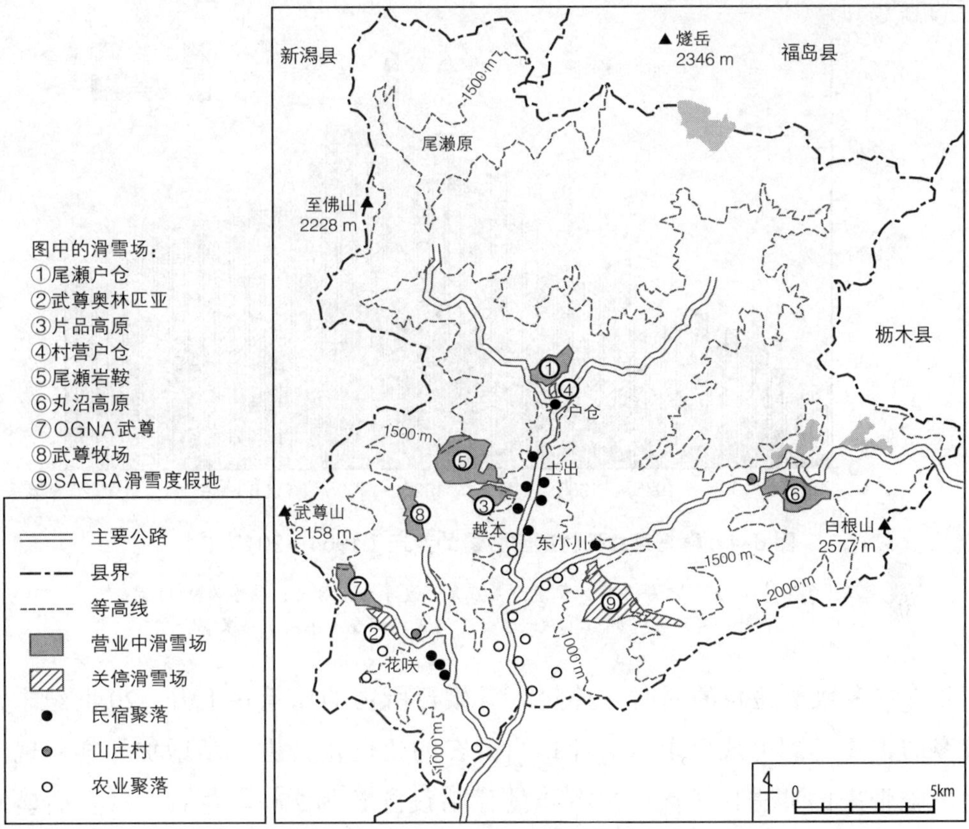

图 6–3　群马县片品村概况（2016 年）

20 世纪 80 年代到 90 年代初，和日本全国其他地方同样，片品村的滑雪场有了很大的扩张。同时，因关越高速的开通，从东京圈引来大量的滑雪游客。图 6–4 显示冬季游客的数量从 1980 年左右开始增长显著，1990 年前后，冬季游客占年度来访总量的一半。滑雪旅游的鼎盛期，村里的住宿接待设施达 300 家。到周末的傍晚甚至会出现交通堵塞等旅游过热带来的困扰。

然而从那以后，滑雪游客的数量急转直下，只是其降幅和其他滑雪场相比略小，2013 年减至鼎盛时期的一半。村营的户仓滑雪场和武尊奥林匹亚滑雪场分别于 1994 年和 2001 年停业（吴羽正昭，1996；Kureha，2005）。CA ET LA 滑雪度假地尾濑（1994 年开发）是该村最新的滑雪场，然而在 2002 年该滑雪场申请了民事再生法，实质上为破产，之后被别的资本收购，缩减规模后继续营业了一段时间，于 2013 年停业（同位于此处的高尔夫场则还在营业）。

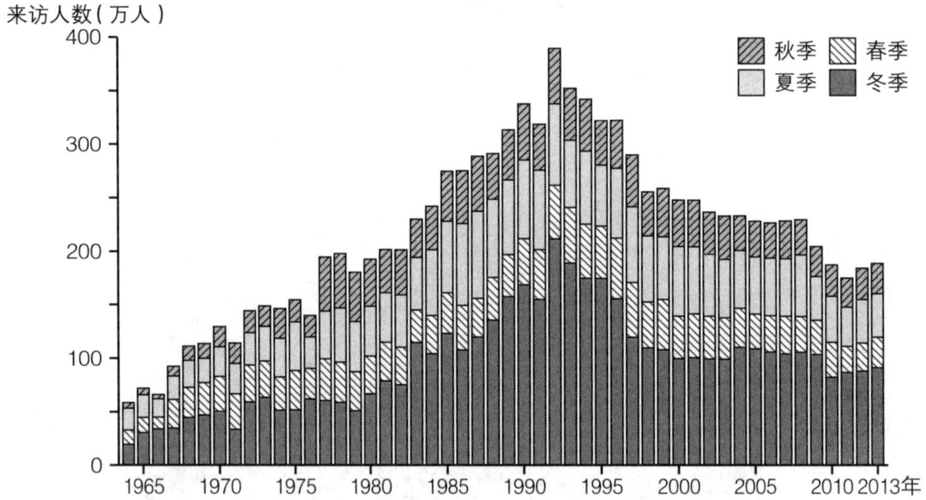

图 6-4　群马县片品村游客数量的变迁（1964—2013 年）

注：冬季为 12 月～次年 3 月；春季为 4~6 月；夏季为 7~8 月；秋季为 9~11 月。
资料：群马县《群马县观光客数・消费额调查（推测）结果》

滑雪游客数量递减的同时，日归滑雪旅行所占的比重在上升。20 世纪末，日归游客的占比达到七成以上，估计日归游客的比例将会进一步增加。这一现象给住宿设施带来的冲击比较大。2016 年的住宿设施数为 200 家左右，只有鼎盛时期的 2/3。片品村是由农村聚落演变而成的滑雪度假地，住宿设施以民宿为中心，在滑雪旅游的低迷期，有不少民宿面临停业。一直以来，较低的价格是民宿的主要竞争优势，而如今，民宿和山庄以及旅馆的费用已相差无几。同时，民宿设施的私密性差、房屋陈旧、卫浴设施比较落后等，难以凸显其存在感，还面临着继承人缺失的问题。有一些民宿采取季节性短期营业的模式，只在过年时节等高峰期接待客人。

住宿设施的减少在空间分布上呈现出一定的倾向性，多分布在远离滑雪场的区域或滑雪场规模比较小的区域。具体有越本地区南部和东小川地区，前者与中等规模的片品高原滑雪场有点距离，而后者与丸沼高原滑雪场有点距离。相反，土出地区、户仓地区及花咲地区等紧邻规模较大的尾濑岩鞍滑雪场（照片 6-3、照片 6-4）的区域，则停业者并不太多。

照片 6-3　片品村"白色世界尾濑岩鞍"的上方（2014 年 3 月）

"白色世界尾濑岩鞍"规模之大在片品村里边也是数一数二。以 1985 年召开全国比赛、1989 年修建循环吊厢式索道为契机，扩大了规模。

照片 6-4　片品村"白色世界尾濑岩鞍"的下方（2014 年 3 月）

坡度较大且雪面充足，很受滑雪者的眷顾。最下方集中分布着索道经营公司直营的酒店、数家旅馆和停车场。

片品村在 20 世纪 70 年代初就已经开始为开发冬季以外的客源付出努力（参考第 4 章），主要是合宿接待项目的开展。最初主要有越本地区开始接待网球合宿，后来增加了排球运动等利用体育馆（公、私营）进行的运动集训合宿接待业务，在 1990 年左右开始以花咲地区为中心开展了小学生足球集训合宿的接待。如今网球的重要性有所下降，而足球合宿依然还是花咲地区的重点事业，为此铺设了人工草坪运动场、组织足球比赛等。2016 年 8 月举办的"尾濑武尊高原少年足球大赛"是该项赛事的第 31 届大会，表明其已变成当地的固定项目。此外，还组织大学女子团体足球赛等各种层次及类别的足球大赛，比赛日程长达数天，期间会利用民宿等住宿设施。

近年流行的户外登山，使得紧邻尾濑的户仓地区占尽天时地利。尾濑原、尾濑沼、至佛山、燧岳等都是日本有名的登山目的地，这对户仓地区夏季客流的增量做出巨大的贡献。类似的区域还有丸沼高原山庄村和花咲地区，前者地处日光白根山（奥白根山）的登山口，而后者地处武尊山的登山口。尾濑的至佛山、燧岳还有附近的男体山、皇海山等都列位深田久弥所称颂的日本百大名山，享有极高的知名度和人气。住宿设施的网页上也会利用这一百座名山做噱头，有的经营者甚至独自开发组织登山之旅。除此之外，还利用水稻、玉米以及夏季蔬菜和农业文化资源开展绿色旅游项目，这也在一定程度上促进住宿设施的利用。

东京到片品村，走关越高速原先大约需要 2h 的车程，后来于 2013 年 11 月开通了沼田市到片品村之间的椎坂快速通道后，其时间距离又缩短了 18min（据群马县沼田土木事务所介绍）。比如，去尾濑岩鞍滑雪场，从关越高速的沼田出口开车大约 40min 就可以抵达。这一快速通道的开通大大提升了片品村各滑雪场的可达性，也增加了一日游的可行性。在度假地经营管理过程中，有必要充分认识到这一点，度假地或许可以考虑采用和冬季以外开展的旅游项目有机结合的经营方式。

6.4 长野县乘鞍高原

乘鞍高原（图 6–5；安曇村 – 现松本市）地处北阿尔卑斯南部，海拔为 1200~1600m，是穿过乘鞍岳山顶附近的山岳公路（乘鞍 skyline：有通行管制）的必经据点，而且由于和上高地之间的通达性较好，夏季有不少游客在此停留。

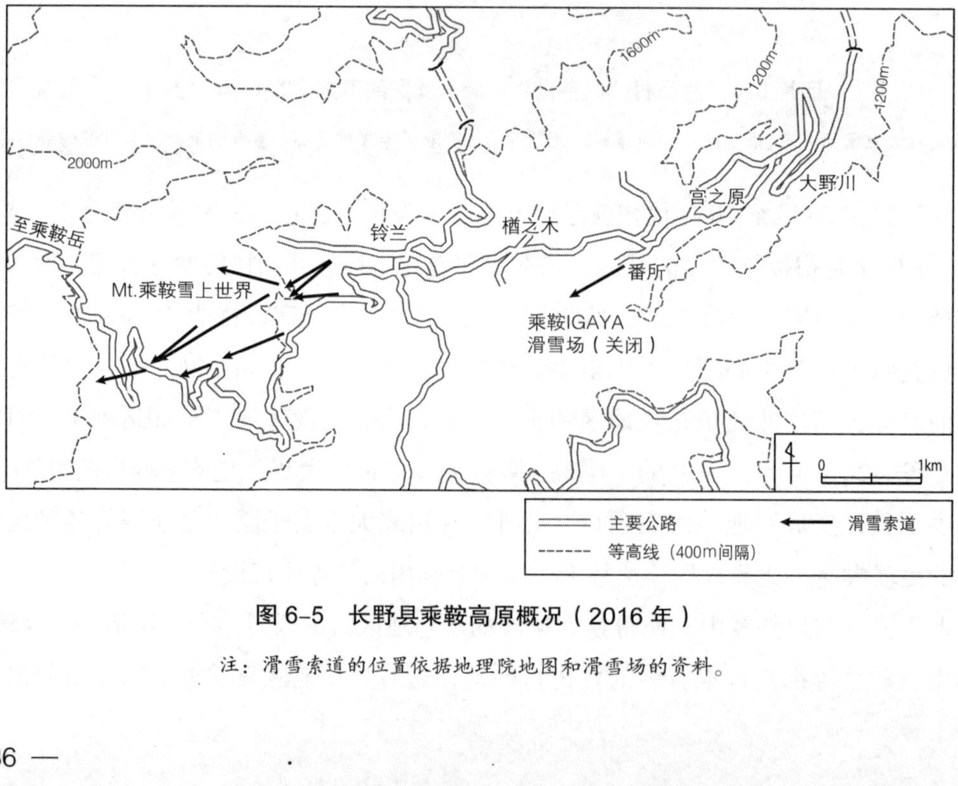

图 6–5 长野县乘鞍高原概况（2016 年）

注：滑雪索道的位置依据地理院地图和滑雪场的资料。

乘鞍高原接近农耕活动的高度极限，是个农业生产条件极为不利的山地村落（上野福男等，1969）。第二次世界大战前就已经出现过以登山或高山滑雪为目的的来访者的身影（市川健夫和白坂蕃，1978），20 世纪 60 年代正式开启了滑雪场开发的大幕，1961 年大野川区政府和居民共同出资成立乘鞍观光股份公司，并架设了第一条滑雪索道。1963 年由国民休假村协会，1970 年由乘鞍开发公社（日本交通公社与安曇村为主体的第三部门）分别着手修建索道。然而，该滑雪场和最近的火车站之间的距离比较远（市川健夫和白坂蕃，1978），因此来访者的数量并不理想。1963 年开始了夏季学生村项目，以此为契机，出现了 22 家民宿（福岛利吉和长泽武，1986）。随着滑雪场的建设速度加快，民宿的数量也不断递增。最开始由番所地区的农户踊跃开展民宿业务，后来本属无人地带的铃兰地区和楢之木地区也陆续建设旅馆、宾馆、山庄等。

20 世纪 80 年代，滑雪场的开发建设进入白热化，1990 年滑雪索道增至 13 条。1988 年，安曇村建了 IGAYA 滑雪场（配备有一条滑雪索道）（照片 6–5），同时以海拔较高的铃兰地区为主兴建了大量山庄。开发商把土地分割成小块后出售等形式，提供山庄的建设用地，从 20 世纪 70 年代开始日渐增多。山庄的经营业主大部分为外地人，乘鞍高原的山庄经营者多来自关西。1986 年共有 127 家住宿设施。80 年代中期到 90 年代早期，冬夏两季的游客数量都有较大的增长（图 6–6）。特别是冬季游客数量的增长幅度比较大，从 80 年代前半期的 10 万人左右增长到 90 年代初的 50 万人，其年度游客数量都达到了 130 万人。

照片 6–5　IGAYA 滑雪场（2000 年 5 月）

由（原）安曇村于 1988 年开发建设，紧挨着照片中央位置的番所聚落。原来是个只有一条索道的小型滑雪场，于 2013 年春季关闭。

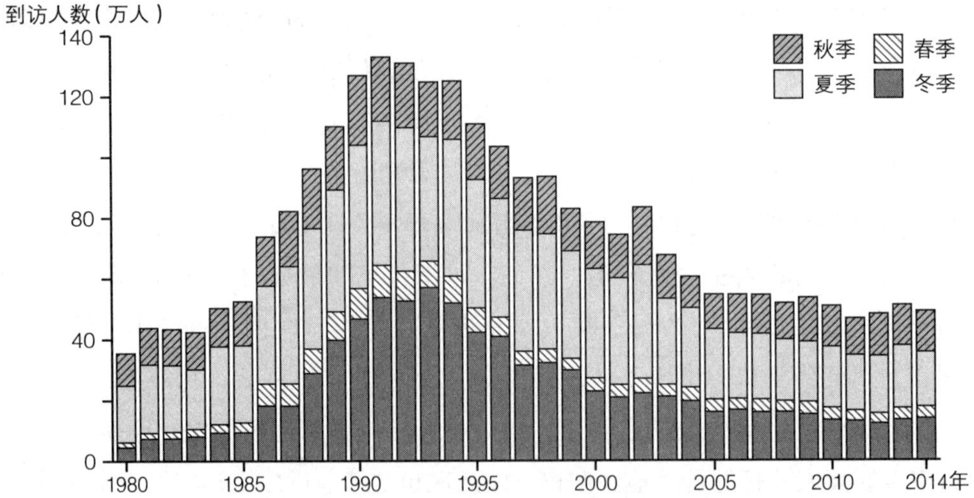

图 6-6 长野县乘鞍高原旅游地到访游客数的变迁（1980—2014 年）

注：冬季为 12 月 ~ 次年 3 月；春季为 4~6 月；夏季为 7~8 月；秋季为 9~11 月。
资料：长野县《观光地利用者统计调查结果》以及安曇村统计

然而，好日子总是太短暂。20 世纪 90 年代中期以后，形势急转直下，特别是冬季游客数量的下降幅度非常大。1993 年的高峰时曾达到 57 万人的游客，到 2012 年仅为 12 万人，不到高峰期的 1/4。尽管这 12 万人不全是滑雪游客，但其中滑雪者占多数②。这一现象既受日本全国性滑雪人口普遍下降的影响，也有乘鞍高原自身的区位影响。利用乘鞍高原滑雪场的滑雪者主要来自中京圈和关西圈，而中京圈和关西圈的大城市圈周边地区在 20 世纪 90 年代新建了多个滑雪场，从而截留了乘鞍高原的一部分日归游客（吴羽正昭等，2001）。从地形条件来看，乘鞍高原的海拔为 1500~2000m，在日本国内属于比较高的地势，然而其滑雪场的垂直落差却仅有 500m 左右，根本无法以规模制胜。前面提到过的交通条件也是重要的影响因素之一。

滑雪场经历了两次经营主体的变更。既存公司之一的乘鞍开发公社在 JTB 以经营不景气为由从公社经营中抽身撤离后，于 1998 年退出索道经营，将设备转卖给当地的另一家公司，即乘鞍观光有限公司。乘鞍观光有限公司是安曇村（后合并到松本市）以投资入股的形式过渡为第三部门，但随着滑雪游客的减少，公司的经营陷入了困境，2005 年左右，甚至出现过住宿设施的经营者无偿为滑雪场工作的情况（吴羽正昭，2006）。2001 年秋，累计负债达 14 亿日元的乘鞍观光有限公司将滑雪场转卖给

② 2010 年度滑雪场利用者数量为 7.6 万人［日本经济新闻地方经济版（长野）2011 年 7 月 13 日］，笔者认为该值接近最低值。

MACEARTH 公司。IGAYA 滑雪场随同行政区的合并，其管辖权从安曇村过继到松本市，因滑雪游客少，2008 年时已提出近几年内停业的议案，也尝试过只在周末营业等经营方面的改革，最终于 2013 年春关闭。后来，转型为休闲公园，开展各种户外休闲活动。

与此同时，住宿设施也日益减少。2000 年 5 月住宿设施有 152 家，2005 年减至 137 家，之后其下降速度进一步加快，2016 年，加盟乘鞍观光协会的设施仅有 80 家左右，此外还有一些没加盟协会但登记在住宿在线预约平台的有十多家，都加起来也不到 100 家。MACEARTH 接管了两家住宿设施，使其经营属性变成由滑雪场经营公司的直营设施。

温泉的引流在提升乘鞍高原魅力方面的作用是值得肯定的。乘鞍高原地区从 20 世纪 70 年代开始开凿了多个源泉（丰岛健一等，2001），兴建大众浴场的同时，各住宿设施也相继接入了温泉。至 2005 年，约有八成设施引进了温泉，其中的一半建了露天浴场。温泉显然也是构成滑雪度假地魅力的旅游资源之一，但仅有温泉是不够的，还需要探索能够和其他拥有温泉的滑雪度假地如传统温泉区位型的度假地抗衡的战略，以突出其存在感。

此外，乘鞍高原还开展体验学习或修学旅行的接待业务，主要提供自然观察活动和荞麦面条手工制作等体验活动项目（吴羽正昭，2006），但这些努力依然没能阻止游客递减之势。此外，有些住宿设施将可带宠物入住或可接待残疾人等作为其特色服务之一。还有的设施将登山、原始（森林徒步式）滑雪、雪地步行旅游的向导服务作为特色，或提供经营者独自设计的其他体验项目。也有以公路骑行、星空观测、观鸟等专业服务为特色的设施。总体而言，乘鞍高原的各家住宿设施为打开局面也下了很大功夫，但这些努力并不是很奏效，还是没能阻挡游客数继续下滑的局面。

乘鞍高原的优势在于乘鞍岳的存在和高原的景观（照片 6–6），但仅依赖景观美不能让乘鞍维持足够的游客。这可能是相邻上高地的近邻负效应的结果。若将夏季的山岳景观作为旅游吸引，乘鞍高原无论从其特色还是知名度上都无法超越上高地。因此，对于乘鞍高原而言，应该将滑雪、雪地步行式登山体验等冬季活动作为营销重心，这或许会成为其作为滑雪度假地保持生命力的关键。

照片 6-6　乘鞍高原的景观（2009 年 5 月）

乘鞍高原地势较高的铃兰地区森林风景对游客的吸引力比较大。

6.5 长野县黑姬高原

黑姬高原（信浓町）地处长野县北部黑姬山东坡的海拔 700~1200m 的森林区域。其气候特点来看，作为亚高寒区，夏季气候凉爽，冬季积雪丰富。1966 年 12 月，黑姬高原开始了滑雪场的建设。投资开发主体为“黑姬观光开发有限公司”，是由日本交通公社、长野电铁、信浓町、长野市开发公社共同出资成立的第三部门。1968 年“上信越观光开发（后来转让到财团法人长野县农协共济福祉事业团属下）”、1969 年“信浓町观光开发株式会社”分别架设了部分索道（花岛裕树等，2009），于 1972 年成长为拥有 8 条滑雪索道的中型滑雪场（垂直落差为 430m，最高处海拔 1200m，最低处海拔 770m）。滑雪场一建起，周边地区接连出现大量的住宿设施。最开始在滑雪场往下一点的农业聚落山桑地区开了 7 家民宿。1970 年左右开始陆续有外来者兴建山庄。1980 年，有 10 家农家经营的民宿、6 家宾馆和旅馆、16 家山庄（花岛裕树等，2009）。

20 世纪 80 年代到 90 年代初，黑姬高原对滑雪索道进行了改造升级，到 1994 年，所有的索道都被改造成双人座索道或四人座索道。当时正值滑雪旅游发展的高峰期，来访人数不断增加，1990 年鼎盛期达 35 万人（长野县资料）。同时，住宿设施尤其是山庄的增幅显著，出现了森林中点状分布山庄的景象。1996 年的山庄数量为 79 家，后来黑姬高原发展成拥有近 100 家住宿设施的滑雪度假地（花岛裕树等，2009）。

然而，风云突变，自 1990 年初以后，冬季游客数量迅速下滑（图 6–7）。滑雪场到访游客仅这一单项，就降到 10 万人左右。因业绩不断下滑，2004 年 7 月，主要负责滑雪场经营的黑姬观光开发株式会社退出，将经营权转让给“株式会社 Rising Sun

Hotels and Resorts”，这是一家一直在黑姬高原经营酒店的企业。之后，于 2008 年 9 月由 MACEARTH 进驻，从 Rising Sun 和信浓町观光开发手中将经营权接了过去。

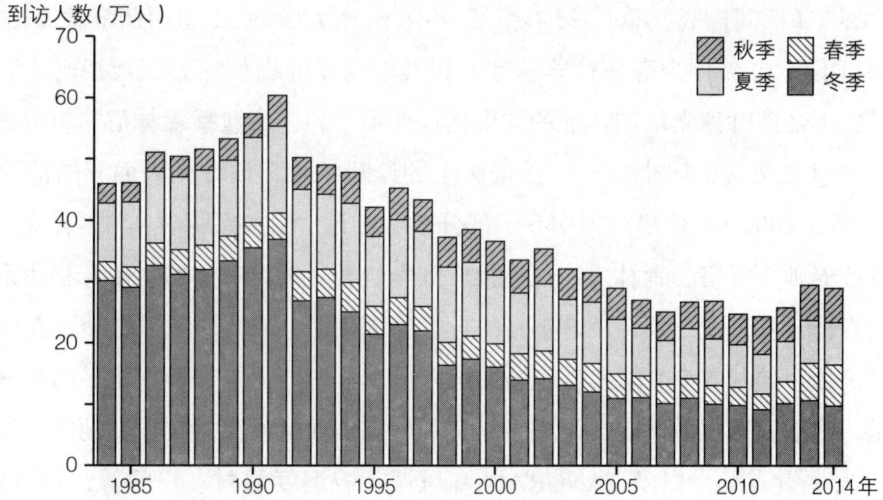

图 6-7　长野县黑姬高原旅游地到访游客数的变迁（1984—2014 年）

注：冬季为 12 月～次年 3 月；春季为 4~6 月；夏季为 7~8 月；秋季为 9~11 月。
资料：长野县《观光地利用者统计调查结果》。

不仅是冬季的游客在递减，夏季的游客也在不断减少（图 6-7），这一状况严重打击了住宿设施的经营。1997 年上信越高速信浓町高速出入口的开设，增强了大城市圈来访者的日归可能性，这或许也是造成过夜游客数量下降的原因之一。民宿和山庄的减少最为明显。就民宿的情况来看，因滑雪游客缩减、设施老化、无继承人等原因相继停业或歇业，2008 年时只剩 3 家（花岛裕树等，2009）。从山庄的情况来看，1996—2008 年间，新开业 22 家，歇业 24 家。经济不景气、客人减少等原因迫使一些经营者放手山庄；却又因房价下跌，能以非常优惠的价格购得可拎包入住的山庄，吸引新的业主参与进来。但自那以后，山庄的数量继续下降，2016 年时仅有 50 家。

面对滑雪旅游的下滑，黑姬高原多方探索增加夏季游客的方案。关于夏季的滑雪场利用，1973 年在滑雪道下方开始种植了波斯菊（花岛裕树等，2009），1998 年开始了夏季的索道运行（第一索道），2001 年开始征收波斯菊花园门票（每人 500 日元）。花园营业期为 7~10 月，波斯菊的盛花期以外的时间，用向日葵、绣球花等来吸引游客，同时组织举办各种节事活动。

为促进滑雪场以外的旅游发展，开展了运动集训合宿、治愈系森林项目等。关于运动合宿，由 NPO 法人“信浓町运动企划服务”带头，招徕实业团体和大学驿传团体等（花岛裕树等，2009）。为此对跑道等基础设施进行修整，有一些住宿设施积极响应这些措施。带有上下坡的30.5km的跑道很具有吸引力，运动员们利用该跑道练肌力，然后转移到菅平等高地练速度。2016年8月，这里举办了“第一届黑姬·妙高山麓大学驿传大赛（4区间构成，总长28.7km）”，有16所大学的21组团队来参加比赛。

2006年信浓町被评为森林疗养基地。和其他区域的森林疗养基地相比，信浓町有如下特征：①经该町独立培训认证的“森林疗养师”和“治愈系森林宿”制定具体疗养课程；②与町立医院的医生合作，根据医生的诊断结果，设计因人而异的治疗方案等（花岛裕树等，2009）。住宿设施中有一部分被认定为“治愈系森林宿”，有些经营者具有“森林疗养师”资格。森林疗法也被推广到学校教育的自然体验学习课程体系中。黑姬高原的森林开发程度不大，留有丰富的自然环境赋存，因此非常适合开展森林疗法。

黑姬高原（照片6–7）作为滑雪场的魅力是其丰富的积雪和滑雪水平的测试评定资格。但是，附近还有很多著名的滑雪场，比如妙高山麓的妙高杉之原、池之平温泉、妙高赤仓等大型滑雪场，以及TANGRAM和斑尾、饭纲度假村、户隐等，与这些相比，黑姬高原滑雪场的存在感似乎不太明显。虽然配备了儿童SMILE游雪公园和托儿室这一点可吸引带孩子的滑雪游客，但若仅依托这些设施仍不足以和其他滑雪场进行差异化竞争。黑姬高原作为滑雪度假地提升其存在感的突破口，应该在其森林疗养基地的身份，其森林疗养基地的区域特征和滑雪场有机结合，并和野尻湖组团将会成为关键。

照片6–7　黑姬高原滑雪场的景观（2008年6月）

黑姬高原滑雪场位于黑姬高原东侧山坡上。下方的坡度较缓，比较适合于初学者。

6.6 北海道二世古区域

6.6.1 滑雪与国际旅游

从日本的国际旅游发展状况来看，第二次世界大战前曾有过一段大力发展入境旅游的历史（参看第 4 章），除此之外，一直是日本国民的海外旅游即出境旅游的规模大于入境旅游。在经济泡沫期，加拿大滑雪旅游产品在日本很受欢迎，可见滑雪也成为日本人出境旅游的动机之一。另外，在日本政府“观光立国”国策的推动下，入境旅游得到了强大的发展动力。结果，尽管经历过雷曼危机和东日本大地震的巨大冲击，访日外国游客数量依然保持着稳定的增长态势，于 2015 年终于迎来入境赶超出境的局面，2016 年，访日外国游客突破了 2000 万人次。

来访外国游客的行为显示多样化。他们会游览大都会东京、著名的社庙聚集地京都，徒步中山道、参加生态旅游、水上运动、滑雪等主题休闲项目的 SIT（special interest tourism）旅游产品也日渐引起关注。

面对这样的市场需求动态，日本滑雪度假地也开始发力开发外国新兴客源。从中央日本北部到北海道的多个滑雪度假地都对这一新兴市场给予热切的关注，只是其投入程度有差异。从外国滑雪游客的角度来看，对滑雪场的喜好各有不同。相对而言，大型滑雪度假地比较受外国滑雪游客的青睐，比如二世古、藏王、野泽温泉、白马等。

下面通过国外滑雪旅行相关信息网络平台上对日本滑雪场的评价信息，分析其具体情况（表 6–1）。该评价采用 20 多种指标对日本约 50 处滑雪场进行了评分。国外对日本滑雪场的评价中得分较高的指标是与雪质相关的内容。同时还比较看重林中滑雪、新雪、腹地环境（backcountry）等。总体而言，北海道的滑雪场受到外国人的高度关注，得分大于 4.5 的滑雪场名录中，属于北海道的超过半数。温泉区域和农村地区的滑雪场也比较受欢迎，主要因其能够提供深度接触日本文化的机会，这使得东北地区到中央日本北部的滑雪场也得到一定程度的关注。另外，与善光寺和地狱谷野猿公苑之间的交通之便利，也为长野县北部和妙高附近的滑雪场增加了筹码。

表 6–1　国外对日本滑雪场的评价（2016 年）

滑雪场名称	道县	综合得分	评价较好（4.5 分以上）的内容（黑体为得分 5 分项）
二世古	北海道	5	中级雪道，野雪，林中滑雪，**雪质**，**腹地环境**，亲子游，**餐馆（昼、夜）**，**雪后娱乐**，**英语**
野泽温泉	长野县	5	初级 · 高级雪道，雪质，亲子游，**餐馆（昼、夜）**，英语，日本文化
富良野	北海道	4.5	中级雪道，野雪，雪质，腹地环境，亲子游，成本
TOMAMU	北海道	4.5	野雪，林中滑雪，雪质，午后雪道上新雪，索道质量 · 配置，亲子游，酒店与滑雪场直通
喜乐乐	北海道	4.5	**林中滑雪**，**雪质**，**午后雪道上新雪**，不拥挤，**索道质量 · 配置**
留寿都	北海道	4.5	**野雪**，**林中滑雪**，雪质，**索道质量 · 配置**，亲子游
安比高原	岩手县	4.5	雪质，政务雪道上新雪，餐馆（昼、夜），**酒店与滑雪场直通**

续表

滑雪场名称	道县	综合得分	评价较好（4.5 分以上）的内容（黑体为得分 5 分项）
蔵王温泉	山形县	4.5	中级雪道，雪质，**午后雪道上新雪**，日本文化
赤仓温泉	新潟县	4.5	初级雪道，雪质，索道质量・配置，亲子游，餐馆（夜），成本，英语
妙高高原	新潟县	4.5	初级雪道，雪质，索道质量・配置，成本，**日本文化**
志贺高原	长野县	4.5	**中级雪道**，雪质，午后雪道上新雪，酒店与滑雪场直通
奥志贺高原	长野县	4.5	雪质，午后雪道上新雪，亲子游，**英语**
佐幌	北海道	4	初级雪道，雪质，**午后雪道上新雪**，**亲子游**，酒店与滑雪场直通
TEINE	北海道	4	林中滑雪，超难雪道，雪质，午后雪道上新雪，腹地环境，成本
二世古藻岩	北海道	4	林中滑雪，**雪质**，午后雪道上新雪，不拥挤，腹地环境
阿尔茨磐梯	福岛县	4	**午后雪道上新雪**，特技滑雪区
苗场	新潟县	4	索道质量・配置，特技滑雪区，亲子游，餐馆（昼、夜），**酒店与滑雪场直通**
神乐	新潟县	4	**初级雪道**，雪质
神立高原	新潟县	4	林中滑雪，雪质，午后雪道上新雪，成本
斑尾高原	长野县	4	野雪，林中滑雪，雪质，亲子游，成本
TANGRAM	长野县	4	雪质，午后雪道上新雪，不拥挤
五竜远见	长野县	4	雪质，特技滑雪区，亲子游
白马 47	长野县	4	雪质，特技滑雪区，亲子游
八方尾根	长野县	4	中级雪道，亲子游，英语
梅池	长野县	4	**初级雪道**，索道质量・配置，成本
白马 CORTINA	长野县	4	野雪，**林中滑雪**，**雪质**，腹地环境

注：①参考发布有日本滑雪旅游相关信息的北美及新西兰等客源地的网站，借鉴其网页上公布的评价（最高 5 分），这里只标记 4 分以上的滑雪场。

②与本书对滑雪场所进行的定义、范围的界定不同。

资料：http://www.powderhounds.com/Japan/Ski-Resorts-Ratings.aspx（2016/10/9 参照）

北海道的二世古安努普利山麓（下面通称二世古区域）接连分布着 5 个滑雪场（花园、格兰德比罗夫、村庄、安努普利、藻岩），是备受外国滑雪游客喜爱的目的地，在表 6-1 里排名第一。为了满足外国滑雪游客的需求新建为数众多的度假公寓这一新型住宿设施，导致其地价疯涨，增长率竟称霸全日本。近年以来，其来自国外的客源有澳大利亚，还有来自新加坡、中国等的亚洲客源为主体，欧洲和中东的游客也不断增多，其客源市场空间范围比较广。外国游客的到访也造成目的地区域的诸多变化，比如俱知安町二世古比罗夫地区景观的巨变。

6.6.2 二世古比罗夫地区的入境滑雪旅游

二世古比罗夫地区位于二世古安努普利山（海拔 1308m）东麓的二世古比罗夫滑雪场（现格兰德比罗夫）下方（图 6–8）。明治时期随着山田温泉的开发和垦荒农民的迁入，渐渐成了定居聚落[③]。滑雪最早出现在二世古地区的时间是 1912 年 4 月，当时滞留在旭川第 7 师团的莱尔希中校在俱知安町披露了滑雪练习场面，并以滑雪的方式登上羊蹄山。积雪丰富，并接近函馆铁路线的便利交通条件，吸引了大量以山地滑雪和竞技滑雪为目的的滑雪者。但其滑雪场开发步入正式轨道的时间晚于中央日本北部，时至 1961 年才有了第一条索道。以索道的架设为契机，滑雪场脚下（现中心村庄）以加盟山田温泉旅馆的形式，出现了宾馆和民宿等住宿设施。

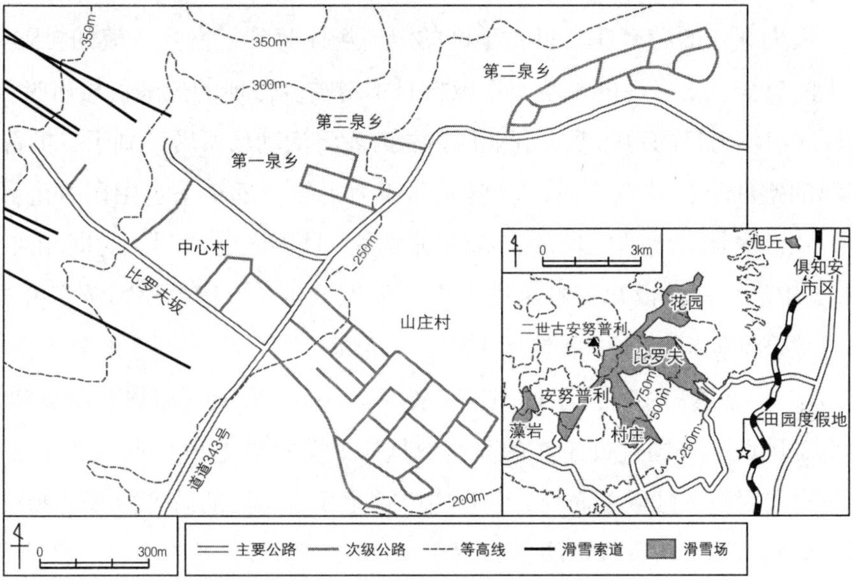

图 6–8　北海道二世古比罗夫区域概况

从 1980 年左右开始，道级公路 343 号的东南侧陆陆续续盖起山庄，从而逐步成长为山庄村（图 6–8）。1985 年以后，包含别墅和山庄用地的“泉乡”房地产项目，经多次开发和分块出售，促进了二世古地区的面状扩张。

在滑雪旅游的鼎盛期，来访滑雪游客数量庞大，20 世纪 90 年代初，索运载送人员数量创历史纪录，对索道和餐饮设备也进行了更新和完善。当时正值度假地建设的高潮期，北海道先后建成了留寿都、佐幌、TOMAMU、喜乐乐、富良野等度假地，到访

③　这部分的记述参考了比罗夫哈学长发达史刊行委员会（2011）、中浦（1997：137–178）、小泽・池村（2011）、俱知安町史编集委员会（1995：315–350）。

二世古地区的本州滑雪游客也大幅增加。与此同时，住宿设施的需求日渐上升，图 6–8 的范围内出现了 100 多家住宿设施（吴羽正昭，2014a）。

20 世纪 90 年代中期以后这里也迎来了滑雪旅游停滞期。随着客流量的下滑、索道的收入降低，部分滑雪索道不得不选择停运。同时，出现了滑雪场经营主体的变更。比罗夫滑雪场索道的经营公司之一 ST. MORITZ，受北海道拓殖银行破产的牵连，于 1997 年被迫变更经营体制，于 2004 年被另一家索道经营者二世古高原开发所收购④。与滑雪场经营危机的显露同步，山庄和民宿等住宿设施也陆续停业，在图 6–8 范围，从鼎盛时期存活到 2012 年的设施只有 1/3（吴羽正昭，2014a）。

从 2000 年左右开始，二世古地区出现了澳大利亚的滑雪旅游者。主要的契机是 1995 年在尻别川等地运营夏季漂流项目的澳大利亚移民的存在。以该澳大利亚移民为媒介，来自澳大利亚的游客在二世古地区的滑雪场体验到了世界一流的粉雪。受 2001 年多处发生的恐怖袭击事件的影响，以及被日本滑雪度假地的低廉价格所吸引，于是，过去主要以北美作为目的地的澳大利亚滑雪旅游者将活动场所转移到了二世古。

从客源的空间结构特点来看，以澳大利亚为主导，近年来自中国香港和新加坡、马来西亚等亚洲区域、欧洲区域的客源不断增多。外国游客的到访时间相对集中在冬季。据 2015 年的统计，俱知安町过夜人次总量为 100 万，其中外国游客占 39 万，后志振兴局（除俱知安町以外，还包括小樽、留寿都、喜乐乐）辖区的外国游客过夜人次总计 80 万，可见俱知安町占了近一半。实际统计中，没有几家设施会如实上报精确的住宿数据，因此，外国过夜游客的真实数据应该能达到上报数据的 2~3 倍。外国游客的目的地取向因国（区域）而异，二世古町这里来自中国的游客最多（2015 年度）。

俱知安町的冬季来访者数量超过 80 万人（2015 年度），基本上已经恢复到 1990 年前后鼎盛时期的水平。相邻的二世古町也在同期恢复到同样的水平。但是在夏季，两处的发展状况差异比较大，俱知安町依然没有什么起色，而二世古町却有很大的改观。

6.6.3 二世古比罗夫区域滑雪度假地国际化趋势

到二世古区域来滑雪的外国游客，最开始留宿在当地的既有宾馆和山庄等住宿设施里，但那些住宿设施的条件不太合乎逗留期长、喜好食住分离文化的外国游客的需求。于是，澳大利亚人开始主动出击，自己创业，按照自己的喜好建构起住宿设施，即度假公寓。度假公寓从 20 世纪 80 年代左右开始在欧洲阿尔卑斯山区盛行（详细内容参考第 3 篇）。就度假公寓的房屋结构来看，是具有独立的客厅、卧室、烹饪用厨

---

④ 其母公司最初为商船公司，从 1985 年开始为东急不动产。2012 年将公司更名为二世古东急度假地。

房以及卫浴间的单元套房。在欧洲称之为 Apartment（英语）、Ferienwohnung（德语）、Appartement（法语），本书中统称度假公寓（Apartment）。

比罗夫地区的度假公寓有集合住宅（Condominium）形式和小别墅形式，广泛分布于雪乡中心的“比罗夫坂”（彩图 6）两侧以及山庄村、泉乡（图 6–9），构成区域景观的主体（吴羽正昭，2014a）。集合住宅式度假公寓的外观形似住宅楼，每栋有 8~80 套不等的单元套房，紧挨着滑雪场分布（照片 6–8）。小别墅式度假公寓的外观则像独栋住宅，每栋有 1~4 间度假公寓，主要分布在山庄村和泉乡中（照片 6–9）。有些街区，小别墅式度假公寓在道路两旁鳞次栉比（照片 6–10）。

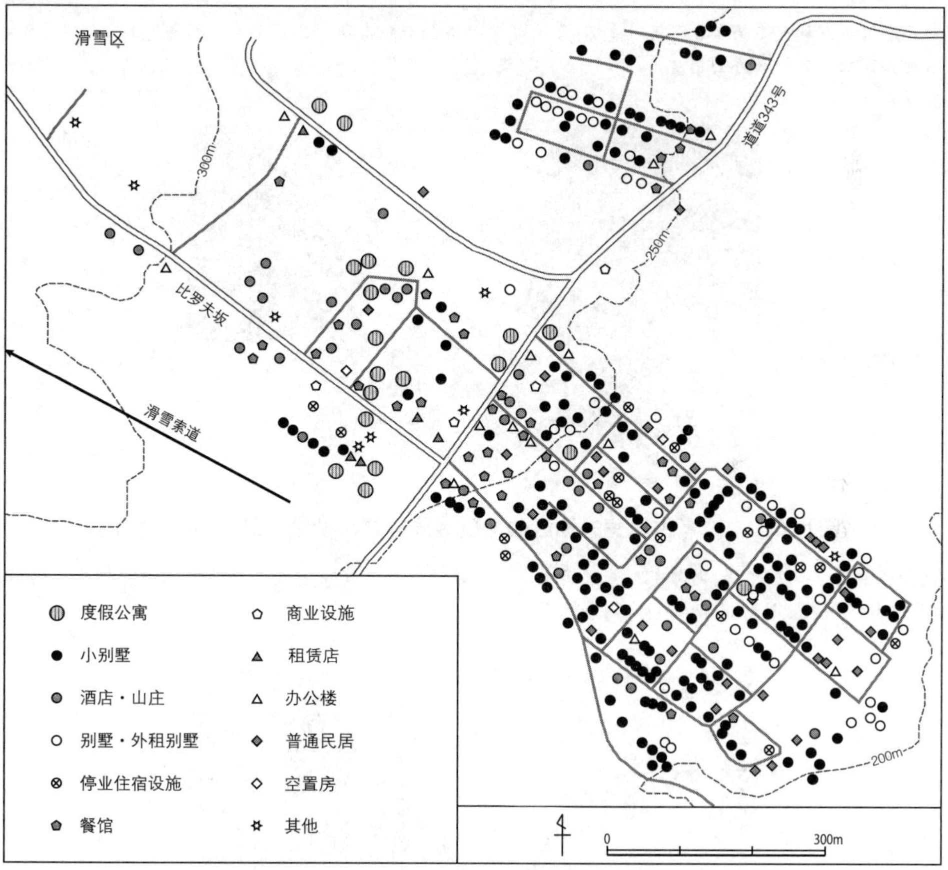

图 6–9　北海道二世古比罗夫地区建筑物用途概况（2012 年）

注：省略了泉乡东部。

资料：实地调研、二世古山系观光联络协议会《二世古 EXPRESS26》、二世古宣传局《二世古度假地地图 2011/12》、ZENRIN《住宅地图》。

照片 6-8　二世古比罗夫地区的集中式度假公寓楼（2013 年 2 月）

集中式度假公寓楼大多为4~6层高的建筑，每栋楼里布局数十套房源。公寓套房规格备有1~6人用的各式规格。一层大多用作商店、餐馆和办公用房。

照片 6-9　二世古比罗夫地区的木质墙体样式小别墅（2013 年 2 月）

小别墅通常为2~4层建筑，内部布局着若干套房源。外观如照片（泉乡）所示为褐色系木材和石材搭配的结构，也有其他多种样式。从规格来看，以4人用最多。

照片 6-10　二世古比罗夫地区水泥墙面样式小别墅（2012 年 1 月）

水泥墙面和箱型外观的小别墅占一半左右。照片（山庄村）所示的建筑，还有非常宽敞的落地窗。能否望见羊蹄山也成为关键卖点之一。

中心雪乡和山庄村的度假公寓从 2002 年左右开始建设，2012 年秋大概有 150 栋（吴羽正昭，2014a）。度假公寓的房产所有者几乎都是外国人，原先以澳大利亚人为主，从 2000 年中期开始，中国香港和新加坡等亚洲业主逐步增多。在 2005 年以前，中心雪乡的大型度假公寓占主导，2006 年以后，山庄村以及泉乡区域的小别墅式度假公寓的增长迅猛，2015 年时还在继续建设（照片 6–11）。在比罗夫站西南方向约 1km 处形成了被称为“乡村度假村”的小别墅式度假公寓聚集区，约有 50 栋小别墅（图 6–8）。

照片 6–11　二世古比罗夫地区小别墅施工现状（2015 年 7 月）

照片（山庄村）所示，在已有小别墅的下方出现新建筑施工现场。

度假公寓大都建设在林地等未开发区域（吴羽正昭，2014a）。即使在 1990 年前后的滑雪旅游高峰时期，比罗夫依然保留着大量的未开发地。外国人或外资企业在此收购这些未开发地，用来构建公寓，然后或作为住宿设施供游客使用，或作为商品套房进行分块出售。度假公寓中，也有一部分是在原来的山庄或别墅倒闭后空出来的土地上兴建的。作为住宿设施，度假公寓的租赁费用和高级酒店的价格不相上下，其作为商品房的价格和东京都旗鼓相当。在此，买卖公寓的房地产公司与住宿设施的中介公司合二为一，实行一体化统筹管理。

而酒店和山庄主要分布于中心雪乡，且数量和鼎盛期相比大大萎缩，多处挂牌待售的空地上，原先曾屹立着酒店和山庄，在 2000 年以后那些酒店和山庄先后停业并被拆除。紧挨着滑雪场的区域也未能幸免，也有不少待售地块，预测今后用地类型将会发生更大的变化。山庄村和泉乡区域小别墅式度假公寓分布比较多，而山庄的数量相对较少。餐馆和商业设施（照片 6–12）则集中分布在中心雪乡以及道级公路 343 号沿线（图 6–9）。

照片 6–12　二世古比罗夫地区商业设施（2015 年 7 月）

照片中出现的道级公路 343 号和比罗夫坂沿线，密集分布着商业设施，也能看到雪具租赁店、体育用品商店以及户外休闲运动相关的商店。

正值滑雪旅游停滞期的日本，像二世古这样生机勃勃、景观不断变化的滑雪度假地少之又少。但从另一侧面，以富裕阶层为主要对象的长住型度假公寓集聚的景观，让人联想到发展中国家的租界型开发（度假区飞地）模式，其收益外流，最终导致俱知安町乃至日本国内利益受损。由外国人来领导地方的变革与创新而推动入境旅游发展的模式，会挤占二世古本地居民介入旅游相关产业的机会，也会降低外国滑雪游客深入接触二世古当地和日本文化的机会，从而将阻碍二世古地区的经济、文化方面的国际交流。不仅是二世古比罗夫区域，包括二世古全域已确立了其世界性滑雪度假地的地位，如何平衡开发者、当地居民、日本国内游客和外国游客等各相关主体的利益关系，将会成为今后滑雪度假地建设和管理的重点。

6.7 小结

本章聚焦日本滑雪旅游停滞的特殊历史阶段，通过具体案例阐述了各滑雪度假地的适应策略。

菅平高原、片品村、乘鞍高原以及黑姬高原的滑雪场与日本整体滑雪旅游市场情况一样，和鼎盛期的 1990 年相比来访人口大幅下滑。滑雪游客的跌幅尽管因滑雪场的特征及区位而有所差异，但基本上都减至鼎盛期的 1/2~1/4。二世古的表现比较特殊，虽然在鼎盛期后也经历了一段低迷期，2015 年左右已恢复到高峰期水平。

二世古地区的外国滑雪游客不断增多，与此相应，其景观也产生了巨大的变化，伴随着这些变化滑雪度假地在不断成长与发展。为保持足够的滑雪客流量，同时也争取冬季以外的游客，二世古在进行不懈的探索和努力。能不能成功留住滑雪游客和滑雪场的特色有很大的关系，主要有滑雪场的规模、和大城市之间的交通通达性、滑雪培训班和赛事的举办等。

首先，大型滑雪场拥有同时接纳初级到高级不同层次滑雪者的多级别滑雪道，且有规模优势，对于滑雪游客有比较大的吸引力。本章中提到的二世古以及志贺高原、野泽温泉、八方尾根、妙高山麓、苗场、山形藏王、安比高原等属于这一类。其次，与大城市之间的交通通达性，对于周末型滑雪占主导的日本而言，这是滑雪度假地可持续发展的重要条件，比如片品村。但交通条件改善和时间距离缩短可能会增加一日游的可能性，导致住宿设施的萎缩。

滑雪技术培训、大会和赛事等一般在一些特定滑雪场举办。接受培训或参加比赛的人员有提前练习和赛前试滑的需要，相应增加指定滑雪场的利用率。比如菅平高原就是久负盛名的竞技型滑雪圣地，黑姬高原也有相似的特征。滑雪教练培育方面成绩突出的滑雪场，也因此而扬名，所产生的品牌效应如同圣地般吸引众多仰慕者，其滑雪技术培训学校的生源也非常可观。然而也有例外，比如曾经被捧为资格考试圣地的浦佐滑雪场就已关闭。

只拥有小型滑雪场的滑雪度假地，将雪道坡度不大的特性活用到游雪方面，重点发展面向儿童的服务或戏雪区而提升存在感。同时，逐步强化夏季旅游，如体育运动集训合宿的接待、登山旅游的开展等。体育运动集训合宿比较适合在民宿或民宿扩大而成的旅馆等住宿设施储备丰富的滑雪度假地开展。比如，菅平高原和片品村通过兴建运动场等，将旅游事业重心转向夏季旅游；再如，黑姬高原专注田径集训合宿项目，该项目只需准备跑道，而对其他基建工作的需求不大。近年在中老年人群中比较流行的户外山地徒步活动，对滑雪度假地的发展有着重要意义。在本章中提到过的根子岳、四阿山、尾濑、至佛山、燧岳、武尊山、乘鞍岳、上高地、黑姬山、羊蹄山等都是人气很旺的山峰和高原目的地。因滑雪度假地处在山区，户外徒步活动的流行可以说是促进其发展的一个新机会，部分地区已开始实施往复吊厢式索道的夏季运行，这能够有效促进登山和徒步游客的到来。将这些登山和徒步活动延伸到冬季的越野滑雪（cross country skiing）或雪鞋健行（snowshoeing），也未尝不可。

乡村旅游的发展也是重要的替代方案。多数日本滑雪度假地以乡村为根据地，因此能够轻而易举地实现逗留农村和体验农业等农村资源的利用。比如片品村和长野县饭山市户狩村（内川启，2003）等积极发展乡村旅游。需要注意的一点是，乡村旅游主要在夏季开展，而冬季住宿设施的经营不稳定性，可能会导致继承者的离去。

积极开展入境旅游的区域，除了二世古区域外还有野泽温泉、八方尾根、妙高赤仓等，长住或喜欢新雪的外国滑雪游客比较多。平日的滑雪游客里边，外国人占多数。与此相应，滑雪度假地也做出了国际化对应，标记与信息的外语化、投外国人所好的住宿设施或餐饮设施的配置、面向外国游客提供住宿设施及旅游产品中介服务的专业服务商的出现等。然而，外国的滑雪文化和日本的滑雪文化差异比较大，要满足喜好食住分离、追求雪后享乐的外国滑雪游客并非易事。这一点能够很好地解释为什么会有外国人在日本滑雪度假地率先创业，并扩大其事业空间，这里需要进一步跟进关注外国创业者和度假地当地社区之间的关系建构。

外国滑雪游客是日本滑雪旅游低潮时期的重要补充客源，但接待具有不同滑雪文化背景的客人也伴有一定的风险，特别是面对外国人的雪道外或滑雪场外的野滑雪现象。二世古地区在2001年制定了“二世古规则”，该规则是日本第一部对雪道外滑雪现象而制定的地方规定。该规则规定设置几个出入口供滑雪者进出雪道，规定根据雪崩相关最新预报，综合判断出入口的开放与否。每年冬天都会发生外国滑雪游客在雪道外滑雪而遇难的事故，对此，各级行政区都要考虑采取相应措施。

另外，过于依赖外国滑雪游客也会有一定的风险，比如东日本大地震后入境旅游的剧降是前车之鉴。虽然地震的后遗症没有拖太长时间，恢复比较迅速，但不能保证今后遇上状况时同样顺利。要精确把握当地滑雪场和度假地的特色，在准确判断入境旅游容量基础上，因地制宜地制定合理的入境旅游发展对策和滑雪度假地建设模式。

第 3 篇

奥地利滑雪度假地的发展演化

荷古格尔滑雪场（2016 年 2 月）

第 7 章　阿尔卑斯度假地的发展演化

7.1 阿尔卑斯区域概况

对于阿尔卑斯区域范围的界定存在着多种定义（Veit，2002）。既可以从地质、地形、水文等自然要素进行界定，也可以从政区、经济等人文角度进行界定。本书系依从 Bätzing（1991）结合自然要素和人文要素做出的界定（Veit，2002）（图 7–1）。阿尔卑斯区域的总面积约为 18.15 万平方公里，其中海拔 2000m 以上的区域达 11.3 万平方公里。海拔 4810m 的欧洲最高峰勃朗峰之外，知名度比较高的山还有蒙特罗莎峰（4634m）、马特洪峰（4478m）、大格洛克纳山（3798m）。西起法国东南部濒临地中海的尼斯和摩纳哥，往东到维也纳呈弧形绵延 1000km，从北起博登湖南至维罗纳的南北纵断距离约 200km。

图 7–1　阿尔卑斯区域概况

资料：简化处理 Veit（2002）

关于阿尔卑斯区域的地质过程，Bätzing（2015）区分为以下 A~D 的 4 个阶段：

A. 约 5 亿年前到 2 亿年前的加里东 – 华力西造山运动。这一造山运动过程中上升隆起形成的山地有法国中央高地，其中的一部分如勃朗峰群山，通过阿尔卑斯造山运动从地下深处隆起出露地表，受冰川的长期侵蚀，如今已成为典型的冰川地貌。

B. 约 2.3 亿年至 1 亿年前的“沉积”阶段。欧洲和非洲之间的特提斯海底堆积大量沉积物，形成了形塑如今的阿尔卑斯山脉的 4 个沉积盆地，缓慢演变成具有不同沉积物物质成分的瑞士带、贝宁带、东阿尔卑斯带、南阿尔卑斯带的山地基岩。

C. 约 1 亿年至 3000 万年前的阿尔卑斯褶皱形成阶段。非洲板块向北推挤，而北部坚挺着华西力山地，结果那些早先沉入特提斯海的深层岩层受挤压弯曲上拱形成褶皱。非洲板块仰冲至欧洲板块上部而产生逆断层，并覆盖于上，形成了大型水平状的平卧褶皱。岩体在高压高温下产生凝结和褶皱，其程度在东阿尔卑斯比西阿尔卑斯剧烈。但这一时期的阿尔卑斯还是中位山地。

D. 约 3000 万年前的阿尔卑斯造山运动。非洲板块进一步向北挤压，北移距离达 150~200km（小野有五，1997），平卧褶皱也随之向北方向移位，由此形成从下到上的瑞士带、贝宁带、东阿尔卑斯带的层理构造。上部的岩层受侵蚀剥离滑落后，生成了“地窗”构造（陶恩山、恩加丁地窗等）。在这个过程中阿尔卑斯山脉不断上升，之后受冰川侵蚀作用，变成如今的形状。

上述的造山运动和侵蚀等地质作用，造就了现在的阿尔卑斯区域的地质、地形结构（图 7–2）。从博登湖（瑞士苏黎世市以东）南下的界线将阿尔卑斯被分为东、西两部分，大构造线南侧为南阿尔卑斯。这里地质结构复杂，本文重点研究对象奥地利包含东阿尔卑斯大部分。用“石灰岩阿尔卑斯”指北阿尔卑斯，用“东阿尔卑斯片麻岩带”指中阿尔卑斯，南阿尔卑斯就用同样的名称称呼。

阿尔卑斯区域的聚落一般分布在海拔 2000m 以下的地区，呈现向低海拔地区集中的倾向，也有少量分散。人口最多的聚落是格勒诺布尔市，约有 16 万人口，此外人口超过 10 万的城市就只有萨尔茨堡、茵斯布鲁克、博尔扎诺。与此相反，阿尔卑斯山脉的边缘地带分布着维也纳、格拉茨、慕尼黑、苏黎世、柏林、日内瓦、米兰、都灵、里昂等大中型城市。

阿尔卑斯区域的产业富有特色。农业以夏季和冬季变更家畜饲养场所的游牧方式占重要地位，到 20 世纪中叶为止这种游牧业是其最重要的产业部门。在地势较低的区域，林业也占据着重要地位。这里复杂的地质构造下蕴藏着丰富的岩盐和矿藏，因此，采矿业也有一定的地位，如今还有铁矿石等矿山。其水力丰富，水电站也比较多。

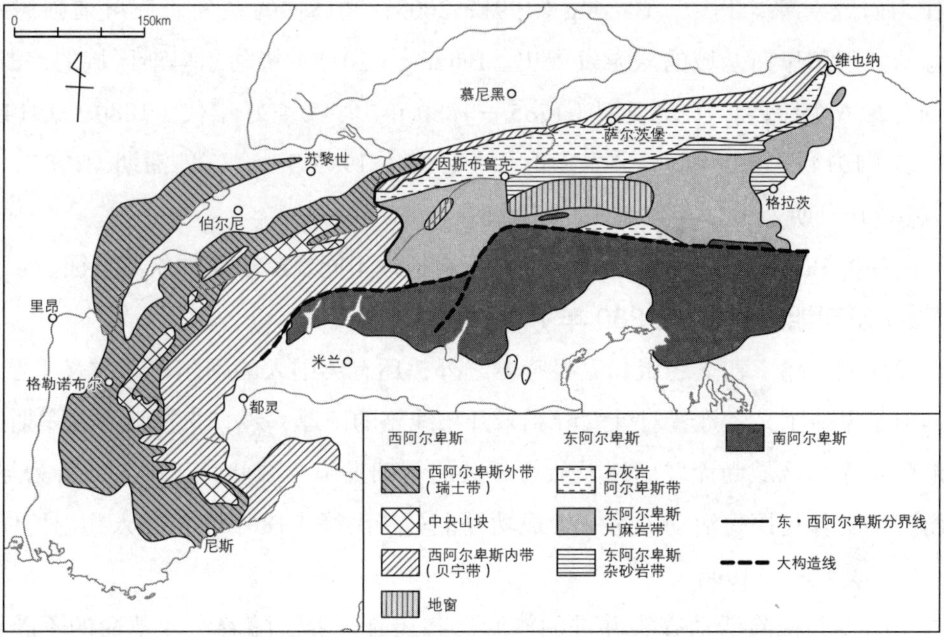

图 7–2 阿尔卑斯区域地质状况

资料：简化 Bätzing（2015），并参考 Embleton 编（1997）以及金原富士子（2013）

从交通条件来看，阿尔卑斯位于欧洲的交通枢纽地带，意大利、德国和法国之间的联系都要跨过阿尔卑斯山脉。过去英国人去往意大利的大旅行，也需要越过阿尔卑斯山脉（河村英和，2013）。象征欧洲中西部经济发展强劲区域的“蓝香蕉地带”，区域范围跨过阿尔卑斯山脉一直到意大利北部。因此，阿尔卑斯主脊线鞍部的布伦纳山口（奥地利和意大利接境处，海拔 1378m）和圣哥达山口（或称哥达山口，位于瑞士，海拔 2106m）附近区域，“蓝香蕉地带”之间的南北交通非常繁忙。时至今日，路经山口的简易山路已无法满足日益增多的车流量，因此开通了隧道。意大利达奥斯达谷到法国之间由勃朗峰隧道连接。

7.2 阿尔卑斯区域的旅游与度假地发展历程

阿尔卑斯区域在中世纪以前就已存在独特的旅游形态，即基督教朝圣之旅和温泉疗养（Hannss，1977）。如今所能看到的近代旅游形态是在 19 世纪以后出现的。阿尔卑斯区域旅游发展的空间差异比较大，其中瑞士是游客的来访与旅游产业化发展开始得最早的国家。

与阿尔卑斯区域旅游变迁相关的研究有丰厚的积累，大部分研究以特定的国家或领域作为研究对象，其中，Bätzing（1991；2003；2015）的系列研究可谓独树一帜，系统总结了阿尔卑斯全域的旅游发展史。Bätzing（2015）将阿尔卑斯区域的旅游发展历程划分为6个阶段：①发现期（1765—1880年）；②美好年代（1880—1914年）；③战争期（1914—1955年）；④黄金时代（1955—1985年）；⑤停滞期（1985—2003年）；⑥新开发期（2003年以后）。

下面参考Bätzing（2015）及其他文献资料梳理不同发展阶段的旅游特征。

7.2.1 发现期（1765—1880年）

在发现期，除了朝圣之旅和温泉疗养之外，还有英国人的阿尔卑斯主义（登山）。英国的阿尔卑斯主义者抱着对处女峰和未开拓线路的浓厚兴趣，来探访阿尔卑斯区域。当时的阿尔卑斯区域尚无登山以及旅行相关的基础设施，因此，英国人的行为与其称为旅游，倒更像是探险活动。第一个成功登上马特洪峰（1865年）的人物温博便是英国人（ウィンパー，1998）。

这个时期与探险活动齐头并进的旅游形态还有疗养。随着产业革命的不断推进，城市的大气污染问题日益严重，导致结核病蔓延。阿尔卑斯区域空气洁净，由于地势高所以气压比较低，由此，海拔较高的区域被开发为气候疗养地（德语：Luftkurort或Klimakurort）（Hannss，1977）。瑞士的达沃斯便开发有多个疗养院所和宾馆（河村英和，2013）。原来作为温泉地而发展起来的圣莫里茨也渐具有气候疗养地的功能。此外，阿罗萨、蒙塔纳、莱森（都在瑞士）也是著名的疗养地。这些疗养地的来访者以英国人为主。

阿尔卑斯区域的山岳和冰川最初作为登山目的地开始受到关注，而不是作为自然科学研究和冒险的对象。推动这一变化的主推手是各国先后成立的登山协会。1857年，世界上历史最悠久的登山协会在英国成立，不久便带动阿尔卑斯区域各地相继成立登山协会。奥地利于1862年，瑞士和意大利于1863年，德国于1869年，法国于1874年相继成立了登山协会。登山协会通过技能培训、研究和开发登山装备和地图、规划和建设登山线路和山中小屋等来推动登山活动的繁荣与昌盛，同时也促进了科技发展。

1873年，奥地利和德国的登山协会（Alpenverein）合并。合并后的德－奥登山协会在东阿尔卑斯区域进行了山中小屋的修建与完善。登山协会的分支机构，分别在各自特定的活动区域修建避难小屋，这一活动延续至今。山中小屋的名称，至今沿用以登山协会各支部所在地城市的名字来命名的传统，如索尔登附近的布伦瑞克小屋和布雷斯劳小屋等。德－奥登山协会致力于地形图的制作，这一传统分别在奥地利登山协会和德国登山协会得到传承，还出版发行标有等高线和登山路线的登山协会地图册

Alpenvereinkarte。同时，对数不胜数的登山线路进行了修缮。这些艰辛付出不仅有力推动了登山活动的稳步发展，而且将之逐渐向普通人群渗透，为进一步推广阿尔卑斯山岳和区域的知名度做出了巨大的贡献。一些特定山区在原有度假地功能基础上再增添了登山基地功能，另外，也有从登山基地发展成度假地的例子。

7.2.2 美好年代（1880—1914 年）

欧洲的产业革命推动了大城市的发展，也带来了日益严重的空气、河流污染，人居环境质量严重下滑。在大城市富裕层当中出现了短暂离开日常生活圈进行修身养性的现象，这和前面提到的疗养略有差异。阿尔卑斯区域是和海滨地带比肩的夏季旅游目的地，阿尔卑斯区域的避暑功能引起关注，在阿尔卑斯区域的冰川湖畔等地修建别墅者日益增多。同时，构成阿尔卑斯这一词源的高山草甸（Alp，在奥地利和瑞士东部称为 Alm）也是重要的旅游资源。郁郁葱葱的森林、嫩绿的高山草甸、头冠皑皑白雪的雄伟高山交融相汇，构成色彩斑斓、沁人心脾的美景。选择到阿尔卑斯地区休养的来访者也以英国人为主，而瑞士是其最喜爱的目的地。瑞士的美好年代一直持续到第一次世界大战前。

在美好年代，与以富裕层为主体的避暑度假日渐普及，与此呼应，大型豪华酒店和提升设备的建设步伐加快。瑞士的建设速度比较快，主要集中在伯尔尼高地、瓦莱和格劳登堡三州，来访者中，英国游客占很大比重。在奥地利，地处维也纳以南的塞默灵、萨尔茨卡墨古特，以及克恩顿州的湖沼地区比较受关注（Zimmermann，1988）。游客主要来自当时具有广大国土面积的奥匈帝国的首都维也纳。维也纳富裕阶层比较集中，因此是最重要的客源市场。

铁路交通的发达增加了移动便利度，有效促进了游客数量的增长。今日驰名海内外的山岳铁路（窄轨铁路、地面缆车、空中缆车）的大部分都是在这个阶段建设的（胁田武光，1989）。这使得人们即使没有正规登山装备也能够轻而易举地登上景色优美的观景台。登山铁路的建设也是瑞士走得比较快，19 世纪便已完成绝大部分的铺设工作。比如，从瓦莱州的采尔玛特到戈尔内格拉特的登山铁路是在 1898 年建成的，到伯尔尼南部少女峰（海拔 3454m）的铁路建成于 1912 年。奥地利的登山铁路建设比瑞士略晚，从 20 世纪 20 年代随着空中缆车的修建步入蓬勃发展期（吴羽正昭，2016 年）。

避暑活动的流行与登山铁路的建设，成就了一种新型户外休闲活动——山地徒步的出现与普及，它不以登顶为目标，也不用大汗淋漓地爬陡坡。山地徒步活动的普及中，登山协会扮演了中心角色。19 世纪末，随着山中小屋的修建，山地徒步活动有了长足的发展。与山地徒步活动同时发展的是滑雪技术，滑雪技术于 1890 年左右现身阿尔卑斯地区。“滑雪就是在滑雪场这一人工建造的空间里进行的休闲活动”这一认识是在20世纪20年代以后形成的。

7.2.3 战争期（1914—1955年）

1914—1955年是多灾多难的时代，经历了两次世界大战和世界性经济恐慌。曾经在美好年代高度依赖旅游业的区域，受到更大的时代影响。在这个阶段中，瑞士的游客数量从来没有超越过美好年代。另外，传播至阿尔卑斯区域的滑雪技术在第一次世界大战后派生出滑雪旅游形态，这得益于滑雪技术的变革和玩法的变化。最早用于滑雪的索道是1907年建成的（参照第2章），从20世纪20年代中期，大型往复吊厢式索道开始投入建设。也有为了夏季旅游而修建的登山铁路和地面缆车用于滑雪的例子。1935年开始，T型牵引式索道投入使用。

阿尔卑斯区域的旅游业是以瑞士为发源地逐步扩散至周边国家的。奥地利的旅游业在帝国时代为止主要集中在国土的东部（Zimmermann，1987），维也纳的影响比较大。第一次世界大战以后，奥地利西部的旅游业发展速度比较快，主要得益于德国这一新兴客源，且因这里拥有优越的发展滑雪旅游的地域条件，冬季旅游的发展比较显著。但随着德国第三帝国内部纳粹政权得势和1933年6月开始实行的“1000马克封锁”政策，来自德国的游客迅速减少。“1000马克封锁”是向到访奥地利的德国公民征收1000马克的政策，是德国对奥地利拒绝其提出的合并建议所采取的报复性措施（Forcher，1989）。1936年7月，“封锁”政策终止，1938年3月如愿以偿吞并奥地利以后，德国游客的数量得以恢复。然而，第二次世界大战的爆发，又引起来访者骤减，旅游业停滞，第二次世界大战结束后的10年间旅游业也一直未能恢复元气。

这里重点分析20世纪30年代后半期的奥地利滑雪度假地状况。在判读是否为主要滑雪度假地时所采用的基准为拥有索道、冬半期[①]过夜人次数2万人次、冬半期住宿规模占全年的30%以上三大指标。根据上述指标识别出的主要滑雪度假地有21处（图7–3、表7–1）。21处主要滑雪度假地分散于奥地利国内各地，但都坐落在阿尔卑斯区域范围内，并大多分布在主要铁路沿线（图7–3），可见当时对铁路交通的依赖程度比较高。虽实行过“1000马克封锁”，但克林瓦萨特（B：Kleinwalsertal）和少女峰（G）不属于封锁对象。克林瓦萨特的冬半期住宿人次数最多（表7–1）。克林瓦萨特属于米特尔贝格村，领土属于奥地利，但境内仅有的一条公路却是通往德国奥伯斯多夫的。床位数量分布最多的是著名的朝圣地玛丽亚采儿（R）。1937年度，奥地利全国冬半期

① 冬半期指的是所标记年份前一年的11月到标记年份的4月，以此类推5月到10月是夏半期。

住宿人次数占全年总量的 21%，21 处主要度假地的冬半期占比则达全年总量的 42%。莱希 – 祖尔斯（C）、萨尔巴赫（L）、圣安东（D）等的占比非常高，对冬季滑雪客的依赖度非常大。此外，塞费尔德（H）、基茨比厄尔（J）、滨湖采尔（K）等气候疗养地以及城市因斯布鲁克（I）也开始呈现滑雪度假地的特性。

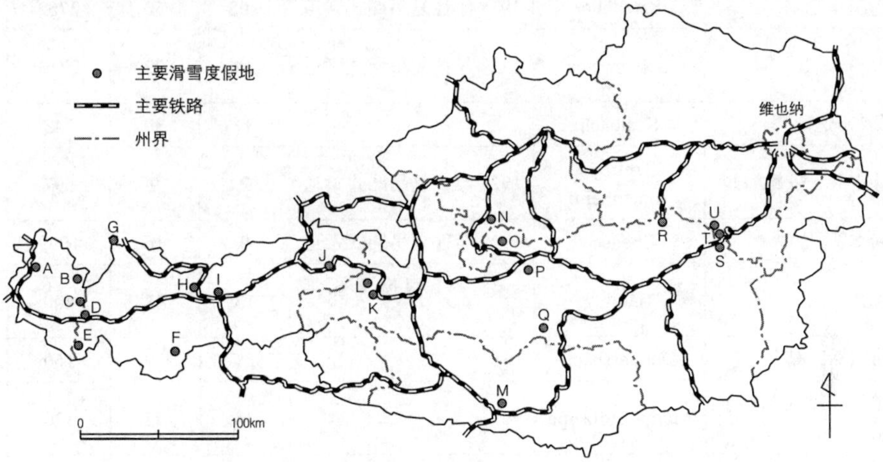

图 7–3　奥地利主要滑雪度假地的分布（20 世纪 30 年代后半期）

注：里面的英文标记对应表 7–1 的滑雪度假地。
资料：参考表 7–1

表 7–1　奥地利主要滑雪度假地概况（20 世纪 30 年代后半期）

记号	度假地名称		索道	冬半期过夜人次		床位数	备注
				数量（千夜）	占比（%）		
A	多恩比恩 · 波戴勒	Dornbirn/Bödele	1907 年索道	—	—	—	
B	克林瓦萨特	Kleinwalsertal	1940 年 T 型拖牵式索道	275	62	3582	
C	莱希 – 祖尔斯	Lech/Zürs	1937 年 T 型拖牵式索道	56	93	1221	
D	圣安东	St. Anton am Arlberg	1937 年往复吊厢式索道	46	69	1140	
E	加尔蒂	Galtür		21	78	575	气候疗养地
F	索尔登 · 古格尔	Sölden/Gurgl		40	50	2520	
G	少女峰	Jungholz		16	48	262	
H	塞费尔德	Seefeld		60	46	2389	气候疗养地

续表

记号	度假地名称		索道	冬半期过夜人次		床位数	备注
				数量（千夜）	占比（%）		
I	因斯布鲁克	Innsbruck	1928 年往复吊厢式索道	112	28	3800	城市
J	基茨比厄尔	Kitzbühel	1928 年往复吊厢式索道	108	50	2762	
K	滨湖采尔	Zell am See	1927 年往复吊厢式索道	34	22	2713	气候疗养地
L	萨尔巴赫	Saalbach		31	89	343	
M	特雷芬・安嫩海姆	Treffen/Annenheim	1928 年往复吊厢式索道	2	9	697	
N	埃本塞	Ebensee	1927 年往复吊厢式索道	9	16	1099	
O	陶普利茨	Tauplitz	1935 年 T 型拖牵式索道	13	62	400	
P	唐纳斯巴赫	Donnersbach		21	79	160	温泉
Q	穆劳・施托尔察尔珀	Murau/Stolzalpe		34	42	320	气候疗养地
R	玛丽亚采尔	Mariazell	1928 年往复吊厢式索道	31	20	4577	圣地
S	米尔茨楚施拉格・施皮塔尔	Mürzzuschlag/Spital		24	27	859	
T	塞默灵	Semmering		94	40	2666	气候疗养地
U	赫施旺	Hirschwang	1926 年往复吊厢式索道	14	9	4195	
合计				1041	42	36 280	
奥地利总计				4344	21	364 817	

注：过夜人次的值为冬半期 1936—1937 年、床位数显示的是 1937 年 8 月的状况。

—：无数据

资料：Allgeuer（1986）; Verein Regionalmarke Ausseerland–Salzkammergut（2010）: *Postillion Winter 2010/2011*; Bundesministerium für Verkehr und Elektrizitätswirtschaft（1961）: *Amtliche Eisenbahnstatistik der Republik Österreich für das Jahr 1960*; Österreichisches Statistisches Landesamt（1938）: Statistisches Jahrbuch für Österreich 1938.

7.2.4 黄金时代（1955—1985 年）

1. 阿尔卑斯区域总体状况

第二次世界大战结束后 10 年左右，阿尔卑斯区域的旅游发展迎来了黄金时代。从 1955 年左右随着经济的发展，个人收入水平逐步上升，夏季游客数量大增，出现了夏季旅游的规模化。汽车的普及大大方便了游客的空间移动。从瑞士的冬半期和夏半期住宿人次数（仅酒店）来看（图 7–4），20 世纪 50 年代和 60 年代初，夏半期的增长显著，特别是 50 年代这一倾向更为突出。奥地利（图 7–5）也是 50 年代和 60 年代夏半期住宿人次数的增长比较快。意味着这一时期在阿尔卑斯地区度假的人群社会阶层趋于多样化。

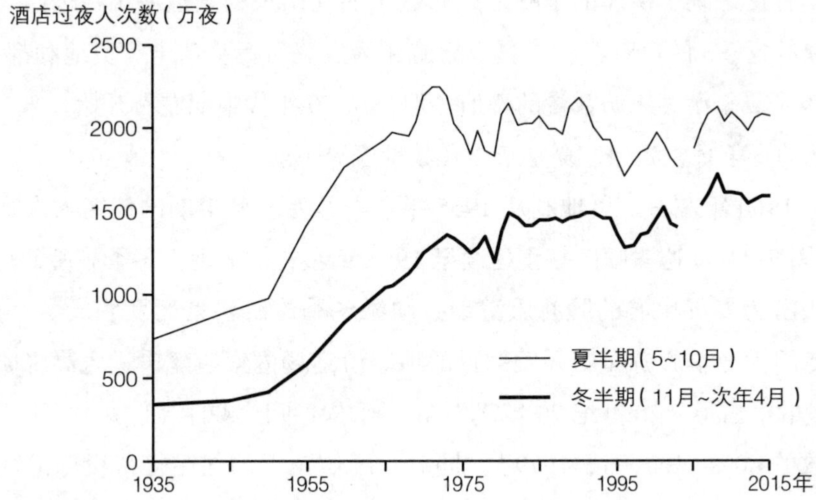

图 7-4　瑞士酒店过夜人次数的变迁(1935—2015 年)

注：①只显示酒店经营体的过夜人次；

②2004 年整个一年统计局没有进行过调查，因此，2004 年冬半期（2003 年 11 月 ~ 2004 年 4 月）以及 2005 年、2004 年夏半期的数值缺失。

资料：根据瑞士统计局 Bundesamt für Statistik 的网页 Statistik der Hotel- und Kurbetriebe 内的数据表 Hotelbetriebe: Sommer und Winterergebnisse（1935—2003）以及 Hotel- und Kurbetriebe: Logiernächte nach Gästeherkunft, Zonen und Saison（2005—2010）Schweizer Tourismus-Verband: Schweizer Toiurismus in Zahlen（2011—2015 年版）制作 http://www.bfs.admin.ch/bfs/portal/de/index/themen/10.html（2016/8/27 以及 2012/5/3）

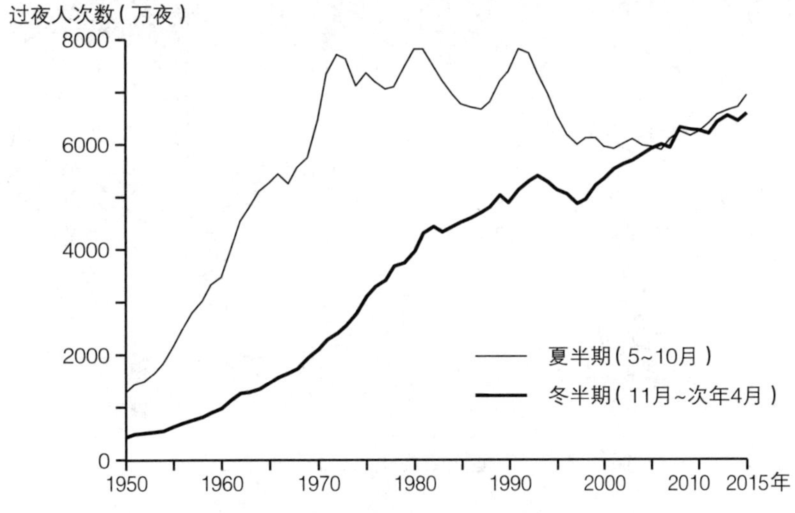

图 7-5　奥地利过夜人次数的变迁(1950—2015 年)

资料：Statistik Austria: Tourismus（Fremdenverkehr）in Österreich

山庄、小型宾馆等廉价住宿设施增多，登山路线也在不断得到完善。这样的开发建设无须太多资金，并且市场需求大，因此阿尔卑斯区域旅游开发的空间范围不断扩大。一些具有良好眺望视线的山峰上，修建了通往山顶的索道或山岳公路。当时，阿尔卑斯区域的近 2/3 的市町村，以夏季旅游作为发展目标。瑞士和奥地利都在 20 世纪 70 年代迎来了夏季游客来访数量的峰值。但是从 70 年代中期左右开始，来自地中海等海滨度假地的竞争日益激烈，夏季来访者数量停滞不前。

瑞士从 1960 年左右、奥地利从 1965 年左右开始，冬半期的住宿人次数增长显著（图 7–4 和图 7–5）。这一倾向一直延续至 1985 年左右，呈现为冬季旅游的规模化。原来以夏季旅游为发展中心的既有旅游地，增添冬季旅游要素而发展成冬、夏两季型，几乎没有专门为冬季旅游而新开发的目的地。滑雪场内索道建设进入高峰阶段，同时增设了大量的滑雪道。20 世纪 70 年代中期，阿尔卑斯区域的索道多达 1 万条，约占世界索道总数的 60%（Barbier，1979）。同时，度假镇上的住宿接待设施的建设也在迅猛开展。

2. 奥地利阿尔卑斯区域的滑雪场建设

奥地利除了大型的往复吊厢式索道之外，20 世纪 50 年代有单人座椅式和 T 型拖牵式索道（照片 7–1、表 7–2），限于当时索道技术水平，单位时间的运载人员数量一直都不大。进入 20 世纪 60 年代，索道的数量剧增，70 年代索道总量持续上涨，奥地利全国总量达到了 3500 条左右，且双人座索道开始增多。

照片 7–1　T 型拖牵式索道（2014 年 2 月）

奥地利索尔登提芬巴赫冰川滑雪场的 T 型拖牵式索道。滑雪者踏着滑雪板立于雪面，由索道牵引上去。T 型拖牵式索道与一般的座椅式相比，结构简单，抗风能力强。

表 7-2　奥地利不同类别索道数的变迁

年	索道数										
	合计	R CC	G	8C	6C	4C	3C	2C	1C	K	SCHL
1950		16	2	0	0	0	0	0	28	0	—
1955	383	32	8	0	0	0	0	4	66	0	273
1960	554	55	10	0	0	0	0	8	101	0	380
1965	1085	70	11	0	0	0	0	13	163	2	826
1970	2349	88	11	0	0	0	0	52	219	9	1970
1975	3211	90	25	0	0	0	1	129	216	16	2734
1980	3540	89	36	0	0	0	12	201	204	13	2985
1985	3604	85	54	0	0	7	37	264	179	11	2967
1990	3478	83	93	0	0	54	47	296	138	8	2759
2000	3170	71	137	3	60	207	43	250	66	0	2333
2010	3028	75	264	739						0	1950*
2015	2948	1098								0	1850*

注：①R：往复吊厢式索道；CC：地面缆车；G：循环吊厢式索道；C：座椅式索道（数字为乘车人员数量）；SCHL：T 型拖牵式索道；K：组合式索道。—：无数据

② 1955 年的 T 型索道数是 1956 年 12 月末的值。*：2010 年以后的 T 型索道数为概数。

资料：ITR-Seilbahndatei（1950 年，1975—1990 年）；

Bundesministerium für Verkehr（1978）（1955—1970 年）；

Bundesministerium für Verkehr, Innovation und Technologie（2002）: Amtliche Eisenbahnstatistik für den Berichtszeitraum 2000/2001；

Wallner（2011）；

Wirtschaftskammer Österreich: Österreichs Seilbahnen [https://www.wko.at/Content.Node/branchen/oe/TransportVerkehr/Seilbahnen/Presseinformation-Seilbahnen-Oesterreichs-102015.pdf（2016/4/27）]

滑雪爱好者比较喜欢场宽敞且富于变化的滑雪道，因此拥有大型滑雪场的区域发展速度比较快。最具代表性的是在海拔高、积雪期较长的冰川上修建的滑雪场。因此，不同于活动空间范围延展到阿尔卑斯全域的夏季旅游，冬季旅游更倾向于集中在部分区域。

图 7-6 为奥地利 20 世纪 50 年代中期的滑雪场空间分布情况，标出的是滑雪场所属市镇村的位置，而非滑雪场个体的位置。一个自治体拥有多个滑雪场的现象少之又少，所参考的资料（Rebhann，1955）上记述全国有 103 个大、中规模的索道（除 T 型牵引式索道，如往复吊厢式和座椅式等）和 196 个 T 型牵引式索道（照片 7-1）。然而，据铁道统计数据，20 世纪 50 年代的两种索道分别为 107 和 273（表 7-2），且 T 型牵引式索道的数量只是大概的，然而，这不影响我们把握大致的倾向。

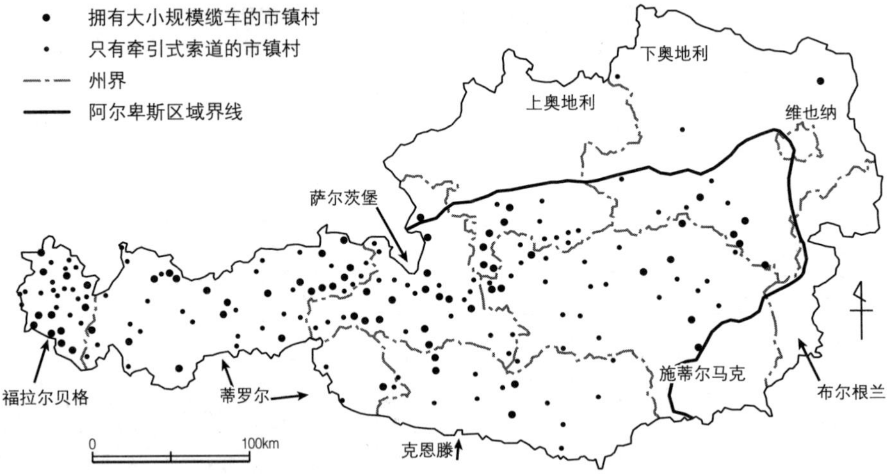

图 7-6　奥地利滑雪场的市镇村分布状况（1956 年左右）

资料：Rebhann（1956）

20 世纪 30 年代建有索道的滑雪度假地仅为 12 处，到 50 年代中期这一数据增至 185 处。滑雪场几乎全部坐落于阿尔卑斯区域范围。比较集中在福拉尔贝格州和基茨比厄尔附近（蒂罗尔州和萨尔茨堡州边界附近）和达赫施泰因区域（萨尔茨堡州、上奥地利州和施蒂利亚州的 3 州接壤处）。从个体规模来看，阿尔堡（莱希 – 祖尔斯和圣安东）和基茨比厄尔的规模比较大。1961 年，阿尔堡共有 28 条索道（Schneider，1962），分别是 T 型牵引式索道 18 条、空中缆车 5 条、双人座椅式索道 3 条、单人索道 2 条。奥地利东部分布着大量仅有 T 型牵引式索道的小型滑雪场。

滑雪游客对大场地、多变化、优质雪的高要求，推动了滑雪场往高处发展。蒂罗尔州 1980 年的滑雪场雪道面积为 6900hm^2（Cernusca，1986），耕地和林地各占 25% 和 22%，其上部的高山草甸和荒地（包括冰川）所占比重则达 53%。萨尔茨堡州也大体相同，滑雪场滑雪道面积为 5506hm^2，其中高山草甸和荒地（包括冰川）占 64%（Leitner，1984），耕地和林地各占 17% 和 19%。

冬季以外的滑雪潜藏着更大的商机，这一发现推动了冰川滑雪场的进一步发展（图 7–7）。从阿尔卑斯全域来看，瑞士在紧靠圣莫里茨席尔瓦普拉纳的科尔瓦奇峰（3303m）冰川上于 1963 年修建了滑雪场（Obermayr，2011），同年法国也在瓦勒迪泽尔的冰川上修建了滑雪场（Hanss，1974）。冰川滑雪场的开发在瑞士和意大利集中于 20 世纪 60 年代，在法国和奥地利则集中于 70 年代。冰川一般在高处，因此冰川滑雪场也多分布于阿尔卑斯海拔最高的山脉主脊线上（图 7–7）。多数冰川滑雪场向晚秋与春季，向前向后延长了滑雪季，也有的滑雪场实现了全季运营。

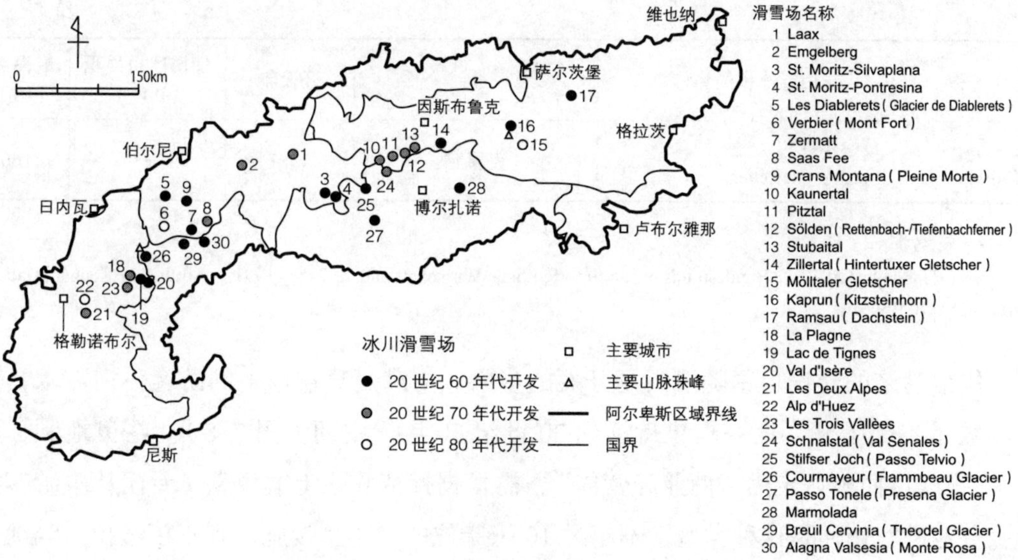

图 7–7　阿尔卑斯区域冰川滑雪场开发状况

资料：Obermayr（2011）

1966 年至 1987 年间，奥地利修建了 8 处冰川滑雪场（表 7–3）。其中的 5 处在蒂罗尔州海拔较高的中阿尔卑斯山地北坡。自修建辛特图克士冰川滑雪场以后，滑雪场的建设趋向为“大”和“高”，即大型为主，海拔升高。

表 7–3　奥地利冰川滑雪场的开发

名称	山或冰川的名称	州	开设年	使用冰川面积（hm^2）	最高点（m）
卡普伦 Kaprun	基兹特因霍恩 Kitzsteinhorn	萨尔茨堡	1966	181	3029
拉姆绍 Ramsau	达赫斯坦 Dachstein	施蒂尔马克・上奥地利	1969	81	2700
齐勒河谷 Zillertal	辛特图克斯冰川 Hintertuxer Gletscher	蒂罗尔	1969	459	3286
施蒂夫特 Stubaital		蒂罗尔	1973	591	3200
索尔登 Sölden	雷滕巴赫・提芬巴赫冰川 Rettenbach—/Tiefenbachferner	蒂罗尔	1975	325	3260
考恩台尔 Kaunertal		蒂罗尔	1980	313	3160
皮茨塔尔 Pitztal		蒂罗尔	1983	468	3440

续表

名称	山或冰川的名称	州	开设年	使用冰川面积（hm²）	最高点（m）
莫泰尔 Mölltal	莫泰尔冰川 Mölltal Gletscher	克恩滕	1987	—	3160

—：无数据

资料：Haimayer（1987）；Bundesministerium für öffentliche Wirtschaft und Verkehr（1991）: Amtliche Eisenbahnstatistik 1990；ADAC（1992）

住宿设施的建设也紧随滑雪场开发的步骤。为满足日益增多的游客住宿需求，床位的数量不断上涨，这一趋势持续到20世纪80年代中期（图7–8）。在奥地利，超过10张床位便被认定为"商业经营体"，需根据接待收入上缴税款，专门从事游客接待服务业的宾馆便是这种类型。不超过10张床位的"小型设施"则不用缴税，当地农户将个人住宅的部分房间有偿提供给游客留宿的现象非常普遍，且与日俱增。在欧洲，不仅是农家，普通民居也往往有很多房间，便于转用为客房，最开始客房内没有配备客人专用的浴室和厕所，所以主客公用。小型设施在大众旅游鼎盛期一直到其后一段时期，即20世纪80年代为止，作为廉价住宿设施做出了巨大的贡献。"商业经营体"设施呈现稳步增长，床位数量也持续上升（图7–8）。

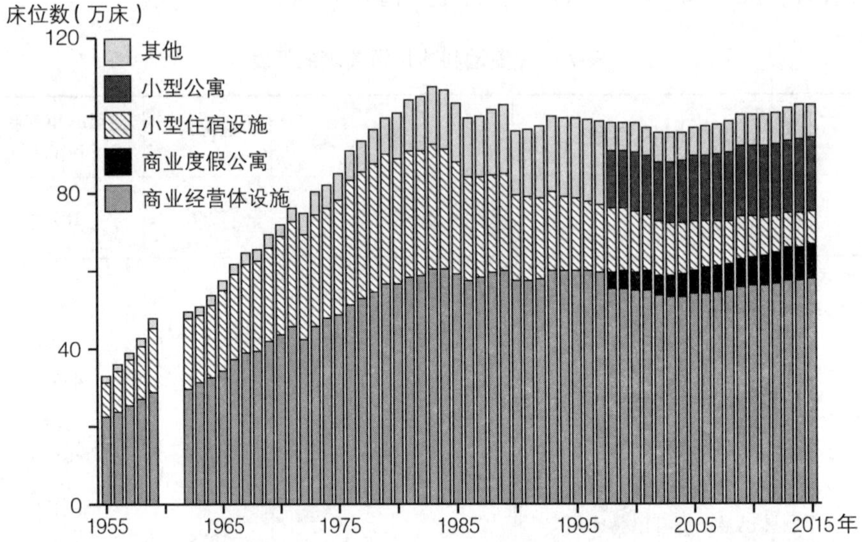

图7–8 奥地利住宿设施冬半期床位数的变迁（1955—2015年）

注：①商业经营体设施是指床位11张以上的设施，少于11张床位者为小型住宿设施。

②1989年为止包含加床部分。1997年以前的商业经营体度假公寓（商业度假公寓）及小型度假公寓（小型公寓）的床位数，分别包含于营业设施或其他类别里。

资料：Statistik Austria: Tourismus(Fremdenverkehr) in Österreich.

3. 法国阿尔卑斯区域滑雪场的开发

法国的阿尔卑斯区域特色滑雪度假地也出现于这个时期。1960 年左右，在法国阿尔卑斯开始了专门以冬季旅游为对象的新滑雪度假地的建设。法国是世界上第一个建立带薪休假制度的国家，这也是其滑雪度假地规划性建设的背景。第二次世界大战后，随着旅游大众化的发展，接待设施不足的冲突和矛盾日益突出（望月真一，1990）。20 世纪 50 年代为止的度假地开发模式为以个体自主建设为主，从 60 年代前后开始了规划先行、综合建设的度假地开发路径。滨海型综合度假地当中，较为有名的是朗格多克 – 鲁西永沿岸的开发（淡野明彦，2016），而山岳型综合度假地的开发对象区域则是阿尔卑斯区域，在国家级“冰雪振兴（Plan de Neige）”战略指导下，开发建设了一批规模大且功能、景观有机统一的综合性滑雪度假地。这一冬季滑雪度假地开发建设战略于 1962 年提出，战略内容包括全国 15 万张床位的建设计划（Boyer，2006）。开发区域地处海拔 1800m 以上，远远高出分布有农业聚落的居住区，这些被称为“第三代”滑雪度假地或综合度假地（Station intégrée）（Knafou，1978）。

法国的滑雪度假地开发建设年代不同，其发展模式上的差异也比较大（望月真一，1990）。以夏蒙尼、梅杰夫为代表的第一代，是在原来的温泉和登山基地上，从第二次世界大战前开始修建滑雪场而逐步发展成滑雪度假地的模式，同属这一类型的还有拉克吕萨和莫尔济讷。第二代主要是指 20 世纪 30 年代开始修建滑雪场，在 50 年代向大型化发展的度假地，以库尔舍韦勒、梅丽贝尔、蒂涅、尚鲁斯为代表。

1960 年以后，上面提到过的第三代人工滑雪度假地开始被建造于高海拔的非居住空间（Hannss，1974）。以阿沃利亚兹（Avoriaz）、拉普拉涅（La Plagne）等为代表的滑雪度假地，按照规划方案，有序配套宾馆、别墅、度假公寓等多种住宿设施和餐饮、电影院等，形成一个和滑雪场功能互补的有机综合体。阿沃利亚兹（Avoriaz）（度假村海拔 1800m）坐落于日内瓦以东 70km 处的莫尔济讷村（靠近瑞士边界）深处，其滑雪场的开发建设规划方案于 1962 年出台，1965 年开始投入运营（Knafou，1978）。1980 年左右床位约 12 000 张（2000 年以后为 16 000 张），索道约 30 条（海拔 1200~2460m），住宿设施统一采用木质材料做外墙而别具一格（望月真一，1990）。这里酒店少，多数住宿接待设施为度假公寓和别墅，每年举办电影节，这些运营以及管理上的特立独行，和其从开发到运营全由民营公司一手操作相关（石原照敏，1998）。有名的第三代度假地还有莱萨尔克（Les Arcs）、弗雷努（Flaine）、伊索拉 2000（Isola 2000）、瓦尔托伦斯（Val Thorens）等。

20 世纪 70 年代中期，诞生了环保理念的第四代度假地。第四代度假地的环保意识来自对第三代度假地的人造色彩过浓、与自然环境不协调的反省，地处阿尔贝维尔以南约 40km 处的瓦尔莫雷尔（Valmorel）是第四代的代表（石原照敏，2001）。瓦尔莫雷尔（海拔 1400m）的滑雪场修建于 1976 年（索道约 30 条；海拔 1300~2550m），和第三代同样具有综合性度假地性质（如今的床位约 12 000 张），但其建筑以低层为主，重视和自然的和谐统一（望月真一，1990）。同属第四代的滑雪度假地还有贝鲁 – 普拉涅（Belle–Plagne）、梅里贝尔 – 蒙特雷（Méribel–Monttaret），蒙查住（Montchavin）等。

7.2.5 停滞期（1985—2003 年）

阿尔卑斯区域的旅游业发展理念由以前的经济重心，逐步关注阿尔卑斯这一有机综合体的生态侧面，各类环保团体和国家及地方政府也都给予高度重视。结果，在停滞期，滑雪场的建设没有再深入到未曾开发过的区域。

20 世纪 80 年代，游客的数量达到环境容量极限。这一时期，尽管冬季住宿人次增长速度有所迟缓，但其绝对量还在上涨。奥地利曾于 20 世纪 90 年代中期出现过短暂的退缩（图 7–5），但总体上以增长为主流，另一侧的瑞士则从 1980 年左右开始处于停滞状态（图 7–4）。从需求层面来看，日益完善的带薪休假制度保证了每年长达 5~6 个星期的假期，为人们的冬季出游创造了条件，从而推动了滑雪旅游的稳步增长。随着东欧剧变而加进来的东欧新兴客源（Kureha，2004b），进一步贡献于冬季住宿人次的增长。夏季的旅游发展状况如前所述，从 20 世纪 70 年代中期业已显示停滞迹象，进入停滞期后，这一状况依然在持续，在奥地利甚至有下降的趋势。

1. 夏季旅游概况

在欧洲，从 1980 年左右开始随着包机旅游的普及，旅行费用降低，市场上比较流行赴地中海各岛屿的包价度假旅游产品。同时，廉价航空的出现促使地中海和大西洋的海岛成为重要的夏季旅游目的地，比如在德国，夏季到地中海沿岸度假成为人们的常规休假模式，造成阿尔卑斯区域失去部分客源。东西方之间冷战的终结及疆界开放等时代背景下，阿尔卑斯以外的很多地区也开始将旅游作为重点产业来抓，同时，替代性旅游等旅游形态的多样化发展等，都对阿尔卑斯区域的旅游发展造成影响。奥地利湖泊区域的夏季旅游受到了很大的影响，比如造成萨尔茨卡默古特和克恩滕州的夏半期住宿人次不断递减（吴羽正昭，2016）。

1980 年以后，阿尔卑斯的夏季旅游中以田园牧歌形象为卖点的乡村旅游渐成气候，主要受德国乡村旅游发展的影响。德国率先号召人们“到农村度假 Urlaub auf dem Bauernhof”，以此引领和培育乡村旅游，并逐步渗透到瑞士和奥地利的乡村地区。

过去人们将阿尔卑斯区域的乡村当作消费低廉的夏季度假地，随着人们收入水平的提高和海滨度假方式的普及，其“低廉”印象逐渐转淡。与此同时，一些深恶痛绝大众旅游弊端的人，开始寻找避开喧嚣而能静心休养的真正度假空间，随即将热切的目光投向乡村，重新审视乡村空间的旅游价值。这一新兴旅游形态注重乡村性的消费，因此也促进了农家民宿的利用程度。对于这类乡村旅游者而言，阿尔卑斯的乡村景观就是其主要的旅游对象和访问地，而不是仅作为长线周游旅途中的一个随访景点。因此，随着乡村旅游需求的增长，乡村景观的维护变得格外重要，即意味着乡村旅游的发展起到了促进和维护农业发展的效果，如东蒂罗尔（吴羽正昭，2001）和北蒂罗尔（池永正人，2002）的农业与旅游业之间已形成共生关系。但也有滑雪旅游的繁盛而削弱了农业的案例，对此将在下面的章节中进一步详述。相对而言，中小型度假地的农、旅共生关系维持得比较好，而不是在大型滑雪度假地。

夏季旅游的发展起到维护乡村景观的作用，同时促进了夏季旅游的多样化。除了登山和徒步之外，还有山地骑行、漂流、滑翔、攀岩、越野跑、网球、高尔夫等丰富多彩的新型休闲活动，带有运动健身的活动特性。这些活动大都需要配套相应的特殊装备，并需要修建和提供相应的活动场所。

2. 冬季旅游概况

一些大型度假地继续为冬季旅游的发展倾注资金和精力，如改进索道、配备人工造雪设备等。1990 年左右，阿尔卑斯全域有 13 000 条索道（Schemel und Erbguth，1992），这一时期索道建设重在提质增效而非增量，阿尔卑斯全域的索道总量是下降的，如表 7–2 所示的奥地利状况。这和大型滑雪场拆除一些索道或小型滑雪场的关闭有关。质量的提升主要表现在单位运载能力的增长。滑雪场里，运力强大的 4 人座、6 人座、8 人座的座椅式索道以及循环吊厢式索道日益增多（表 7–2），几乎都是对原索道进行改造和更换之后出现的，因此改造工程的规模比较大且频繁。在这个过程中，运载量小、使用不便的 T 型牵引式索道逐步被淘汰。索道的改造有助于提升滑雪游客的周转能力，缩短客人的等候时间，极大提高用户感知价值。各滑雪场都非常重视索道的运载能力，都在其宣传册上标注其滑雪索道每小时可运载的总人次，以宣扬其实力。

1990 年左右开始，阿尔卑斯区域缺雪、少雪的状况频出，随之对人工造雪的依赖程度逐步加大。人工造雪于 20 世纪 60 年代试运行于阿尔卑斯区域，之后，1964 年维也纳、1974 年南蒂罗尔的奥朗（Olang）、1976 年瑞士的乌尔奈施（Urnäsch）分别配置了人工造雪机（Broggi und Willi，1989）。1986 年，阿尔卑斯区域人工造雪机的总量约有 200 台，其中的一半在意大利。从 1987—1988 年滑雪季开始发生的，连续 3 年的缺雪状况（Abegg，1996）成为各个滑雪场纷纷配置人工造雪机的契机（照片 7–2），

20 世纪 90 年代后，对人工造雪机的依赖程度越来越大。比如瑞士，1990 年配备人工造雪机的雪道面积还不到雪道总面积的 2%（小于 400hm^2）（图 7–9），整个 90 年代这一比例尽管有了一定的增长，但到 21 世纪最初 10 年也不曾超过 10%。在奥地利，1991 年配备人工造雪机的雪道面积已达 1577 hm^2（占比近 7%）（Fischer，1992），对人工造雪的依赖程度大于瑞士。奥地利也和瑞士同样，于 90 年代人工造雪机的使用量有增加，但奥地利的增速远快于滑雪场所处海拔较高的瑞士。在 21 世纪早期，奥地利配有人工造雪机的滑雪道面积达 9200 hm^2（占比约 40%），但其真正大举依赖人工造雪的时期却造访于下一个发展阶段。

照片 7–2　人工造雪机（2009 年 9 月）

奥地利荷古格尔的人工造雪机。夏季，将人工造雪机都集中存放在车库。

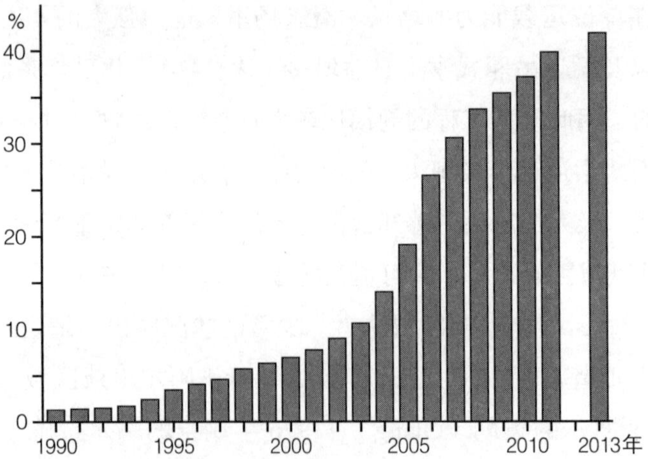

图 7–9　瑞士人工造雪机造雪面积比重的变迁（1990—2013 年）

注：数值为配置人工造雪机的雪道占全部雪道总面积的比重。2012 年无数据。

资料：Seilbahnen Schweiz: Fakten & Zahlen zur Schweizer Seilbahnbranche Ausgabe 2014.

20 世纪 80 年代开始，滑雪场内除了传统的双板滑雪外，单板滑雪变成新宠，90 年代开始流行卡宾滑雪（Carving Skis）。流行风向的风云变幻和滑雪场的新发展，带动了滑雪度假小镇的相应变化，主要表现在住宿设施上的变化和服务设施的扩充。

这个时期，床位的总量几无增加，但新型的住宿接待设施不断涌现，主要是度假公寓和被称为度假用住宅（Ferienwohnung）类的设施。相较于过去传统的单间客房，度假公寓的使用空间大，有起居室、卧室和厨房，并卫浴设施齐全（图 7–10）。厨房有冰箱和炉具，游客可以自己准备食材煮饭。有的建筑整栋全部都是度假公寓，也有的度假公寓在酒店或山庄的一隅，因此会呈现酒店和山庄的客房与度假公寓混搭的景象（照片 7–3）。

图 7–10　奥地利阿尔卑斯区域的度假公寓房间格局实例（萨尔茨堡州的 A 山庄）

资料：登载于 A 山庄网页上的客房（2 人标间）和公寓套房（2 人用）的房间布局

照片 7–3　单间客房与度假公寓房混搭的住宿设施（2011 年 8 月）

奥地利索尔登的住宿设施。APARTMENT 的词源为法语，Zimmer 从房间的意思转变为出租房间。该设施还配有桑拿。

度假公寓通过居家式的房屋布局和装修，传递浓厚的家居人情味和舒适性，又有足够的私密性，游客在此可按照自己的日常习惯和喜好生活，不受外界干扰，因此越来越受到游客的青睐。对于经营者来说也有众多好处，省略了每日房屋清洁工作，早餐的供应也不是必需项目。度假公寓在 20 世纪六七十年代现身于法国的一部分滑雪度假地，从 80 年代开始遍及阿尔卑斯全域。奥地利从 1998 年开始将度假公寓列入统计目录里（图 7-8），在那以前计入“其他”或包含在商业经营体设施里。就度假公寓的形态来看，多数为规模不大的小型度假公寓，这类度假公寓由小型企业经营并管理。而普通的小型接待设施的床位数量下降明显，尤其是农家民宿的减幅特别突出，农户数的下降是造成这一状况的原因之一。

如度假公寓的流行趋势所示，随着人们生活水平的提高，对住宿接待设施的设备和服务方面的要求也越来越高。从房间配套设备来看，备有独立卫浴设施的客房比例显著上升，在奥地利，这一比例从 1981 年的 50% 上升到 1986 年的 65%，1991 年为 78%，1996 年则达到 86%。反之，想要找到不带独立卫浴设备的廉价住处却变得越来越困难。设施和服务的提升增加了经营者的劳务负担。最开始附近的居民充当季节性劳动的主力，但劳动力缺口越来越大，后来开始雇佣外国劳动力，土耳其、前南斯拉夫以及剧变后的东欧成为其主要来源。

7.2.6 新开发期（2003 年以后）

进入 21 世纪后的全球化进程，将阿尔卑斯区域推向日益激烈的竞争当中。对于旅游者而言，阿尔卑斯只不过是众多备选目的地当中的一个选项而已。从欧洲的旅游动态来看，城市旅游迅速成长，世界遗产的人气更旺。各地都在致力挖掘和包装本地资源，发展乡村旅游或生态旅游。新兴活动项目不断涌现，如山地骑行和攀岩等，这些在半个世纪以前的大众旅游时代是不存在的。

从夏季旅游的开展状况来看，与 20 世纪 80 年代开始的活动多元化趋势相应，阿尔卑斯区域也采取了积极措施。登山、徒步等活动在阿尔卑斯地区的任何地方都有可能进行，而且，具备巍峨高山和冰川、冰蚀湖等条件的地方，能够开展更加丰富多彩的特色活动，所以和其他地方相比较，其优势更为明显。2000 年以后，户外休闲运动用服装和装备变得越来越时尚、流行，这也助长了户外运动的人气。户外运动服饰在色彩的使用、样式的设计以及功能方面，都在不断推陈出新。此外，户外休闲运动的设施和外部条件也在不断更新和完善，如从春季一直运行到秋季的索道、提供地图等徒步线路相关信息的应用软件的开发等。另外，因山势低矮等原因不具备登山目的地优势的度假地，将山地骑行和攀岩等作为主攻方向。山地自行车是非常适合在滑雪度假地开展的活动，滑雪度假地拥有的用来修建滑雪道的山坡以及用来提升滑雪者的索道，具有开展山地自行车活动的极大优势。比如，奥地利萨尔茨堡州的萨尔巴赫新特克雷姆和相邻分布的莱奥冈是著名的山地自行车目的地（照片 7–4）。

照片 7–4　滑雪场内山地自行车（2015 年 8 月）

奥地利萨尔巴赫 – 辛特克雷姆滑雪场。骑手们带着自行车乘上缆车登上山顶站，然后从山顶站沿着整修好的路线向下骑行。

从冬季旅游的状况来看，滑雪场和度假村的建设方面有了一定的进展和变化。阿尔卑斯区域进入了新一轮的建设活跃期，开发相对集中在部分区域（Bätzing，2015）。不同于夏季旅游，就滑雪旅游的开发条件而言，在欧洲其他地区，没有能替代阿尔卑斯区域的适用地。对大型滑雪度假地的投资和建设力度加大，从而进一步增强其竞争力，最终形成强者更强，强弱水平的差距更加明显。

索道的建设与更新是新一轮开发的重点。和 20 世纪 90 年代同样，21 世纪的索道建设重点在于增强其运载能力（表 7–2），主要改造为 6 人座、8 人座的座椅式以及吊厢式，从而实现单位时间输送人次的又一次飞跃。索道的改造缩短了游客的等候时间，索道站台的设计也更加精致和人性化，配上滑雪板收纳箱和电梯，进一步提升了滑雪游客的便利度。索道的总量是下降的，阿尔卑斯全域总共有 1 万条左右的索道。其中，法国（3391 条）、奥地利（3028 条）、意大利（2127 条）、瑞士（1691 条）、斯洛文尼亚（217 条）、列支敦士登（5 条）等 6 个国家合计为 10 459 条（Vanat，2016），其中的法奥意瑞四国在阿尔卑斯区域之外也建有索道。此外，还有德国巴登 – 符腾堡州的约 650 条（全州统计为 781 条，650 条是根据《2014 年德国索道联盟 Verbund deutscher Seilbahnen》记述“约 80% 左右在阿尔卑斯区域”推算得知），这些都加在一起，总计 1 万条左右。

另一个建设重点是应对全球变暖所造成的积雪不足所采取的措施。几年一次或频繁发生的暖冬、少雪状况，给滑雪场的经营带来严峻的挑战。如前所述，阿尔卑斯区域的人工造雪机是从 1990 年开始增多的，配置时间顺序上，各国家或地区有别，奥地利配置时间比较早。然而进入 21 世纪后，人工造雪机开始遍及阿尔卑斯的广大区域（彩图 7）。从瑞士的情况来看，进入 21 世纪后，配有人工造雪机的滑雪道面积所占比重迅速上升，2013 年达 41%（图 7–9）。阿尔卑斯全域配有人工造雪机的滑雪道面积估计从 2005 年的 2.5 万 hm^2 上升到 2011 年的 5 万 hm^2（De Jong，2012），2014 年底的预测值为 7 万 hm^2（Hamberger und Doering，2015），即阿尔卑斯全域滑雪道的 70% 左右可用人工造雪机供雪。

人工造雪机的配置情况有一定的地域差异，主要因滑雪场所处的海拔高度而异。这里需要说明的是，有关人工造雪机和滑雪道面积的统计数据不一定准确，尤其是关于法国和意大利部分，很难找到其最新的精确数据。以 2010 年左右的趋势来看，奥地利和意大利配置人工造雪机的滑雪道面积比较大（表 7–4），且其比例（即对人工造雪机的依赖程度）达 70% 以上，而瑞士和法国的人工造雪机依赖度约为三四成，相对低一些。人工造雪机的过度使用会带来环境问题，比如蓄水池（彩图 8）的修建以及输水管道的铺设，会加重环境负担，机器的运转加大电力的消耗等。

表 7–4　阿尔卑斯区域的人工造雪面积（2010 年左右）

国名	滑雪道面积（hm^2）（A）	人工造雪可能面积（hm^2）（B）	占比（%）（B/A）	备注
奥地利	25 400	17 780	70.0	2009 年
意大利	22 500	15 750	70.0	2008 年
瑞士	22 439	9 200	41.0	2013 年
法国	26 500	7 000	26.4	2009 年 *
斯洛文尼亚	1200	900	75.0	2008 年
德国（拜仁・阿尔卑斯）	3700	723	19.5	2015 年
卢森堡	138	83	60.1	
合计	101 877	51 436	50.5	

*：其中萨沃瓦县（滑雪道面积 7047hm^2，人工造雪 2000hm^2）（2012 年）

资料：Hamberger und Doering（2015）

全球变暖，冰川消融，造成冰川面积缩小，这一情况迫使在冰川上修建滑雪场的度假地改变利用方式。20 世纪 60 年代和 70 年代，能够在夏季享受滑雪曾经是冰川滑雪场的独特吸引力。然而，进入 21 世纪后（有些地方可能更早），出现了夏季停止营业的冰川滑雪场。前面提到过的瑞士东南部科尔瓦奇峰上，于 1963 年修建了冰川滑雪场，受 20 世纪 80 年代中期以后出现的冰川大面积缩小的影响，从 1992 年开始停止了夏季的营业。

全球变暖也提升了高海拔地带冰川滑雪场的地位。地势高，意味着足够的低温环境，有利于人工造雪机使用，因此其配置了大量的人工造雪机。相反，低海拔地区在持续的温暖化中则面临生存危机（Abegg et al.，2007），比如海拔比较低的巴伐利亚 – 阿尔卑斯和奥地利 – 阿尔卑斯区域正面临着重重危机。

7.3 度假地景观的区域差异

前面提到过，在阿尔卑斯区域最早开始有游客留宿游玩现象的地方为瑞士。从 1955 年到 1985 年的“黄金时代”，奥地利和法国的度假地模式和发展历程有较大的差异。

滑雪于 19 世纪末传播到阿尔卑斯，于 20 世纪 20 年代以后生成了滑雪旅游。滑雪旅游的大发展是从 20 世纪 60 年代开始的，大力推动了滑雪度假地的形成与成长。阿尔卑斯区域面积广阔，国家众多，旅游政策和旅游开发方式上有差异。法国是国家主导规划和建设，奥地利 – 阿尔卑斯区域则几乎都是社区居民主导其开发与建设。

滑雪游客的性格和偏好也有差异。法国 – 阿尔卑斯滑雪度假地以法国人占较大比例，报告显示在 20 世纪 80 年代中期，89% 为法国人（Pöhl，1987），英国人和瑞士人次之。意大利阿尔卑斯区域以意大利人占优势，而南蒂罗尔则德国人比较多。瑞士阿尔卑斯区域一半为瑞士人，德国人和英国人次之。奥地利阿尔卑斯区域，七八成为外国人，其中德国人和荷兰人居多。对于度假地而言，客源来自不同的国家，意味着其爱好兴趣的差异，因此，所提供的服务和设施也各不相同，最终带来景观的差异。

阿尔卑斯各滑雪度假地的景观有比较大的地域差异，大体上呈现阿尔卑斯东西部之间的差异。床位数和定居人口的比例指标方面，东西差异非常大，该指标是在旅游地分析中比较常用的旅游指数（Tourism index）。图 7–11 显示的是 1980 年左右 154 个度假地的旅游指数，也适用于了解目前的区域差异。西阿尔卑斯即以瑞士的中部区域为分界线的西侧（以下统称为西阿尔卑斯），旅游指数很高，而东侧（以下统称为东阿尔卑斯）的指数普遍较小。

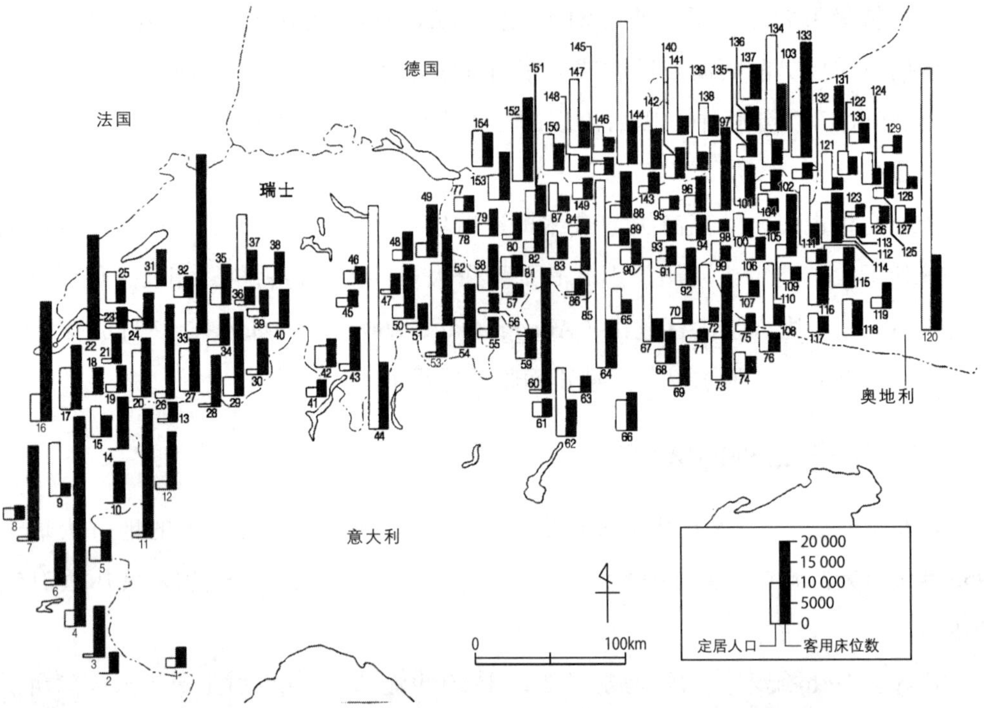

1 Limone Piemonte
2 Valberg
3 Auron
4 Les Trois Vallées
5 Serre Chevalier
6 Orcières
7 Les Deux Alpes
8 Bourg d'Oisans
9 St. Jean de Maurienne
10 La Plagne
11 Tignes
12 Val d'Isère
13 Courmayeur
14 Les Arcs
15 Bourg St. Maurice
16 Megève
17 St. Gervais
18 Flaine
19 Les Houches
20 Chamonix
21 Les Gets
22 Morzine Avoriaz
23 Champéry
24 Samoëns
25 Évians les Bains
26 Verbier
27 Val d'Herens
28 Grimentz Ayer
29 Zermatt
30 Saas Fee
31 Villars
32 Gstaad
33 Crans Montana
34 Leukerbad
35 Adelboden
36 Kandersteg
37 Interlaken
38 Grindelwald
39 Wengen
40 Aletsch
41 Brissago
42 Ascona
43 Locarno
44 Lugano
45 Sedrun
46 Disentis
47 Laax
48 Flims
49 Arosa
50 Lenzerheide
51 Savognin
52 Davos
53 Silvaplana
54 St. Moritz
55 Pontresina
56 Celerina
57 Samedan
58 Klosters
59 Bormio
60 Madonna di Campiglio
61 Pinzolo
62 Riva
63 Molvano
64 Merano
65 Ritten
66 Levico
67 Brixen (Bressanone)
68 Moena
69 Canazei
70 Corvara
71 St. Vigil
72 Bruneck (Brunico)
73 Cortina d'Ampezzo
74 Pieve di Cadori
75 Sexten
76 Auronzo
77 Grosses Walsertal
78 Tschaggans
79 Lech
80 Ischgl
81 Schruns
82 St. Anton
83 Pitztal
84 Ötz
85 Sölden
86 Obergurgl, Hochgurgl
87 Reutte
88 Seefeld
89 Fulpmes
90 Neustift
91 Hintertux
92 Mayrhofen
93 Zell am Ziller
94 Hippach
95 Fügen
96 Wildschönau
97 Brixental
98 Neukirchen
99 Sand
100 Mittersill
101 Kitzbühel
102 Ellmau
103 St. Johann
104 Fieberbrunn
105 Uttendorf
106 Kaprun
107 Matrei in Osttirol
108 Lienz
109 Bruck
110 Saalbach
111 Saalfelden
112 Zell am See
113 Wagrain
114 Rauris
115 Badgastein
116 Bad Hofgastein
117 Kötschach
118 Hermagor
119 Bad Kleinkirchheim
120 Villach
121 St. Johann im Pougau
122 Abtenau
123 Filzmoos
124 Bad Goisern
125 Ramsau
126 Radstadt
127 Schladming
128 Bad Aussee
129 Bad Ischl
130 St. Wolfgang
131 Mondsee
132 Lofer
133 Berchtesgaden
134 Bad Reichenhall
135 Reit im Winkl
136 Inzell
137 Ruhpolding
138 Schliersee
139 Rottach Egern
140 Bad Wiessee
141 Bad Tölz
142 Mittenwald
143 Leutasch
144 Garmisch-Partenkirchen
145 Ehrwald
146 Oberammergau
147 Füssen
148 Schwangau
149 Grainau
150 Pfronten
151 Hindelang
152 Oberstdorf
153 Kleines Walsertal
154 Oberstaufen

图 7-11 阿尔卑斯区域居民数与客床数（1980 年左右）

资料：Barker（1982）

西阿尔卑斯属于罗曼语系，其范围包括通用法语的法国、意大利和瑞士的西部，该区域定居人口较少，而接待用床位比较多。很多拥有一万多张床位的度假地，其常住人口规模仅为床位数的几分之一。该区域滑雪度假地多建设在海拔 1800m 以上的人类定居高度极限之上（Barker，1982），几乎没有常住人口，因此旅游指数非常高。第三代滑雪度假地拉普兰（图 7-11 中的 10）和莱萨尔克（同 14）的指数达 1 万左右。

而海拔比较低的第一代度假地梅杰夫（同 16）为 4.3，瑞士的克莱恩·蒙塔纳（同 33）为 6.8，指数也都比较小。

东阿尔卑斯以德语系为主，由瑞士的大部分、奥地利、南蒂罗尔（意大利）、巴伐利亚 – 符腾堡（德国）构成。在东阿尔卑斯，床位不是集中在少数度假地，而是分散于各个度假地。各度假地都有一定规模的定居人口，且其接待用床位数量普遍少于西阿尔卑斯的度假地。位于奥地利和巴伐利亚 – 符腾堡的度假地平均指数仅为 1.15，指数比较高的有马东纳·迪·坎皮利奥（同 60）和奥伯古格尔（同 86）等。在东阿尔卑斯，尽管其文化、经济发展在地域上比较均衡，但也能看到传统农村聚落周边出现度假公寓的景象，形似主要出现在城市郊区的蔓延现象（Barker，1982）。东阿尔卑斯所显示的这种区域特征，是由于德语系的人对地方文化的兴趣远大于对人工建成度假地的兴趣，以及度假地建设资金多来自当地资本等原因所致。

Barker（1982）将这种东西地域特征的差异关联到度假地发展特点，基于此创建了发展演化模型，具体如下所示。

在西阿尔卑斯（图 7–12），海拔高于农业聚落的区域（图中的第 3 地区，海拔 1800~3000m），坐落着大规模滑雪度假地。20 世纪 60 年代中期，在海拔大于 1800m 的区域新建的法国第三代大型滑雪度假地为其代表。在西阿尔卑斯，原来的定居空间曾扩大至如第 3 区域那样的高处。但是 19 世纪中期以后，人口流向低海拔的聚落（第 1 区域，海拔 500~1000m）和大城市（如里昂和巴黎等），导致第 3 区域人口稀疏，过疏化严重。法国大型度假地的建设也带有地域振兴与开发的目的，但度假地的建设依然没能增加定居人口，在冬季的旅游季有大量季节性临时劳动力。海拔 1000~1800m 之间的第 2 区域被森林覆盖，森林带呈现下部农业聚落和上部人工滑雪度假地之间的缓冲带或防护带的特点。

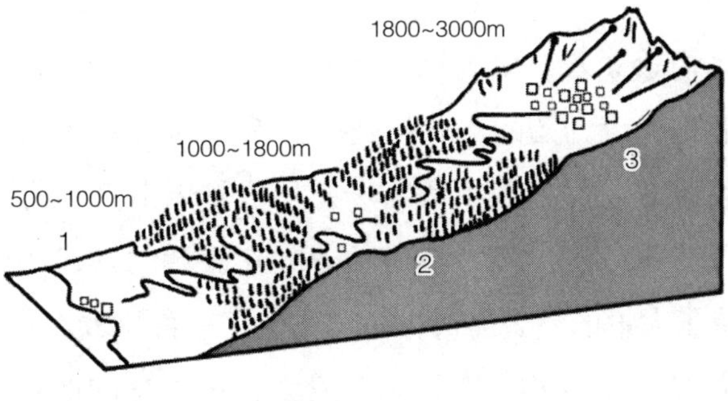

图 7–12　西阿尔卑斯区域的度假地发展模型

资料：Barker（1982）

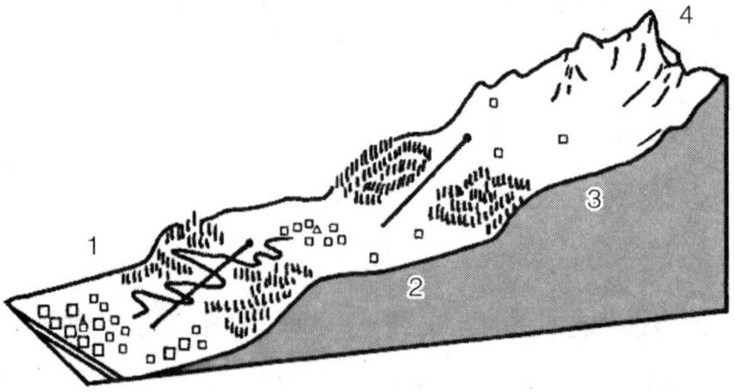

图 7–13　东阿尔卑斯区域的度假地发展模型

资料：Barker（1982）

与西阿尔卑斯不同，东阿尔卑斯（图 7–13）的度假地则以农业聚落为基础，发达的畜牧经济和旅游业共存。谷底的农业聚落及其周边（第 1 区域，海拔 500~1000m）区域屹立着滑雪用或夏季度假之用酒店、山庄和度假公寓。第 2 区域（海拔 1000~1800m）被森林覆盖，还有部分牧草地和放牧地，也是滑雪索道的布局之处。拥有草地使用权的当地农民，将干草储藏室改造为住宿接待设施或餐馆。随着滑雪场的建设进一步往高处挺进，森林被砍伐，索道往第 3 区域推进。再往上，第 4 区域也会修建索道，用来夏季向高峰输送登山游客，也有在第 4 区域修建冰川滑雪场的。总体来看，东阿尔卑斯区域在 20 世纪 60 年代以后，由下往上进行了渐进式的滑雪场建设，农业聚落里的住宿设施和其他旅游相关设施逐渐增多。东阿尔卑斯的开发建设模式不像西阿尔卑斯采取的大型开发方式，而是由当地居民主导的小型开发为主。定居人口比较多，以及聚落内部及山麓地带上展开的牧草地，使得度假地带有浓郁的农村氛围。自 1980 年以后，聚落内的城市型服务设施也开始逐渐增多。

7.4 小结

阿尔卑斯区域境内耸立着众多高峰，且紧邻欧洲经济中心。阿尔卑斯区域的旅游发展是从夏季的度假地建设开始的，并伴随登山铁路的修建有了长足的成长。随着 19 世纪末以后的滑雪技术普及，出现了滑雪场，形成了以滑雪场为核心的具有滑雪度假地性质的度假地空间。第二次世界大战后随着大众旅游的兴起，作为夏季的度假目的地，滑雪度假地接待了大量的游客。20 世纪 60 年代左右开始，夏季度假地在隆冬季节也接待大量的长住游客。1970 年左右开始，夏季住宿人次的增长停滞，相反，滑雪索道和滑雪场的建设进入高潮，从而推动滑雪度假地的快速成长。度假地发展模式在东、西阿尔卑斯有差异，形成了以法国为中心的西阿尔卑斯模式和以奥地利等为中心的东阿尔卑斯模式。

2000 年以后，以提升索道运载能力为重心的设备更新，度假公寓为特征的住宿设施的质量升级等，开发建设仍在继续。然而，新的投入与建设比较集中在少数区域。作为全球变暖的对策，对人工造雪的依赖程度加大。同时，有些区域积极发展山地骑行等夏季休闲活动，通过这些措施来分散仅依靠冬季滑雪的经营风险。

第 8 章　奥地利阿尔卑斯区域滑雪度假地发展特征

如第 7 章所分析的那样，在全阿尔卑斯区域内，奥地利阿尔卑斯区域的滑雪度假地发展异军突起，生机勃勃，截然不同于瑞士冬半期过夜人次数所呈现的萧条状况。本章从奥地利全国的宏观视角，总结归纳其持续发展的特征，并探索其繁荣秘诀。

8.1 滑雪度假地的分布

图 8–1 显示奥地利滑雪场的空间分布状况。该图呈现的是 1990 年的状况，和现在的区别主要在于一些小型滑雪场的淘汰，除此之外，对于把握总体空间布局形势具有比较大的借鉴价值。滑雪场的空间布局特征之一为绝大多数分布在阿尔卑斯区域范围内。其中，规模比较大的滑雪场相对集中在西部的蒂罗尔州、福拉尔贝格州和萨尔茨堡州。阿尔卑斯山脉在奥地利境内呈东西向带状延伸，其以北和以南分别被称为北阿尔卑斯和南阿尔卑斯，岩性为石灰岩。夹在南、北阿尔卑斯的部分为中阿尔卑斯，以结晶岩为主。和侵蚀作用活跃的南、北阿尔卑斯相比，中央阿尔卑斯岩性坚硬，侵蚀活动相对弱一些，因此高山连绵，大型的滑雪场也多集中在中央阿尔卑斯区域。奥地利东部，包括坐落于阿尔卑斯区域内部的滑雪场，也是以小型为主。地处阿尔卑斯区域之外的滑雪场，零零星星地散布于奥地利东北部波希米亚森林和奥地利东南部，规模都不大。如今，这些小型滑雪场的淘汰比较严重。

从滑雪场的垂直分布状况来看，小型的几乎都分布在森林里。坐落在奥地利西部（如中阿尔卑斯等地）的大型滑雪场，将滑雪道多修建在高山垂直森林线之上。高山垂直森林线的平均海拔高度为 2000m 前后，其上的高山草甸多被开发为滑雪道。再往上，越过植被带上界的海拔达 3000m 的区域以及冰川地区也开发有滑雪道。从滑雪道的垂直落差来看，大型的一般超过 1000m，其中也有落差达 1500m 的，甚至还有高达 2000m 的，如索尔登。然而，滑雪场的规模越大，其滑雪道的构成越复杂，有时去往最高处的过程，需要多次往返穿梭于多个滑雪道中。滑雪场的海拔高度和垂直落差以蒂罗尔州附近最高、最大，由此往东，逐步递减。

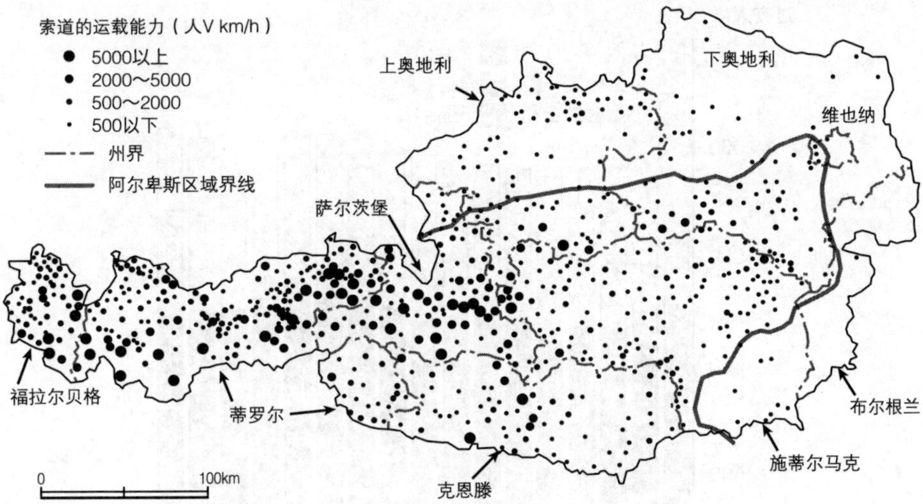

图 8–1　奥地利滑雪场空间分布（1990 年）

注：索道的运载能力（人 V km/h）表示一小时内可输送多少人到多高的高度。
资料：Kureha（1995）（修改）

8.2 冬季住宿状况

从奥地利全国过夜人次数的时序列变迁来看（图 7–5），20 世纪 50 年代到 60 年代间，夏半期[①]的增长比较快，后来伴随着些许波动其数量曾达到 7000 万人次的峰值；而在 90 年代前半期下滑严重，下降到 6000 万人次。冬半期的过夜人次数的快速增长始于 20 世纪 60 年代中期，略晚于夏半期，80 年代尽管增长速度有所减缓，但仍然保持增长态势。在 90 年代中期曾经历过短暂的下滑，于 1997 年和 1998 年降到 5000 万人次以下，此后峰回路转，数量赶上夏半期的水平。

当然，图 7–5 所示的冬半期过夜人次不只是滑雪度假地的。特别在近年，欧洲的城市旅游成长迅速，奥地利也有相似的倾向（吴羽正昭，2016）。然而，冬半期的城市过夜人次数显然低于夏半期。2013 年冬半期奥地利各州州府的总过夜人次数约为 790 万（同年夏半期为 1130 万），仅占全国总过夜量 6560 万的 12%。除此之外也有一些温泉类目的地，通常滑雪度假地兼有温泉的情况也比较多见。基于此，可以推测剩下的大部分冬半期过夜人次都属于滑雪度假地。实际上，将在后面阐述的主要滑雪度假地（冬半期住宿数量排在前 30 位的乡镇）的冬半期过夜人次数在 2013 年约有 2100 万，占总数的 32%。

① 夏半期指的是5月到10月。本章所指的“年”没有遵照普通的历法，而是将冬半期和夏半期合起来作为1年。本章的文章和图表中均用此标准。

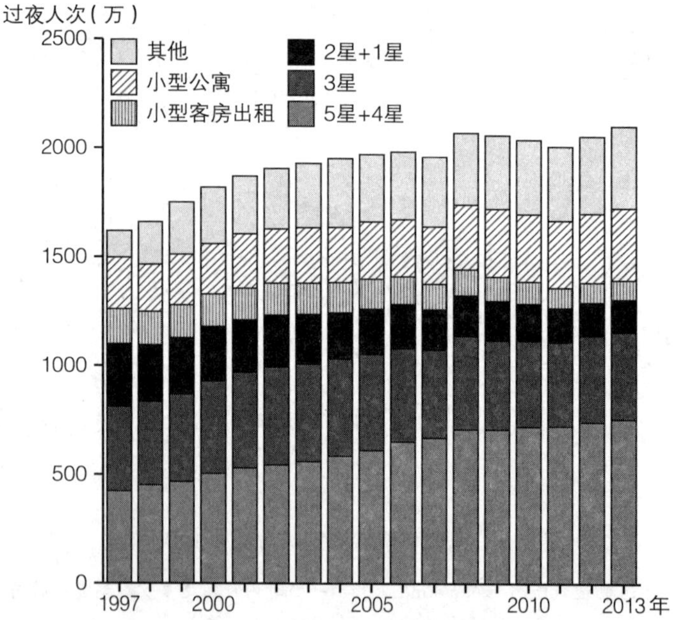

图 8-2 奥地利主要滑雪度假地不同住宿设施类型的冬半期过夜人次数的变迁（1997—2013 年）

注：这里显示的是表 8-2 中出现的 30 处度假地的总计。

资料：Statistik Austria: *Tourismus in Österreich*

图 8-2 为各类型住宿设施的冬半期过夜人次数的经年变化，据此可以了解主要滑雪度假地近年的状况。奥地利住宿接待设施的种类繁多，如第 7 章中所述，一般根据规模的大小进行划分。大于或等于 11 张床位以上的设施归类商业经营体，10 张床位以下的归为小型设施。对于商业经营体，有产业院（Wirtschaftskammer）酒店部门进行的评级划分体系（5 星级到 1 星级，5 星级为最高级别）。除了这些设施之外，还有青年旅馆、疗养设施以及野营场，在此统统划归到“其他”类别。从图 8-2 可以得知，尽管近年时有停滞，但 20 世纪 90 年代中后期以来，增长为总趋势。但各类住宿设施之间增减差异显著，最高级别的“5 星 +4 星”类，冬半期住宿量持续增长，统计期间的 15 年间增长了约 1.8 倍，占到总过夜人次数的 1/3 以上。“小型公寓”即经营规模较小的度假公寓 Ferienwohnung（度假用住宅）也有一定的增长。度假公寓一般和普通住宅同样拥有多个功能间，可以做饭，提供和日常居住同样的生活空间。除此之外，“其他”类设施的过夜人次数的增长也比较显著，根据全国的动态判断，可推断其大部分为 11 张床位以上的度假公寓。相反，“2 星 +1 星”和“小型单间客房”等廉价设施的冬半期过夜人次数明显减少，降至 90 年代中期的一半左右。图 8-2 所示的倾向在东蒂罗尔州全域也得到验证（吴羽正昭，2016）。

图 8–2 所示为过夜人次数的变化，不同类别的住宿设施的个体数量和床位数量上也呈现与此相应的变动。然而，对于冬半期过夜人次数排在前 30 位的乡镇（Gemeinde）而言，设施的个数和床位总数在最近 15 年间都没有太大变化，2013 年的设施个数为 1.2 万家，床位有 23 万张。

最后看看入住游客的客源地构成。奥地利全国冬半期过夜人次数（2013 年）的 40% 来自德国（表 8–1），奥地利以 23% 紧随其后，然后是荷兰（8%）、英国和瑞士（各占 3%）。过夜人次数的变动状况因国家而异。德国和 1998 年的水平大致持平，而表 8–1 中的其他国家客源都有增加，图 8–3 为其详细的变动情况。德国作为最大的客源市场，其过夜人次数几乎保持不变，而东欧各国的增加明显，捷克和波兰迅猛增长势头持续到 2008 年之前，之后变化不大，保持平稳。荷兰虽然增长率不高，但变化趋势和上面两个客源市场相似。英国客源的增长趋势也在 2008 年以前，但随着英镑对欧元的汇率下降（Statistik Austria，2009），情形急转直下，但之后又有恢复的迹象。近年增长显著的是瑞士客源，大量的瑞士滑雪游客到访以奥地利西部的蒂罗尔州为中心的区域，然而，增长率最大的则是俄罗斯（表 8–1），且其人均花费很大。据奥地利观光局[②]调查，表 8–1 中提及的客源中，除交通费之外的日平均消费额为（2011 年）：捷克 89 欧元，德国 94 欧元，荷兰 96 欧元，英国 127 欧元，瑞士 129 欧元，而俄罗斯则达到 155 欧元。

表 8–1　奥地利各主要客源国客源的冬半期过夜人次数的变迁（1998、2013 年）

客源国	1998 年	2013 年
德国	24 691	25 620
奥地利	11 693	15 232
荷兰	3761	5491
英国	1186	2128
瑞士	1122	2084
比利时	947	1483
捷克	366	1359
俄罗斯	*	1355
丹麦	462	1031
波兰	482	1024

② 奥地利观光局独自分析主要客源国投宿客的特征，并将分析结果按客源国公布。如关于瑞士的数据可在下面链接上进行阅览。https://www.austriatourism.com/wp–conten/uploads/2015/02/schweiz_2016.pdf（2016/9/13 参照）。

续表

客源国	1998 年	2013 年
意大利	888	1016

*: 关于俄罗斯缺失 1998 年的数据（2005 年以后有数据：同年计为 386 万人次）。单位：1000 夜。
资料：Statistik Austria: Tourismus in Österreich

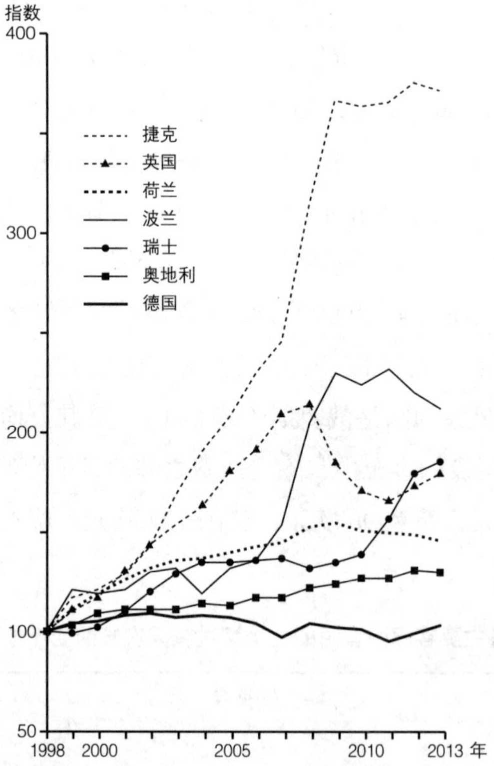

图 8-3　奥地利主要客源的冬半期过夜人次数的变迁（1998—2013 年）

注：指数是以 1998 年的冬半期过夜人次为 100 的标准化值，这里显示的是 2013 年冬半期过夜人次超过 100 万的主要客源国。
资料：Statistik Austria: Tourismus in Österreich

8.3 主要滑雪度假地的发展特性

本节将从过夜人次数、设施数量、出发地等方面阐述滑雪度假地的特征。具体分析流程为：除去首都和州府，取值 2011—2013 年间 3 年平均的冬半期过夜人次数，然后将排在前 30 名的乡镇（Gemeinde）[③] 认定为主要滑雪度假地。取 3 个年度的均值是为

③　乡镇（Gemeinde）是奥地利最小级别的行政单元，2014年1月全国共有2354个，相当于日本的市町村级别，但行政功能方面有比较大的差异。本书中统称乡镇。

了避免某个年份的异常变动引起的数据偏差。根据这一处理之后的数据，分析冬半期过夜人次数的变化、不同类别住宿设施之间的差异、空间分布、滑雪场的规模以及垂直分布等。进一步分析客户圈。最后，综合归纳以上分析结果，从区域地理角度探索持续发展的原因。

分析所用的统计数据为奥地利统计局（Statistik Austria）每年发行的《奥地利观光》（*Tourismus in Österreich*），该统计的详细情况可参考吴羽正昭（2002b）的论文。这些数据的一部分包含于奥地利观光局（Österreich Werbung）的数据库 TourMIS 中，本研究中也用到该数据库的一部分数据。乡镇单元的面板数据参考了纸质出版物（2004 年以后也发布 PDF 版），还借鉴了奥地利旅游局的市场调研报告。本章中所指的滑雪场是阿尔卑斯式滑雪用场地，对于越野滑雪则不予考虑。

8.3.1 主要滑雪度假地的分布与滑雪场特征

从冬半期过夜人次数排前 30 位的滑雪度假地的空间分布特征来看（图 8-4），相对集中在奥地利西部，且全部坐落在奥地利阿尔卑斯区域范围内。蒂罗尔州和萨尔茨堡各有 16 个和 9 个，占主要滑雪度假地的一半以上，此外，分布在福拉尔贝格州的有 3 个，克恩滕州 2 个。表 8-2 为主要滑雪度假地的概要④。

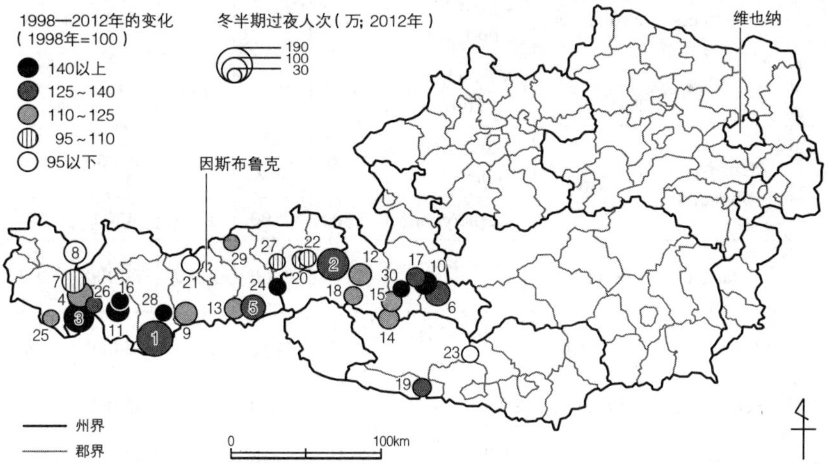

图 8-4　奥地利主要滑雪度假地的分布与冬半期过夜人次数变迁（1998—2012 年）

注：① 1998 年的值是 1997—1999 年的 3 年均值，2012 年的值是 2011—2013 年的 3 年均值。
②地图中的滑雪度假地号码对应表 8-2。
资料：Statistik Austria: Tourismus in Österreich

④　尽管列入重要的滑雪度假地，但其中也有规模较小的阿亨湖畔埃本（Eben am Achensee；表 8-2 中的 29），自身虽拥有滑雪场，但更依赖相邻的大型滑雪度假地伊施格尔（3）的卡普尔（26），自身不具有滑雪场，依赖于相邻的大型滑雪度假地索尔登（1）的朗根费尔德（28）等。朗根费尔德可以进行越野滑雪，到访奥茨塔尔北部乡镇奥茨滑雪场的客人也会逗留于此。

表 8–2　奥地利主要滑雪度假地概况（2013 年）

编号	镇（本书中的记法）	镇（原语言表记）	州	滑雪场名称	滑雪场海拔（m）			运载能力（人/h）	雪道延长（km）	备注
					最低点	最高点	垂直落差			
1	索尔登	Sölden	Tirol	Sölden	1377	3340	1963	70 000	148	
				Obergurgl–Hochgurgl	1800	3080	1280	39 400	110	
2	萨尔巴赫	Saalbach–Hinterglemm	Salzburg	Skicircus	1003	2200	1197	96 000	200	与 Leogang 共同区域
3	伊施格尔	Ischgl	Tirol	Ischgl–Samnaun	1377	2872	1495	84 935	218	
4	圣安东	Sankt Anton am Arlberg	Tirol	Ski Arlberg	1304	2811	1507	60 666	128	
5	迈尔霍芬	Mayrhofen	Tirol	Zillertal 3000	630	2500	1870	64 820	141	Finkenberg 共同区域
				Ahorn	630	1965	1335	6770	18	
6	上陶恩	Obertauern	Salzburg	Obertauern	1630	2313	683	46 058	100	
7	莱希	Lech	Vorarlberg	Lech–Zürs	1435	2444	1009	49 822	122	
8	米特尔贝格	Mittelberg	Vorarlberg	Kanzelwand/Fellhorn	920	2037	1117	20 100	22	
				Ifen Sportgebiet	1280	2030	750	4600	24	
				Walmedinger Horn	1220	1950	730	5130	9	
9	新施蒂夫特	Neustift im Stubaital	Tirol	Stubaier Gletscher	1750	3210	1460	38 000	110	
				Elferbergbahn	980	2100	1120	4000	7	
10	弗拉肖	Flachau	Salzburg	Flachau–Wagrain	920	2000	1080	71 000	202	Wagrain 共同区域
11	瑟福斯	Serfaus	Tirol	Serfaus–Fiss–Ladies	1429	2828	1399	85 000	190	Fiss/Ladies 共同区域
12	滨湖采儿	Zell am See	Salzburg	Schmittenhöhe	757	2000	1243	45 099	77	
13	土库斯	Tux	Tirol	Hintertuxer Gletscher	1493	3250	1757	36 800	86	
14	巴德加施泰因	Bad Gastein	Salzburg	Schlossalm–Angertal–Stubnerkogel	845	2300	1455	33 711	93	Bad Hofgastein 共同区域
				Graukogel	1079	2007	928	3348	14	
				Sportgastein	1585	2650	1065	5901	19	
15	巴特霍夫加施泰因	Bad Hofgastein	Salzburg	Schlossalm–Angertal–Stubnerkogel	845	2300	1455	33 711	93	Bad Gastein 共同区域

续表

编号	镇（本书中的记法）	镇（原语言表记）	州	滑雪场名称	滑雪场海拔（m）			运载能力（人/h）	雪道延长（km）	备注
					最低点	最高点	垂直落差			
16	菲斯	Fiss	Tirol	Serfaus–Fiss–Ladies	1438	2828	1390	85 000	190	Serfaus, Ladies 共同区域
17	瓦格莱恩	Wagrain	Salzburg	Flachau–Wagrain	850	2000	1150	71 000	202	Flachau 共同区域
18	卡普伦	Kaprun	Salzburg	Kitzsteinhorn	900	3029	2129	32 985	41	
				Maiskogel	800	1675	875	7000	20	
19	黑马戈尔	Hermagor–Pressegger See	Kärnten	Nassfeld–Hermagor	600	2002	1402	45 000	110	
20	基希贝格	Kirchberg in Tirol	Tirol	Kitzbühel–Kirchberg	800	2000	1200	96 500	170	Kitzbühel 共同区域
21	塞费尔德	Seefeld in Tirol	Tirol	Olympiaregion Seefeld	960	2100	1140	32 700	49	
22	基茨比厄尔	Kitzbühel	Tirol	Kitzbühel–Kirchberg	800	2000	1200	96 500	170	Kirchberg 共同区域
23	巴德克莱因基希海姆	Bad Kleinkirchheim	Kärnten	Skiregion BK/ St.Oswald	1078	2055	977	33 500	103	
24	盖洛斯	Gerlos	Tirol	Zillertal Arena	1250	2500	1250	84 400	166	Wald 共同区域
25	圣加仑基希	Sankt Gallenkirch	Vorarlberg	Silvretta–Montafon	900	2430	1530	66 567	131	Gaschurn, Schruns 共同区域
				Gargellen	1423	2300	877	9000	38	
26	卡普尔	Kappl	Tirol	Kappl	1250	2690	1440	13 318	40	
27	维尔德舍瑙	Wildschönau	Tirol	Ski Juwel	870	2025	1155	32 000		Alpbach 共同区域
28	朗根费尔德	Längenfeld	Tirol							无滑雪场
29	埃本	Eben am Achensee	Tirol	Rofan	930	1834	904	3540	14	
				Zwölferkopf	960	1510	550	2400	14	
30	大阿尔	Großarl	Salzburg	Skischaukel Großarltal–Dorfgastein	920	2033	1113	30 000	82	

资料：Fritz und Fettner（2013）

从各滑雪度假地的位置和冬半期过夜人次数的变动情况来看（图 8–4），在大型度假地中发展较好的是索尔登（表 8–2 中的编号 1，下面统一用编号进行标注）、萨尔巴赫-辛特克雷姆（2；照片 8-1；以下统称萨尔巴赫）和伊施格尔（3；照片 8-2）。蒂罗尔州东部的基茨比厄尔（22）和基希贝格（20）以及福拉尔贝格州的莱希（7）则有停滞的趋势。另外，处于倒退的只有米特尔贝格（8）、塞费尔德（21）和巴德克莱因基希海姆（23）这三个地方，其中前两处位于德国国界处。

照片 8-1　萨尔巴赫-辛特克雷姆（2015 年 8 月）

萨尔巴赫-辛特克雷姆位于萨尔茨堡州西部，坐落着萨尔巴赫（海拔 1002m）和辛特克雷姆（海拔 1050 m）两个聚落。东西向延伸的山谷两侧的山坡上设有滑雪场，北侧山坡同莱奥冈（Leogang），2015 年进一步同蒂罗尔州的菲伯布伦（Fieberbrunn）滑雪场相连接。

照片 8-2　伊施格尔（2016 年 2 月）

地处蒂罗尔州西部的帕茨瑙谷（Paznauntal）的伊施格尔（海拔 1376m）的南侧山坡上，有一片广大的滑雪场。东南方向与瑞士的萨姆瑙恩（Samnaun）相连。设计精美的缆车山麓站房里面，售票处之外，设置了很多滑雪板的存放柜。

在分析滑雪场的特点时，垂直方向的地理位置也很重要。这里仅就运载能力大于每小时 2 万人的滑雪场，关注其顶点和最低点的海拔高度以及冬半期住宿人次数的变化（图 8-5）。首先，海拔高、运载能力大的滑雪场的发展状态良好。例如，索尔登镇的两个滑雪场索尔登（最顶部是冰川滑雪场，参考第 9 章）和奥博古格尔 - 荷古格尔（Obergurgl–Hochgurgl，照片 8-3），海拔比较高，垂直落差也大。相反，衰退或低迷的滑雪场一般所处海拔比较低，垂直落差也不大，如米特尔贝格和塞费尔德等。然而，也有地处海拔较低的滑雪场，通过多个乡镇的跨行政区的横向联合而实现大型化的例子，尽管发展的程度上存在着一定的差距，但都有复活的迹象。

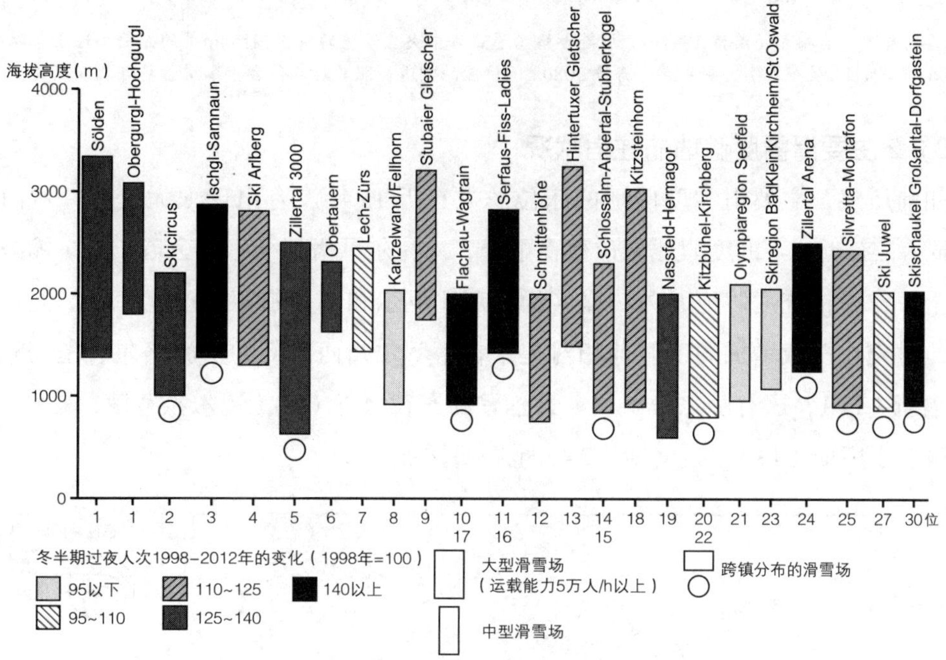

图 8-5　2013 年冬半期过夜人次数排序的滑雪度假地

注：① 1998 年的值是 1997—1999 年的 3 年均值，2012 年的值是 2011—2013 年的 3 年均值。
②对于跨多个乡镇的滑雪场，取过夜人次最多乡镇的值。
③只标记索道运载能力 20 000 人 /h 以上的滑雪场。
④拉丁字母为滑雪场的名称，横轴的数字为度假地的编号，对应表 8-2。
资料：Fritz und Fettner（2013），Statistik Austria: Tourismus in Österreich

照片 8-3 奥博古格尔・荷古格尔的滑雪场（2016 年 2 月）

滑雪场在奥博古格尔（海拔 1907m）与荷古格尔（照片中央靠里边的位置，2154m）的东面山坡上。越过森林高度界线的山坡上，展布着高达制高点（海拔 3080m）位置的雪道。照片是从荷古格尔滑雪场朝北拍摄的。

8.3.2 主要滑雪度假地的住宿状况

如前所述，主要滑雪度假地的床位总数在近 15 年没有出现太大变化，然而，图 8-6 显示，有近一半的度假地床位数在下降，米特尔贝格和维尔德舍瑙（27）缩减了两成以上。作为传统度假地而久负盛名的基茨比厄尔和塞费尔德也没能幸免。但也有增加的，过夜人次数增加的度假地相对集中在蒂罗尔州西南部的伊施格尔、圣安东（4）和瑟福斯（11），还有萨尔茨堡州。索尔登和齐勒河谷（5）（迈尔霍芬镇；彩图 9、彩图 10）、土库斯（13）、盖洛斯（24）也有所增加。

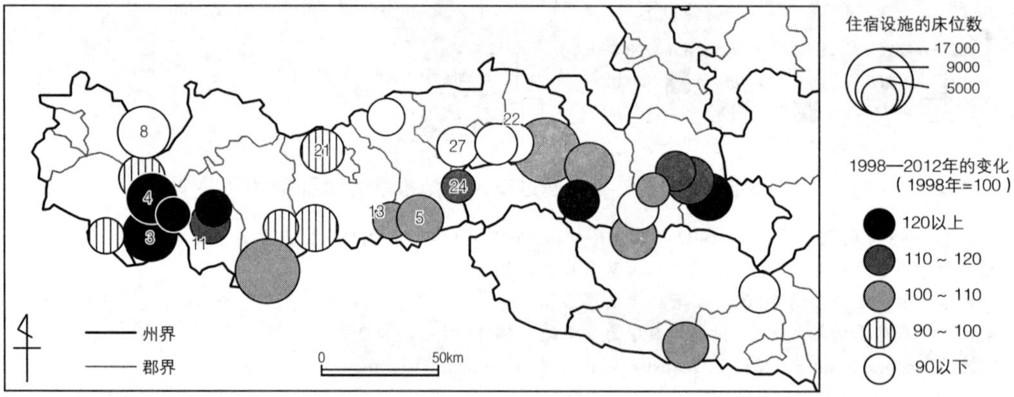

图 8-6 奥地利主要滑雪度假地住宿设施床位数（冬季）的变迁（1998—2012 年）

注：① 1998 年的值是 1997—1999 年的 3 年均值，2012 年的值是 2011—2013 年的 3 年均值。
②图中的滑雪度假地编号对应表 8-2，且只标记本书中提及到的度假地。
资料：Statistik Austria: Tourismus in Österreich

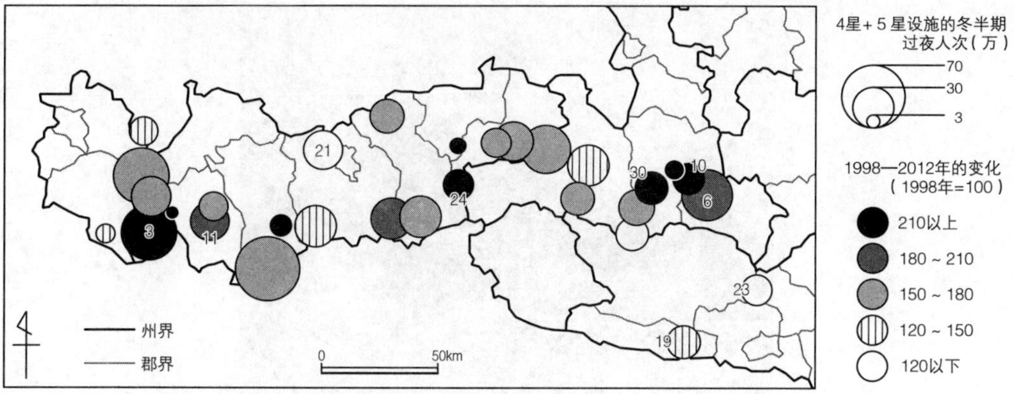

图 8-7 奥地利主要滑雪度假地高端住宿设施(4 星 +5 星)的冬半期过夜人次数的变迁(1998—2012 年)

注：① 1998 年的值是 1997—1999 年的 3 年均值,2012 年的值是 2011—2013 年的 3 年均值。
②图中的滑雪度假地编号对应表 8-2,且只标记本书中提及到的度假地。
资料：Statistik Austria: Tourismus in Österreich

5 星 +4 星级别设施的增加对主要滑雪度假地冬半期过夜人数的贡献比较大。很多大型度假地中，该类别设施的过夜人次数增加了 1.5~2 倍（图 8-7），特别是伊施格尔（照片 8-4）的增加显著。此外，萨尔茨堡州的弗拉肖（10）和格鲁斯阿鲁鲁（30）、上陶恩（6）（照片 8-5）、蒂罗尔州的盖洛斯和瑟福斯增幅都比较大。同时，这些度假地的各类住宿设施上都表现出过夜人次数的显著增长（图 8-4）。还有一个共同点是这些度假地都相对比较新，意味着在这些度假地，高级别设施的建设在近年有了较快的发展。呈现停滞倾向的是塞费尔德、黑马戈尔（19）和巴德克莱茵基希海姆等。

照片 8-4 伊施格尔中心街区高档酒店群(2016 年 2 月)

伊施格尔中心街区西侧高档酒店鳞次栉比。这里曾是以教堂为中心的小聚落,2016 年夏,当时大约有 250 家住宿设施,其中 80 家是 4 星级设施。5 星级只有一家。

照片 8-5　上陶恩的大型酒店（2005 年 8 月）

上陶恩地处萨尔茨堡州的东南部（海拔 1738m）。阿尔卑斯东西主脊线和南北横断的国道沿线，以及山坡上分布着诸多设施。

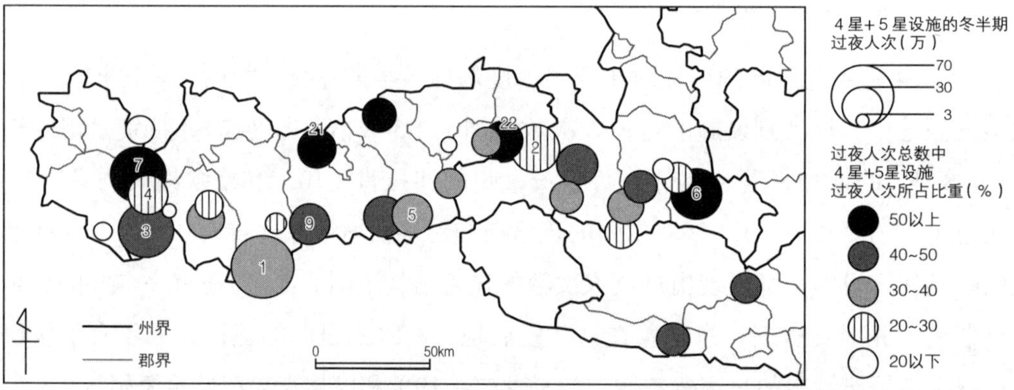

图 8-8　奥地利主要滑雪度假地高端住宿设施（4 星 +5 星）的冬半期过夜人次数的分布（2012 年）

注：①数值为 2011—2013 年的 3 年均值。

②图中的滑雪度假地编号对应表 8-2，且只标记本书中提及到的度假地。

资料：Statistik Austria: *Tourismus in Österreich.*

对于高档设施过夜人次数增长状况，探讨 2012 年（3 年平均）的空间分布特征（图 8-8）。公认的高档度假地莱希、塞费尔德（照片 8-6）、基茨比厄尔（照片 8-7），上陶恩等地，5 星 +4 星设施的冬半期过夜人次数占了一半。此外，表 8-2 里排序靠前的滑雪度假地中，伊施格尔（42%）、新施蒂夫特（9）（40%）、索尔登（37%）、迈尔霍芬（34%）的占比也较大，萨尔巴赫和圣安东（都为 29%）紧随其后。

照片 8-6 塞费尔德（2015 年 9 月）

塞费尔德（海拔 1180m）位于因斯布鲁克西北侧 20km 处。不仅是教堂所在的中心区域，其周边也广泛分布着高档酒店。

照片 8-7 基茨比厄尔中心街区（2016 年 8 月）

基茨比厄尔（海拔 761m）地处蒂罗尔州的东部，自 1875 年开通铁路后，作为高档度假地发展起来。中心街区不仅有酒店，还有高端商店和赌场。

度假公寓的表现也不俗，10 张床位以下的度假公寓过夜人次数增长明显（图 8-2）。在上述 30 处滑雪度假地，这种小型公寓过夜人次数的占比达总数的 15%（2012 年前后 3 年平均），在卡普尔（26）则达 51%。图 8-2 的“其他”类包括 11 张床位以上的度假公寓，也包括公寓之外类别的住宿设施的过夜人次数，其占比为主要滑雪度假总过夜人次数的 17%。占比约 30% 的有瑟福斯（照片 8-8）（34.5%）、瓦格莱恩（17）（32.1%）、菲斯（16）（29.7%）和弗拉肖（28.8%）等，都是在近年发展较快的度假地（图 8-4）。

照片 8-8 瑟福斯的度假公寓（2015 年 9 月）

照片中是距离瑟福斯中心街区最近的度假公寓，与酒店在同一个建筑内。背后可见的山地为滑雪场。瑟福斯的中心街区有地铁（延长距离为 1.3km，于 1985 年底建成，缓解了公路交通压力）。

最后，关注过夜人次数的季节特点（图 8-9）。部分度假地显示高度集中在冬半期。位于索尔登镇的奥博古格尔（照片 8-9），莱希镇的祖尔斯（照片 8-10）、圣安东和伊施格尔高度依赖于冬季的滑雪旅游。祖尔斯几乎所有的住宿设施和奥博古格尔近一半住宿设施只在滑雪季节营业，其他季节则歇业。相反，夏半期的过夜人次数占一半以上的住宿设施分布在南部和北部，即为过夜人次数趋于下降的地方，如北部的米特尔贝格和塞费尔德，阿亨湖畔的埃本和普雷塞格尔湖畔的黑马戈尔等。除此之外，位于蒂罗尔州的度假地冬半期的占比几乎都在 60% 以上，而萨尔茨堡州的度假地则参差不齐。相对于冬半期集中型的萨尔巴赫和上陶恩，湖畔的滨湖采儿（12）、温泉地巴德加施泰因（14）等，夏半期也能占到一定的份额。

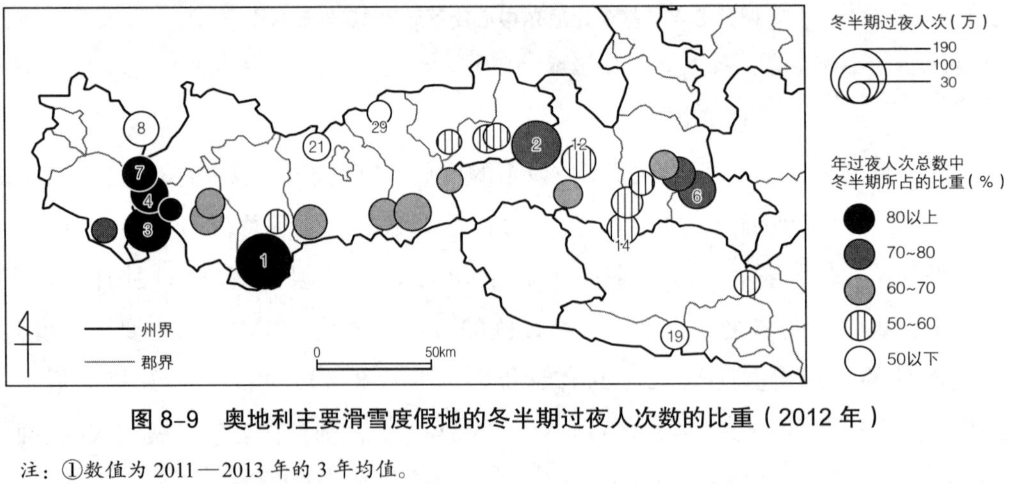

图 8-9 奥地利主要滑雪度假地的冬半期过夜人次数的比重（2012 年）

注：①数值为 2011—2013 年的 3 年均值。
②图中的滑雪度假地编号对应表 8-2，且只标记本书中提及到的度假地。
资料：Statistik Austria: Tourismus in Österreich

照片 8-9　奥博古格尔北部的酒店群（2016 年 2 月）

奥博古格尔有 90 家左右的住宿设施，其中多为高档设施。尽管夏季也因络绎不绝的登山游客而热闹非凡，但近一半的住宿设施只在冬天营业。北部有众多大型酒店。

照片 8-10　祖尔斯中心街区的酒店群（2016 年 9 月）

莱希镇上有莱希和祖尔斯两处度假地。祖尔斯是典型的高端滑雪度假地，其总共 17 家住宿设施中的 14 家酒店为 5 星或 4 星，吸引世界各国的富人。夏季是酒店歇业整顿和修缮的季节。

8.3.3 客源构成特征

到访奥地利滑雪度假地的游客除了来自德国的稳定客源之外，其他客源的冬半期过夜人次数也有大幅增长，在滑雪度假地的选择上不同国籍的客源趋向不同目的地。

欧洲人多利用带薪年假，流连于滑雪度假地或其他类型的度假地。正如度假地（resort）语义所包含的“高度重访”（即频繁访问）的含义，每年都选择同一个目的地的倾向比较强烈。

关注各客源国冬半期过夜人次数排前 5 位的目的地来看（表 8-3），大型度假地的吸引力比较大。除了城市型目的地，在表 8-2 中排在前面的索尔登、萨尔巴赫、伊施格尔等成为各国游客的主要目的地，但不同客源之间又有一定的差异。其一是近邻效应，如德国游客对米特尔贝格、瑞士游客对瑟福斯、匈牙利游客对施泰尔马克州度假地的较高指向就是其典型，所选择的度假地位于各客源国近邻，可达性较好。同时，捷克和波兰游客都对新施蒂夫特和卡普伦显出较高指向性，使其具有一定东欧客源共性。新施蒂夫特和卡普伦都有冰川滑雪场，积雪量的稳定性和雪质等方面都有较高的评价。另外，还有如丹麦游客与瓦格莱恩，英国游客与圣安东，俄罗斯游客与迈尔霍芬等，某一个客源国冬半期过夜人次数的10%以上聚集在单个滑雪度假地的现象。这些现象意味着，近邻效果、积雪的稳定性、知名度、宣传效果、偏好等多种因素，引致不同国籍的客源偏向不同的目的地。加重这一倾向的还有上面提到过的多年反复访问同一目的地的行为模式。

表 8-3　奥地利各主要客源国客源的过夜人次数位序分布特征（2013 年）

客源国	年过夜人次	过夜人次排名前 5 位的镇（%）										各种设施过夜人次占比（%）		
		1		2		3		4		5		4 星＋5 星	3 星	公寓
德国	25 619 724	*Wien*	3.8	索尔登	3.5	米特尔贝格	2.6	伊施格尔	2.5	萨尔巴赫	2.3	31.7	20.8	13.1
奥地利	15 232 030	*Wien*	7.2	*Salzburg*	2.2	巴特霍夫加施泰因	1.7	萨尔巴赫	1.7	*Bad Tatzmannsdorf*（*B.*）	1.6	42.1	20.0	4.1
荷兰	5 490 610	萨尔巴赫	4.5	盖洛斯	3.7	索尔登	3.5	弗拉肖	2.8	菲斯	2.7	18.1	17.6	18.4
英国	2 127 524	圣安东	11.5	*Wien*	8.8	索尔登	6.4	迈尔霍芬	6.2	萨尔巴赫	4.7	48.7	21.3	6.3
瑞士	2 083 986	*Wien*	8.0	瑟福斯	5.0	伊施格尔	4.6	索尔登	3.6	菲斯	3.5	60.3	16.6	6.2
比利时	1 483 257	索尔登	6.6	伊施格尔	4.0	*Wien*	3.2	萨尔巴赫	3.1	迈尔霍芬	2.8	40.2	22.9	9.5
捷克	1 359 434	*Wien*	4.7	黑马戈尔	3.9	新施蒂夫特	2.6	卡普伦	2.5	巴德克莱因基希海姆	2.2	19.6	19.7	17.7
俄罗斯	1 355 433	*Wien*	27.1	迈尔霍芬	9.5	索尔登	8.6	伊施格尔	4.7	滨湖采儿	4.6	48.9	22.8	8.8

续表

客源国	年过夜人次	过夜人次排名前 5 位的镇（%）										各种设施过夜人次占比（%）		
		1		2		3		4		5		4 星＋5 星	3 星	公寓
丹麦	1 031 460	瓦格莱恩	15.5	巴德加施泰因	7.0	索尔登	5.7	萨尔巴赫	5.6	圣安东	4.5	22.3	25.4	16.8
波兰	1 024 494	*Wien*	5.6	新施蒂夫特	4.0	索尔登	3.1	卡普伦	2.5	朗根费尔德	2.3	19.5	22.0	21.0
意大利	1 016 014	*Wien*	31.2	*Innsbruck*	6.5	*Salzburg*	5.6	塞费尔德	3.1	巴德克莱因基希海姆	3.1	42.2	25.8	6.6
匈牙利	990 790	St. Georgen ob Murau（St.）	7.8	*Wien*	7.2	Schönberg–Lachtal（St.）	4.1	黑马戈尔	3.1	巴德克莱因基希海姆	2.9	20.7	23.3	9.4

注：拉丁字母标记的含义如下：用斜体标记的是城市或不具有滑雪场的温泉；其他是没有罗列到表 8–2 的滑雪度假地；B. 是布尔根兰州；St. 是施蒂尔马克州。

资料：Österreich Werbung: *Marktinfo*（各国版）

不同国家的游客对住宿设施的要求不一样也是重要的影响因素。从各种类别的住宿设施的冬半期过夜人次数份额构成来看（表 8–3），瑞士、俄罗斯、英国等国家的游客偏好高级别酒店。相反，选择度假公寓比例比较高的有波兰、荷兰、捷克、丹麦等国家的游客，选择的理由不尽相同。荷兰游客有自己做饭并作长期逗留的传统；东欧游客则可能因经济原因而首选度假公寓（Kureha，2004b）。

8.4 大型滑雪度假地持续发展成因

在第 7 章，揭示过奥地利阿尔卑斯区域前 30 位滑雪度假地中，以大型滑雪度假地的发展较好。排序靠前的滑雪度假地在冬半期过夜人次数的排序上几乎没有变化，在数量上都有一定的增长。这些度假地拥有大型滑雪场，滑雪场都扩展到海拔很高的地方。但也有个别度假地从停滞转向递减的，如滑雪场规模较小的米特尔贝格和塞费尔德，滑雪场海拔比较低的基茨比厄尔和基希贝格，以及高端化倾向性较强的莱希等。下面探讨持续发展的成因。

8.4.1 地形条件

规模大且拥有高海拔滑雪场的度假地能够保持良好发展态势的首位要素是地形条件。在奥地利，国土中西部的大部分区域属于阿尔卑斯区域范围（图 8–1）。蒂罗尔州附近具有不同地质构造的山脉沿东西方向延伸（图 8–10），以东西向流经因斯布鲁克的因河为界，北侧为北阿尔卑斯，南侧为中阿尔卑斯。北阿尔卑斯主要为石灰岩，侵蚀活动活跃，山地海拔比较低，因此，滑雪场规模也比较小，如塞费尔德、米特尔贝格等位于这些山地中。中阿尔卑斯主要为结晶岩，抗侵蚀能力较强，山地海拔比较高。同时，在这些高海拔区域拥有冰川，成就了多个冰川滑雪场。高海拔为拥有大落差雪道的大型滑雪场的形成提供可能性，同时由于气温低，所以雪质比较好，有望确保更多的积雪量。面对如今日益严重的全球变暖引起的少雪危机，高海拔成就的低温条件，有利于通过人工造雪机制造积雪，如索尔登和伊施格尔等就是位于中阿尔卑斯的典型滑雪度假地。基茨比厄尔和基希贝格虽然同样位于中阿尔卑斯领域内，但因其岩性为杂砂岩而非片麻岩（图 7–2），因此抗侵蚀能力差，其海拔就低一些。

图 8–10　奥地利的地势

注：地图中的粗线为州界

资料：Leidlmair（1986）（修改）

地形条件是否有利同滑雪者的技能也有关。滑雪者对大型滑雪场的需求已于 20 世纪六七十年代开始有显现。90 年代中期以后，滑雪装备快速升级，增强了这一趋势。卡宾滑雪板的发明，使得飞快滑降于由压雪车压好的滑雪道成为可能，这又促动滑雪者对更长滑雪道的期望。与此同时，也出现了专门用于新雪面的宽滑雪板。结果，同时能够满足不同滑雪要求的多类型滑雪道并存的大型滑雪场的需求大增。

同时，也有因地形限制无法将滑雪场再向高处推进的情况，这时，水平扩展也是方法之一。比如用索道连接相邻的滑雪场或开通区间穿梭联络大巴等方法，和周边的多个滑雪场联合创建出一个广域的“滑雪区域”等。如瑟福斯（11）、菲斯（16）和拉迪丝联合生成广域滑雪区域，其滑雪道面积达 450hm^2，共有 38 条索道（2015 年），滑雪道的海拔扩展到 1200~2828m 区间，延展距离长达 200km。萨尔巴赫更加庞大（照片 8–1），70 条索道，滑雪道延展距离长达 270km。通过购买全域通用索道票，滑雪游客可在大约一个星期的逗留期间内自由穿梭驰骋于各个滑雪场。

地形条件对滑雪度假地发展的影响是随时代变迁的。至 1990 年左右，地形条件可谓是奥地利滑雪度假地发展的关键限制因素（Kureha，1995），主要是垂直落差有没有大到足以开展大型滑雪场。近年，高海拔滑雪场受到关注是因为其在积雪稳定性、人工造雪机的利用效率方面的意义。由此可见，地形条件的意义正在发生着变化，上述多个滑雪场横向连接的案例也可以说是克服地形限制的一大创举。

8.4.2 设施的高档化

奥地利阿尔卑斯地区发展良好的滑雪度假地中，5 星 +4 星设施的冬半期过夜人次数增长明显，占总数的比重也在不断加大。几乎所有的滑雪度假地，相对于过夜人次数的增加而言，其床位数量的增幅却很小。这意味着床位数量表征的住宿设施规模并没有多大变化，改变的是其结构。具体表现为，高档次的 5 星 +4 星设施的数量及其床位数占比的增加，预示着住宿设施的高档化趋势。度假公寓过夜人次数也持续增长，响应流行趋势的创新型改进也在持续中。

大型滑雪度假地内高档住宿设施及其床位数的增加，从整体显示其高档化倾向，特别是伊施格尔比较突出。萨尔茨堡州的弗拉肖、蒂罗尔州的盖洛斯等最近发展较快的滑雪度假地也属此类。主要滑雪度假地整体的床位数量没有增加，上述这些度假地的床位数却在持续上升，且增加的部分主要来自高档住宿设施。

另外，公认的高档滑雪度假地莱希、塞费尔德、基茨比厄尔和米特尔贝格，冬半期过夜人次数在 5 星 +4 星类别上有增加，但全类别设施的冬半期过夜人次数在分析期间是停滞或减少的。20 世纪 90 年代前期或更早时期业已高档化了的滑雪度假地，在近几年冬半期的过夜人次数没有增加，意味着这些地方的高档设施已饱和，难以再有扩展空间。

度假地服务产业越来越充实。从餐饮设施来看，雪后娱乐（Après-ski）设施（照片 8–11）有显著增加，游客在滑完雪之后在此喝啤酒和柠檬啤以及葡萄酒，享受激烈运动后的休闲一刻。2013—2014 年度雪季在荷兰出版发行的滑雪场指南（Snow Plaza，2013）是当时欧洲公认的最详细的滑雪场介绍，该指南以雪后娱乐供给充实而推荐的滑雪度假地有 5 处，其中 4 处在奥地利（伊施格尔、索尔登、萨尔巴赫、盖洛斯）。体育用品专业商店的增多也是特点之一。近年，冬季滑雪装备的租借需求大幅上升，具备最新式滑雪板的体育用品店受到青睐，而滑雪靴是自带者比较多。不仅是滑雪器具，滑雪服和防护帽等的销售也变得重要。而夏季，户外登山用品（户外服装和登山鞋）的销售是重点，也有不少经营体涉及山地骑行相关租赁业务。此外，还有一些普通服饰商店和珠宝商点。

照片 8-11　伊施格尔中心街区的雪后娱乐设施（2016 年 2 月）

伊施格尔中心街区住宿设施附设的咖啡店，被滑雪者当作滑雪后的休闲娱乐场，即使在冬季，天气状况较好时人们依然喜欢利用室外席。

滑雪场的滑雪索道和餐饮设施也不断更新，人工造雪机的配置也在加速。这些意味着以场内设施的更新为主的开发建设还在持续着。

8.4.3 客源的多样化

德国游客一直是奥地利滑雪度假地最重要的传统客户，但其冬半期过夜人次数却有所停滞。另外，来自德国以外的客源冬半期过夜人次数显示波动中持续增长，成为近年滑雪度假地持续发展的动力。尤其是来自瑞士和英国以及东欧各国（捷克、波兰、俄罗斯）的游客数量增幅很大，荷兰滑雪游客的来访也有稳步增长，呈现出奥地利滑雪度假地的滑雪游客正趋于多元化。

各度假地客源构成都趋于多元化的同时，不同国家的客源又有鲜明的度假地指向。特定客源喜欢逗留于特定滑雪度假地，可能是为滑雪度假地所具有的某些特征所吸引。前面提到过近邻性、积雪的稳定程度、知名度、住宿设施的结构等影响因素，而上述雪后娱乐设施的充实程度也应该是重要条件之一。总体来看，除了处在停滞状态的滑雪度假地，发展状况良好的度假地，在游客来源不断扩展的同时，也有忠诚度较高的回头客，是其得以持续发展的动力。这和欧洲人倾向于重复访问同一个目的地的度假行为习惯也有很大关系。

滑雪是一项高消费的休闲活动，因此欧盟国家的经济发展稳定也是重要的发展条件之一。从东欧剧变已走过 25 个年头的今天，东欧各国内部尽管存在个人收入差距和城乡差距，但总体经济状况还是有了很大的改善，这也是客源市场形成并发展的经济基础。还有语言要素。奥地利通用德语，这一点对于其最大市场德国、瑞士和荷兰游客而言魅力非凡，而英语的普及也是吸引游客的有利条件。

8.4.4 阿尔卑斯区域的奥地利滑雪度假地

滑雪度假地的空间分布在全球尺度上是很不均衡的。欧洲这一空间尺度上，较大规模的滑雪度假地密集分布在高山地带。阿尔卑斯山脉所具备的山岳规模之大和接近欧盟人口集中区的优势区位条件，是其他山地望尘莫及的。然而，地处阿尔卑斯范围的瑞士滑雪场到访人员数量在近 10 年有逐年下降趋势（Vanat，2014），法国和意大利也同样处于停滞状态，奥地利在访问总数上也有停滞迹象。尽管，分析中采用的一些数据证实奥地利滑雪度假地冬半期过夜人次数在增长，但并不是包含全部，也有停滞或衰退的度假地。

近年，阿尔卑斯区域的滑雪度假地基于多样化的设施和丰富的服务内容营造出“快乐享受”的滑雪空间。“快乐享受”反映在住宿设施的高档化走向，以及雪后娱乐设施的充实和滑雪场内设施的常改常新。这一特点同样适用于阿尔卑斯区域的其他度假地。

如前所述，地形条件是奥地利滑雪度假地发展的重要因素之一。然而，在阿尔卑斯山脉中，位于奥地利的山地海拔相对比较低，因此，奥地利的滑雪场海拔低于瑞士、法国和意大利。今后随着全球变暖，气温还会上升几摄氏度，积雪量的稳定程度肯定大不如前（Abegg et al.，2007），升温也会降低人工造雪的效率，这些都将成为奥地利滑雪度假地的重大挑战。

奥地利阿尔卑斯区域，还是有一些滑雪度假地一片欣欣向荣，这也是不争的事实，他们的制胜法宝是什么呢？

首先是价格优势。瑞士的物价之昂贵是有目共睹的，滑雪度假地的住宿和餐饮及其他服务价格都很高，法国的情况也相似。与此相比，奥地利的价格较为低廉[⑤]，即使其高档化进程加快，价格上依然有比较大的优势。相反，莱希和基茨比厄尔等逗留价

⑤ 宾馆的价格不好比较。在此比较滑雪索道票的价格，2014/2015 雪季，瑞士圣莫里茨的二日券为 148 法郎（123 欧元），采尔玛特为 146 法郎（121 欧元），法国夏蒙尼为 116 欧元，而奥地利的索尔登为 97.5 欧元，萨尔巴赫为 92.5 欧元。

格比较高的高档度假地则显示停滞状态。

其次为客源市场的接近性。德国、瑞士和东欧各国作为其重要的客源国，空间位置比较接近。阿尔卑斯区域为数众多的滑雪度假地中，奥地利的外国滑雪游客过夜人次数遥遥领先。滑雪场来访者里外国游客所占的比例来看，瑞士为 50%，法国为 32%，意大利为 15%，德国为 10%，而奥地利则达到 66%（Vanat，2014）。瑞士等地也有极个别度假地的外国游客占比比较大，但其对外国滑雪游客的吸引力方面，远不及奥地利。

再次，度假地发展演进方面的因素。如在第 7 章提到，奥地利的阿尔卑斯区域滑雪度假地是以传统的农业聚落基础上发展起来的（Barker，1982）。Penz（1984）的研究揭示，蒂罗尔区域（奥地利蒂罗尔州和意大利南蒂罗尔）的滑雪度假地，是由乡村聚落空间逐步往高处推进的。这里几乎所有度假地的住宿设施及索道经营资本都源自当地居民，因此，其投资是细水长流式的循序渐进并带有持续性。瑞士也是从农业聚落成长的，但其发展进程早于奥地利（河村英和，2013），可以认为已进入了巴特勒模型（Butler，1980）的停滞期，处于稳定阶段。奥地利的部分滑雪度假地还有上升的余地，低廉的价格和丰富多样的雪后娱乐设施将会吸引更多外国滑雪游客的持续来访。奥地利也有一些传统高档度假地进入停滞阶段，或许可以将其归类到圣莫里茨和达沃斯等瑞士模式。

8.5 小结：奥地利阿尔卑斯区域大型滑雪度假地所面临的挑战

丰富的山地资源是奥地利阿尔卑斯区域滑雪度假地得到发展的物质基础，尤其在 20 世纪 90 年代中期以后，海拔高且拥有大型滑雪场的滑雪度假地发展状况良好。同时，通过滑雪场之间联合的横向规模化也有一定的进展。这些发展中的滑雪度假地上，5 星 +4 星级住宿设施的过夜人次数增加显著，设施的高档化走向也越来越明显。同时，其基于丰富多样的设施和服务，营造和强化“快乐享受”的特色滑雪空间。

客户群的多样化是奥地利阿尔卑斯区域滑雪度假地发展的重要支撑。拥有德国和荷兰等稳定客源的同时，瑞士和东欧诸国等邻近国家的客源也在不断增加。游客对目的地的忠诚度比较高，特定国家的客源选择特定目的地，每年一到冬季长假期，到访同一个目的地逗留一个星期左右，其背景为奥地利滑雪度假地所拥有的价格优势，即奥地利滑雪度假地的费用低于瑞士等周边竞争对手。

通过以上的分析发现奥地利的阿尔卑斯山区冬季旅游欣欣向荣的景象，与瑞士（吴羽正昭，2014a）、法国（Tuppen，2000）、美国（Scott，2006）等的停滞有着鲜明的对照，也与第 2 篇当中提到的日本滑雪旅游和滑雪场经营所呈现的低迷有着巨大的反差。同时，奥地利也和日本同样有滑雪场关停状况。

目前奥地利滑雪度假地所面临的最大挑战是全球变暖引起的困扰。奥地利滑雪场的海拔低于法国及瑞士，更易受全球变暖的冲击。2006 年度发生的雪季降雪量极少的冲击中，滑雪场经营的脆弱性显露于海拔较低的中、小型滑雪场（Steiger，2011），而奥地利海拔较高的滑雪场，积雪量的年际波动较小（Töglhofer et al.，2011）。人工造雪作为有效对抗全球变暖的手段日益受到重视，奥地利对人工造雪的依赖程度加大（Steiger and Mayer，2008）。其他影响要素还有客源国 GDP 等经济条件、复活节假期起始日期相关历法条件等（Falk，2010）。所有这些都对思考滑雪度假地的将来发展具有重要的借鉴意义。

第 9 章　索尔登滑雪度假地发展演变

9.1 索尔登概况

索尔登（Sölden）镇坐落在因河支流奥茨河河源地奥茨塔尔（图 9–1），包括索尔登、荷索尔登、兹维施泰因、芬特、下古格尔、荷古格尔（彩图 11）和奥博古格尔（图 9–2），后面三个带有古格尔的地方合称为古格尔区。本书主要关注索尔登地区，以下称“索尔登”时指索尔登地区。奥地利国家统计局以及蒂罗尔州政府发行的统计资料，是以镇为单位的，也有部分统计以旅游协会的管辖领域作为单位，其范围不是固定不变的，在下面分析过程中会逐个进行说明。

索尔登镇的面积为 46 688hm^2，是奥地利最大的镇，境内面积的 67.4% 是冰川和岩石覆盖的非生产地带。此外，放牧用地占 25.1%、森林占 6.3%，采草地和耕地仅占 1.2%。索尔登镇坐落的奥茨塔尔阿尔卑斯是中阿尔卑斯区域中海拔第二高的山群，有多座海拔 3000m 以上的山峰，多为结晶质岩石，并分布着众多大大小小的冰川。

从索尔登的气候来看，隆冬季节的平均气温为 –4℃左右，盛夏也仅为 13℃左右，较为凉爽（Liedler，1978；1881—1930 年的平均）。年均降水量为 700mm 左右，夏季约 80mm，冬季约 40mm（1901—1960 年平均）。索尔登中心区域的平均积雪厚度在 2 月约 40cm，滑雪场内海拔高于 2000m 的区域有着丰富的积雪。近年，因受全球变暖的影响，积雪量不太稳定，对人工造雪的依赖度加大。

镇政府位于索尔登，所以索尔登具有镇行政中心功能。索尔登的主要建筑群沿着奥茨河呈条带状延伸（照片 9–1）。过去，建筑群分散于条件较好的扇状地带和河流阶地、山脚、部分谷地，显示孤立小村或孤立庄园散点状分布；如今，随着旅游业发展的深入，建筑物激增，形成连续分布的聚落。索尔登的中心教堂（彩图 12）位于雷滕巴赫河汇入奥茨河的河口附近，其海拔达 1370m，荷索尔登则在教堂的西部山坡上，海拔为 2080m。

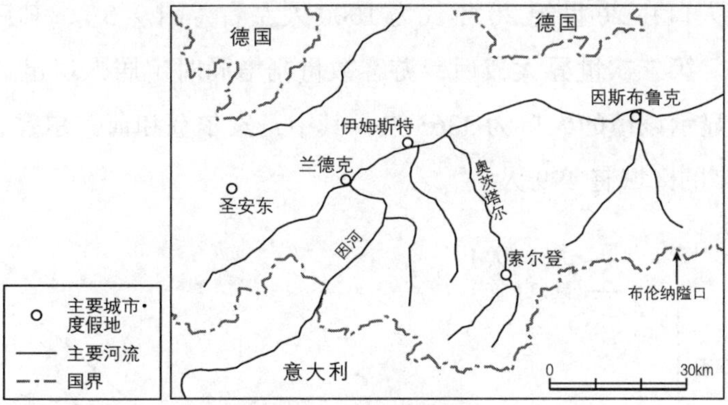

图 9-1　索尔登的区位

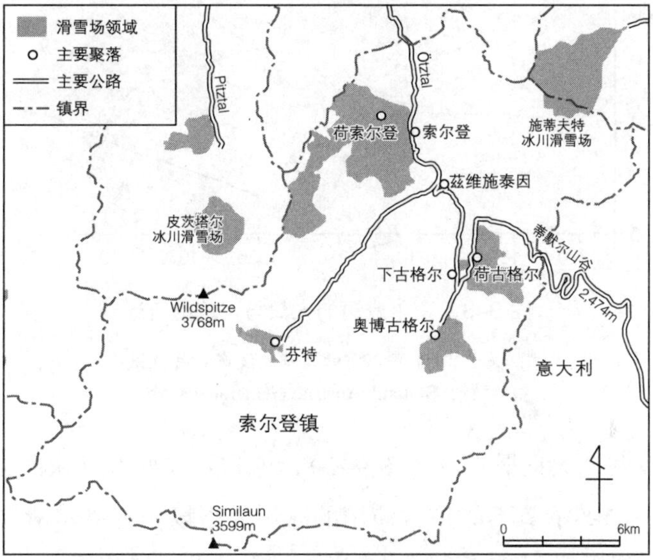

图 9-2　索尔登镇区域概况

照片 9-1　索尔登的外观（2011 年 8 月）

索尔登坐落在奥茨塔尔阿赫河的河谷谷底。谷底有为数众多的建筑，此外，布局着滑雪场的西面山坡（照片左侧）上也有不少住宿设施。索尔登镇与日本新潟县鱼沼市（旧盐泽町）为友好城市。

索尔登镇的人口在20世纪20年代为1000人左右（图9–3），其后在两次世界大战之间有所增加。第二次世界大战后，游客数量剧增同时定居人口迅速增加。2011年的人口普查结果显示该镇的人口为3365人，其中，索尔登和荷索尔登合计有2378人，3个古格尔加起来的区域有499人。

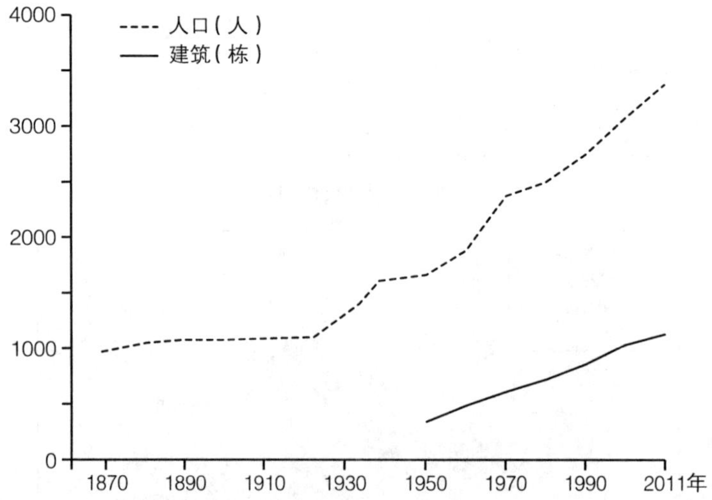

图9–3　索尔登镇的人口与建筑的变迁

注：关于1951年以前的建筑，没有相关数据。
资料：Statistik Austria: Gemeindedaten

索尔登镇拥有两个大型滑雪场（图9–2），即索尔登滑雪场和古格尔滑雪场。索尔登滑雪场包括过去隆冬季节不能正常使用的冰川滑雪场。古格尔滑雪场有荷古格尔滑雪场和奥博古格尔滑雪场，循环吊厢式索道将这两处滑雪场相连。

下面将阐述索尔登滑雪度假地的发展历程。根据滑雪度假地各要素的变化分为如下5个阶段：旅游初始期（20世纪40年代中期以前）；冬季旅游引入期（1948—1966年）；冬季旅游成长期（1966—1979年）；第一次发展期（1980—1997年）；第二次发展期（1998年以后）。

9.2 旅游初始期（20世纪40年代中期以前）

奥茨塔尔阿尔卑斯属于典型的冰川地貌，据传针对奥茨塔尔阿尔卑斯山脉的登山活动始于19世纪30年代（Stolz，1963）。19世纪中期，受阿尔卑斯全域，尤其在瑞士的阿尔卑斯区域渗透的阿尔卑斯主义（河村英和，2013）的影响，奥茨塔尔阿尔卑斯出现了大量登山游客的身影。19世纪70年代，索尔登的居民建造了避难山庄以及山中小屋等。1880 年以后，和其他东阿尔卑斯山地同样，由登山协会 Alpenverein 各支部主持修建了众多避难山庄，一部分当地居民担当登山向导。1884 年的阿尔堡铁路（隧道）建成和 1911 年的奥茨塔尔公路（因河沿岸的奥茨塔尔站到兹维施泰因）建设，促进了夏季避暑这一新型的旅游形态的成长。

滑雪登场索尔登镇是 20 世纪初的事情。1905 年左右最早的滑雪旅游落实于古格尔到芬特之间（Stolz，1963）。1910 年，奥茨塔尔区域第一个滑雪俱乐部创办于古格尔，估计滑雪技术由此向下传播到住在谷地的居民中，如索尔登的滑雪俱乐部是在 1920 年成立的。在这一系列动态中，这里为滑雪登山者举办了数次滑雪技术讲座。当时虽然没有滑雪索道，但到访奥茨塔尔的滑雪者数量猛增。这与当时以山岳滑雪为主的滑雪运动形态有关，奥茨塔尔阿尔卑斯规模庞大，其知名度远远高过其他山岳地带。结果索尔登和古格尔逐步确立和巩固了其作为著名滑雪度假地的名声和地位。

这一变化也反映在住宿设施的增加。索尔登的住宿设施在 1890 年只有 3 家（Stolz，1963），之后在数量和规模上都有大幅上升。1920 年，住宿设施总数达到 76 家，床位数量总计 840 张（表 9-1）。76 家住宿设施中，54 家属于小型的“客房出租”（这是当地居民将自己住房的一部分房间租给游客住宿的模式，相当于日本的民宿）当时其平均床位数不到 6 张。只有 3 家旅店（Post, Alpenverein 及 Sonne）的床位数稍微多一点，并附带食堂。山庄是提供餐饮的，这一点上有别于其他住宿设施。

表 9-1　索尔登的住宿设施概况（1920 年）

住宿设施	设施数	床位数	平均床位数
旅店	3	220	73.3
山庄	7	112	16.0
寄宿宿舍	4	85	21.3
大型“客房出租”	8	103	12.9
“客房出租”	54	320	5.9
合　计	76	840	11.1

资料：Sulpetzky（1968）

今日的酒店聚落荷索尔登（照片 9-2）就是这个时期开始形成的。1928 年夏季，索尔登的滑雪教练创建了第一家拥有 50 张床位的旅店（Eiter，1966）。1934 年，荷索尔登出现了第一家酒店（hotel）；1941 年，荷索尔登有 4 家住宿设施。

照片 9-2　荷索尔登全景（2015 年 9 月）

荷索尔登位于循环吊厢式索道吉吉约赫山顶站脚下（海拔 2080m），由 9 家住宿设施构成的聚落，建有立体停车场。

从 1928 年 11 月到次年 10 月的一年间，到索尔登镇过夜的人数为 8866 人，过夜人次达 71 840（Bundesamt für Statistik，1930）。到访人数和过夜人次数都以德国人居绝对优势，占 80%。此后的 1936—1937 年，德国第三帝国的“1000 马克封锁”（参考 7.2.3 节）一解除，来访者即达到 10 793 人，过夜人次达 80 290 人次（Österreichisches Statistisches Landesamt，1938）。只是德国人的占比下降了，仅为 25%，来自比荷卢国家的游客比较多。1937 年 5 月到 10 月的夏半期，来访者为 6012 人，过夜人次 39 829，而在同年的 11 月到次年 4 月的冬半期分别为 4727 人次和 40 461 人次。从过夜人次来看，早在 20 世纪 30 年代冬半期就已超过夏半期，由此可知滑雪登山的地位在索尔登当时已经非常重要。

9.3 冬季旅游引入期（1948—1966 年）

9.3.1 滑雪场的建设

第二次世界大战结束后，索尔登修建了滑雪索道，从此开启了滑雪旅游快速成长的征程。表 9-2 整理了索尔登全部索道的状况。1948 年，最早的索道架在索尔登和荷索尔登之间，是单人的座椅式索道（No.1）。该索道延长距离为 2060m，终点在荷索尔登海拔最高的酒店处，垂直高差达 700m。当时的运载能力单程每小时仅有 420 人左右，而当时的施工费则达到了 150 万先令（Götzendorfer，1968）。索道是由索尔登 100 名居民出资成立的“索尔登 - 荷索尔登索道公司（Liftgesellschaft Sölden-Hochsölden）”承建的。

表 9-2 索尔登滑雪场的索道设置与更新状况

编号1	编号2	No.	索道名称	起始年	类型	山顶站海拔（m）	垂直落差（m）	最大运载量（人/h）	规模指数（人·km/h）	废止变更
1		1	Sölden–Hochsölden	1948	1C	2093	738	398		2012 年废止
		2	Rotkogel	1952	1C	2388	294	600		1985 年为止→No.32
2		3	Sölden Innerwald	1953	1C	1464	104	710		2009 年为止→No.49
		4	Giggijochlift	1959	SCHL	2600	300	1003		1981 年为止→No.28
		5	Rechenau	1959	SCHL	1440	57	392		1991 年废止
		6	Waldlift	1960	SCHL	1580	90	350		1981—1984 年废止
3	1	7	**Innerwald I**	1960	SCHL	1540	70	1000	70	
4	2	8	**Innerwald II**	1960	SCHL	1590	120	1000	120	
5		9	Rauthlift	1960	SCHL	1598	157	600		1995 年废止
		10	Hanglift	1961	SCHL	2070	167	620		1986 年废止
		11	Übungslift 3	1962	SCHL	1590	120	400		1980 年废止
		12	Wiesenlift	1962	SCHL	1575	100	600		1990 年废止
		13	Gaislachkogl I	1966	R	2180	809	450		1987 年为止→No.33
		14	Gaislachkogl II	1966	R	3042	862	450		1987 年为止→No.34
		15	Gratllift	1966	SCHL	2452	292	802		1984 年为止→No.29
6	3	16	**Gaislachalm**	1966	SCHL	2130	169	1010	171	
7		17	Hainbachkar	1966	SCHL	2688	308	1100		1998 年为止→No.44
		18	Wasserkarlift	1966	SCHL	2420	260	684		1985 年为止→No.31
		19	Langegg I	1971	1C	2215	262	695		1984 年为止→No.30
		20	Langegg II	1971	1C	2409	316	720		1974 年为止→No.23
8	4	21	**Mittelstation**	1974	2C	2178	684	920	629	
9		22	Stabelebahn	1975	2C	2452	529	1080		2004 年为止→No.47

续表

编号1	编号2	No.	索道名称	起始年	类型	山顶站海拔（m）	垂直落差（m）	最大运载量（人/h）	规模指数（人·km/h）	废止变更
10		23	Langegg II	1975	2C	2413	316	1100		由No.20，1999年为止→No.45
		24	Roßkirpel	1975	SCHL	2750	470	1440		1990年为止→No.36
		101	*Rettenbachjoch*	1975	2C	3013	328	1100		1988年为止→No.111
		102	*Minilift I*	1975	SCHL	3200	60	700		1989年废止
		103	*Pitztaler Jöchl*	1975	SCHL	3003	203	1440		1990年废止
		104	*Minilift II*	1976	SCHL	3260	60	700		1989年废止
A		105	*Schwarze Schneide*	1976	SCHL	3200	220	1400		2003年为止→No.117
11		25	Sölden–Giggijoch	1977	G	2283	931	1620		1997年为止→No.39
B	5	106	**Seiter-Jöchl**	1978	SCHL	3047	402	1331	535	
12		26	Silberbrünnl	1979	2C	2667	388	1720		1993年为止→No.37
13		27	Heidebahn	1980	2C	2485	553	1686		2000年为止→No.46
C		107	*Seiterkar*	1981	3C	3057	267	2060		2004年为止→No.118
D	6	108	***Mutkogel***	1981	SCHL	3229	439	1435	630	
14		28	Giggijochlift	1982	3C	2529	240	1970		由No.4，2007年为止→No.48
E		109	*Tiefenbachferner*	1982	3C	3141	348	1850		2000年为止→No.115
F		110	*Tiefenbachkogl*	1982	SCHL	3250	140	1440		2000年为止→No.115
15	7	29	**Gratl**	1985	2C	2533	402	1440	579	由No.15
16		30	Langegg I	1985	3C	2301	348	1980		由No.19，1999年为止→No.45
17		31	Wasserkar	1986	3C	2430	385	1970		由No.18，2014年为止→No.52
18	8	32	**Rotkogel**	1986	2C	2329	394	1440	567	由No.12

续表

编号 1	编号 2	No.	索道名称	起始年	类型	山顶站海拔（m）	垂直落差（m）	最大运载量（人/h）	规模指数（人·km/h）	废止变更
19		33	Gaislachkoglbahn I	1988	G	2179	809	2600		由 No.13, 2010 年为止→No.50
20		34	Gaislachkoglbahn II	1988	G	3040	862	1200		由 No.14, 2010 年为止→No.51
G	9	111	***Rettenbachjoch***	1989	4C	2995	321	2800	899	由 No.101
H	10	112	***Panorama***	1990	SCHL	3209	355	1435	509	
I	11	113	***Karleskogel***	1990	SCHL	3248	257	1440	370	
21		35	Gampebahn	1991	4C	2566	327	2880		2012 年废止
22	12	36	**Roßkirplbahn**	1991	4C	2744	457	2650	1211	由 No.24
J	13	114	***MiniTiefenbach***	1992	SCHL	2848	65	750	49	
	14	38	**Mini Giggijoch**	1992	SCHL	2306	22	733	16	
	15	37	**Silberbrünnl**	1993	4C	2668	390	2650	1034	由 No.26
		39	Giggijochbahn	1998	G	2284	932	2800		由 No.25, 2016 年为止→No.53
	16	40	**Einzeiger**	1998	4C	2766	262	2400	629	
	17	41	**Seekogl**	1998	4C	2666	162	2400	389	
	18	42	**Gletscherexpress**	1998	G	2756	84	2400	202	
	19	43	**Schwarzkogl**	1999	4C	2964	391	2400	938	
	20	44	**Hainbachkar**	1999	4C	2573	294	2650	779	由 No.17
	21	115	***Tiefenbachferner***	2000	G	3249	454	2800	1271	由 No.109, 110
	22	45	**Langegg**	2000	6C	2663	751	2400	1802	由 No.23, 30
	23	46	**Heidebahn**	2001	4C	2428	476	2400	1142	由 No.27
	24	116	***Schwarze Schneid I***	2003	G	2991	317	2800	888	
	25	117	***Schwarze Schneid II***	2003	G	3247	256	2800	717	由 No.105
	26	118	***Seiterkar***	2004	6C	3051	256	3000	768	由 No.107
	27	47	**Stabele**	2005	6C	2394	434	2600	1128	由 No.22
	28	48	**Giggijoch**	2008	8C	2597	315	3700	1166	由 No.28
	29	49	**Zentrum Shuttle**	2010	CC	1457	107	800	86	由 No.2, 非滑雪用途

续表

编号1	编号2	No.	索道名称	起始年	类型	山顶站海拔（m）	垂直落差（m）	最大运载量（人/h）	规模指数（人·km/h）	废止变更
	30	50	**Gaislachkogl I**	2010	G	2174	811	3600	2920	由 No.33
	31	51	**Gaislachkogl II**	2010	G	3040	864	1250	1080	由 No.34
	32	52	**Wasserkar**	2014	6C	2430	575	2400	1380	由 No.31
	33	53	**Giggijochbahn**	2016	G	2283	921	4500	4145	由 No.39
合　计								114 644	28 818	

注：①现有索道（粗体）的最大运载人员为 2016 年的值，斜体为冰川滑雪场。

②类型项的字母含义如下：R：往复吊厢式索道；CC：地面缆车；G：循环吊厢式索道；C：座椅式索道（数字为乘车人员数量）；SCHL：T 型拖牵式索道。

③编号 1 项对应图 9–8；编号 2 项对应图 9–11。

资料：Amtliche Eisenbahnstatistik, Tourismusverband Ötztal Arena（Ötztal Tourismus）

后来在荷索尔登附近架设了座椅式索道 Rotkogl（No.2）和多个 T 型拖牵式索道。最早建设的索道在功能上具有连接索尔登和荷索尔登的作用，随着荷索尔登附近配套建设多个索道之后，以荷索尔登为中心的滑雪场形态基本成型。

荷索尔登的滑雪场硬件建设告一段落后，雷滕巴赫谷以南区域也开始了索道的建设。1953 年在西坡的因那瓦尔德（彩图 13）修建了单人座椅式索道（No.3），由索尔登居民出资创办的“索道公司索尔登因那瓦尔德（Liftgesellschaft Sölden Innerwald）”承建，索道连接位于谷底的索尔登与位于河流阶地上的小村庄因那瓦尔德。到 1962 年，因那瓦尔德总共修建了 6 条拖牵式索道，全部由索尔登居民个人经营。当时的索尔登，索道公司的创办和经营权局限于当地居民。这一状况延续至今天，若想成为“奥茨塔尔冰川索道公司（Ötztaler Gletscherbahn GmbH & Co.KG）”的股东，须在索尔登地区住满 10 年。此外，奥茨塔尔阿赫河以东，建有规模较小的拖牵式索道（Rechenau，No.5）。

随着索尔登滑雪游客数量剧增，20 世纪 50 年代开始探索架设通往盖斯拉施考吉尔（Gaislachkogel）峰（海拔 3058m）的往复吊厢式索道。1960 年左右，索尔登和荷索尔登之间的单人座椅式索道已经供不应求，异常拥挤，该索道在 1954—1955 年度雪季的输送人次为 7.8 万左右，1961—1962 年度的雪季竟达到 17.8 万人次。荷索尔登滑雪场内雪道也变得拥挤不堪（Götzendorfer，1968：46，74）。

通往盖斯拉施考吉尔峰的往复吊厢式索道 Gaislachkogelbahn（No.13 和 No.14）于 1966 年完工。开发主体为奥茨塔尔冰川索道公司，其股东分别为其他索道公司、镇以及索尔登居民（Götzendorfer，1968）。该索道分成上、下两个区间，加起来的总长度为 4029m，海拔高差为 1672m，每小时输送量达 420 人，与该索道同步还建成了 3 条拖牵式索道，由此“盖斯拉施考吉尔滑雪场”基本成型，中间站和山顶站还建有餐馆。这一盖斯拉施考吉尔滑雪场的建设，所用到的投资额度约 5220 万先令。

从表 9–3 显示的各类索道的变迁来看，1955 年仅有 3 条拖牵式索道，到 1960 年增至 6 条，1965 年增至 9 条。经过 1966 年的盖斯拉施考吉尔滑雪场的改善工程，1970 年的索道数量达到 18 条。这一时期的滑雪场范围与后来与冰川滑雪场连接之前的“冬季滑雪场”范围几乎一致，滑雪场内有 6 家餐馆。

表 9–3　索尔登滑雪场不同类型索道数的变迁

年	索道数										垂直落差（m）	最大运载量（人/h）	规模指数（人·km/h）
	合计	R, CC	G	8C	6C	4C	3C	2C	1C	SCHL			
1948	1	0	0	0	0	0	0	0	1	0	—	—	—
1950	1	0	0	0	0	0	0	0	1	0	—	—	—
1955	3	0	0	0	0	0	0	0	3	0	—	—	—
1960	9	0	0	0	0	0	0	0	3	6	—	—	—
1965	12	0	0	0	0	0	0	0	3	9	—	—	—
1970	18	2	0	0	0	0	0	0	3	13	—	—	—
1973	20	2	0	0	0	0	0	0	5	13	5646	12 746	3477
1975	26	2	0	0	0	0	0	4	4	16	7920	19 826	6183
1980	32	2	1	0	0	0	0	6	4	19	10 489	28 392	10 242
1985	34	2	1	0	0	0	4	7	3	17	11 615	37 302	13 217
1990	33	0	3	0	0	1	5	7	2	15	12 157	45 118	17 891
1995	32	0	3	0	0	4	5	6	2	12	11 972	49 078	19 158
2000	36	0	5	0	1	8	4	5	2	11	13 399	63 528	24 894
2005	35	0	7	0	3	9	2	3	2	9	13 081	67 612	26 330
2010	35	1	7	1	3	9	1	3	1	9	13 163	70 482	23 293
2015	34	1	7	1	4	8	0	3	1	9	12 288	67 634	24 673

注：索道字母含义如下：R：往复吊厢式索道；CC：地面缆车；G：循环吊厢式索道；C：座椅式索道（数字为乘车人员数量）；SCHL：T 型拖牵式索道；—：无数据

资料：Amtliche Eisenbahnstatistik, Tourismusverband Ötztal Arena（Ötztal Tourismus）

9.3.2 游客的动态

图 9–5 显示的是索尔登镇冬半期和夏半期过夜人次数的变化。20 世纪 50 年代已开始显示增长迹象，当时是夏半期比冬半期多，后来逐渐逆转。60 年代中期冬季过夜人

次数停滞在 30 万人次左右的水平，往后与滑雪场开发的快速进程同步，过夜人次数的增长也加速。

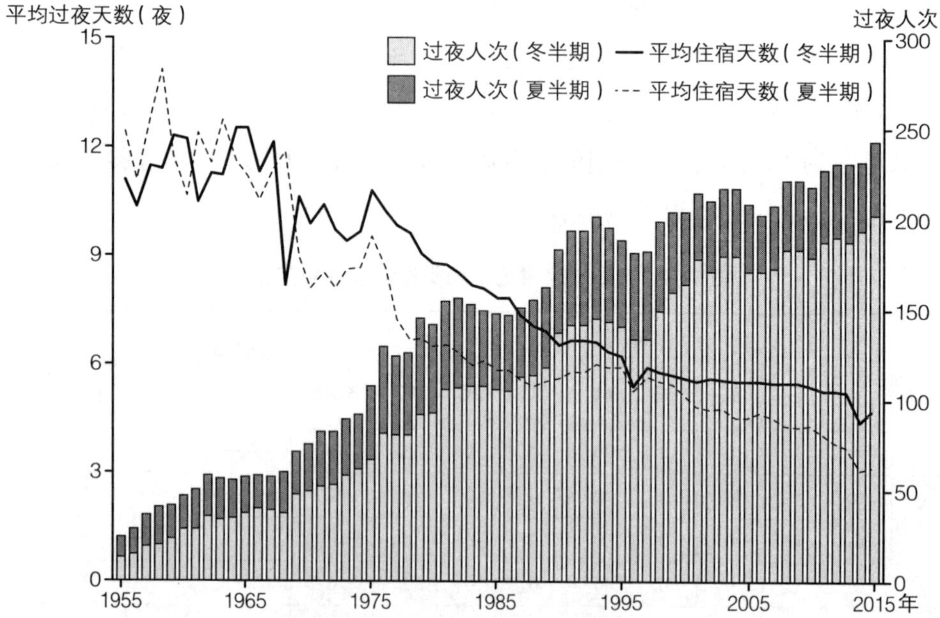

图 9–4　索尔登镇过夜人次数的变迁

资料：Statistik Austria: Tourismus (Fremdenverkehr) in Österreich.

其次，从住宿者的过夜天数来看（图 9–4），直到 20 世纪 60 年代中期，伴随着一定的年际波动，总体平均过夜天数在 10~14 天之间，即 10 天到两个星期之间的居留比较突出，且冬夏季节之间没有太大差异。从客源国籍构成来看，过夜人次上显示德国游客占大部分（图 9–5）。德国人的占比在 20 世纪 60 年代中期进一步增大，最高时曾达到 80%。其次为英国人，20 世纪 50 年代，法国人的占比也比较大，可能是索尔登所在的蒂罗尔州在第二次世界大战刚结束时处在法国占领下的缘故。

9.3.3 旅游设施的增加与就业结构的变化

与滑雪场开发的进展和游客数量的增长同步，索尔登各聚落旅游相关设施越来越多，住宿设施的增长最为突出。从索尔登的住宿设施的数量与床位数的变化来看（表 9–4），1954—1955 年度已有 111 家住宿设施和 1420 张床位。这 111 家住宿设施中，25 家是专门从事接待业的酒店和旅店，其余 86 家为兼职型住宿接待设施，大部分为包早餐的山庄。5 年后的 1959—1960 年度，专门设施和兼职型住宿设施各增长到 33 家和 139 家，床位总数翻番，1963—1964 年度，床位总数达到 4000 张。从住宿设施的平均规模来看，专门接待设施为 45 张床位，兼职设施为 173 张左右。

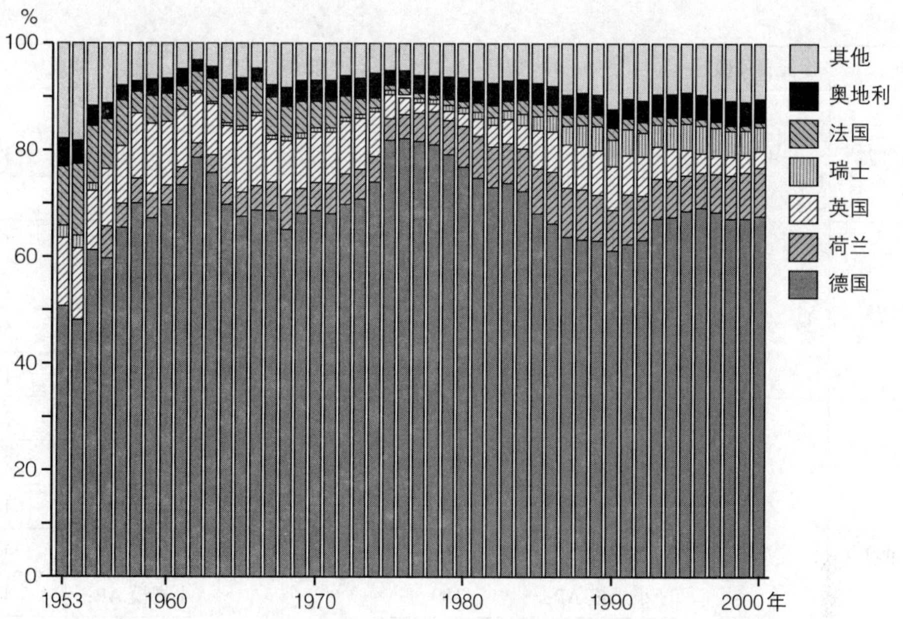

图 9-5 索尔登镇不同国籍过夜人次数占比的变迁（2000 年以前）

注：1955 年为止的荷兰、1956 年到 1961 年的瑞士属于其他类。

资料：Statistik Austria: Tourismus (Fremdenverkehr) in Österreich

表 9-4 索尔登的住宿设施数量与床位数的变化

年	经营体数	构成		床位数	构成	
1954/1955[3]	111	H+GH+P：	25	1420	无数据	
		FH+Pr：	86			
1959/1960[3]	172	H+GH+P：	33	2791	无数据	
		FH+Pr：	139			
1963/1964[4]	217	H+GH+P：	45	4000	H+GH+P：	1981
		FH+Pr：	173		FH+Pr：	1941
1969/1970[4]	234	H+GH+P：	42	5026	H+GH+P：	2342
		FH+Pr：	192		FH+Pr：	2684
1977/1978[5]	290[2]	H+GH+P：	43	6120	H+GH+P：	2246
		FH+Pr：	234		FH+Pr：	3686
		AP：	13		AP：	188
1982/1983[6]	359[2]	5 星 +4 星：	7	6862	5 星 +4 星：	571
		3 星：	34		3 星：	1469
		2 星 +1 星：	165		2 星 +1 星：	3534
		Pr：	153		Pr：	1288

续表

年	经营体数	构成		床位数	构成	
1986/1987⑦	426②	H+GH+P：	63	7736	H+GH+P：	2865
		FP+Pr：	260		FP+Pr：	3751
		AP：	103		AP：	1120
1992/1993⑧	491	5 星 +4 星：	17	9177	5 星 +4 星：	1570
		3 星：	35		3 星：	1323
		2 星 +1 星：	256		2 星 +1 星：	5036
		Pr：	183		Pr：	1248
2008/2009⑨	542	5 星 +4 星：	24	10 610	5 星 +4 星：	2161
		3 星：	73		3 星：	2395
		2 星 +1 星：	97		2 星 +1 星：	1880
		大规模 AP：	65		大规模 AP：	1277
		小规模 AP：	189		小规模 AP：	1718
		Pr：	90		Pr：	801
		其他：	4		其他：	378
2015/2016⑨	552	5 星 +4 星：	26	11 261	5 星 +4 星：	2235
		3 星：	69		3 星：	2293
		2 星 +1 星：	77		2 星 +1 星：	1493
		大规模 AP：	81		大规模 AP：	2042
		小规模 AP：	217		小规模 AP：	2052
		Pr：	78		Pr：	764
		其他：	4		其他：	382

H：酒店　Pr：小规模住宿设施（10 床以下）　GH：旅店　FP：包早餐山庄　P：山庄　AP：度假公寓　FH：客栈

注以及资料：

①包括荷索尔登和兹维施泰因。

②若干经营体同时经营一般住宿设施和度假公寓，在此计入两者的数值中。1992–1993 年的经营体个数大约为 320 家（不含兹维施泰因）。

③ Götzendorfer（1968）。④ Kessler（1970）。⑤ Frendenverkshrsverband Innerötztal 资料。⑥ Schöpf（1984）。⑦ Tourismusverband Ötztal Arena：Preisliste 1986+87。⑧ Tourismusverband Ötztal Arena 资料。⑨ Ötztal Tourismus 资料。

滑雪旅游的发展给索尔登经济结构带来了翻天覆地的变化。从镇产业人口构成来看（表 9–5），1951 年有 58% 的人口从事农林业，具有浓厚的农业聚落色彩，而这一数据在 1961 年降至 39%。这一时间段内，其农林业经营体的数量却由 230 仅减少到 194（表 9–6），依然保持着农业聚落的性格。住宿业和餐饮业的从业人口在 1961 年约有 265 人，在总人口中的比重仅为 14%。

表 9–5　索尔登镇的产业人口变迁

	年	农林业	工业・小规模产业	住宿业・餐饮业	商业・交通业	其他	合计
居住人口	1951	955	399	—	69	237	1660
	1961	727	309	265	144	441	1886
	1971	562	400	589	232	589	2372
	1981	231	307	872	356	733	2499
	1991	96	146	912	431	1153	2738
	2001	83	95	1160	539	1189	3066
比占	1951	57.5	24.0	—	4.2	14.3	100.0
	1961	38.5	16.4	14.1	7.6	23.4	100.0
	1971	23.7	16.9	24.8	9.8	24.8	100.0
	1981	9.2	12.3	34.9	14.2	29.3	100.0
	1991	3.5	5.3	33.3	15.7	42.1	100.0
	2001	2.7	3.1	37.8	17.6	38.8	100.0

注：1951 年的《住宿业・餐饮业》的统计值包含于《工业・小规模产业》里。
资料：Statistik Austria: Volkszählung

表 9–6　索尔登镇农林经营体数的变迁

	年	专业农户	兼职农户 1	兼职农户 2	其他	合计
经营体数	1951	—	—	—	—	230
	1960	101	35	52	6	194
	1970	106	19	67	0	192
	1980	72	56	45	2	175
	1990	34	16	113	2	165
	1995	28	0	129	—	157
	1999	18	0	126	—	144
比占	1951	—	—	—	—	100.0
	1960	52.1	18.0	26.8	3.1	100.0

续表

	年	专业农户	兼职农户 1	兼职农户 2	其他	合计
比占	1970	55.2	9.9	34.9	0.0	100.0
	1980	41.1	32.0	25.7	1.1	100.0
	1990	20.6	9.7	68.5	1.2	100.0
	1995	17.8	0.0	82.2	—	100.0
	1999	12.5	0.0	87.5	—	100.0

—：无数据。

专业农户：农民夫妻的劳务时间的 90% 以上用于农作业上的农户。

兼职农户 1：农民夫妻的劳务时间的 50%~90% 以上用于农作业上的。

兼职农户 2：农民夫妻的劳务时间的 50% 以下用于农作业上的农户。

农户的定义参考山本充（1997：75）。

资料：Statistik Austria: Land- und Forstwirtschaftliche Betriebszählung

住宿接待业的扩大加大了对劳动力的需求。1963—1964 年度，住宿行业从业人数为 939 人（Supetzky，1968），一半人员是季节性临时工作人员，28% 为家庭内部劳动力，剩下的 20% 左右为来自当地的通勤员工（表 9–7）。酒店的季节性临时工作人员占比最大，旅店和山庄都很少。小型住宿设施（床位数 10 以下）九成劳动力依靠家庭成员，酒店等大型设施的劳动力需求由季节性临时劳动力填补。住宿设施的床位数量越多，所需劳力就越多，每个床位所需劳动力在酒店是 0.24 人，而山庄和小型设施仅为 0.09 人。

服务产业是劳动密集型产业，特别是餐饮和住宿设施需要大量劳动力。季节性临时工作人员大多从事招待客人、客房清洁、烹饪以及其他辅助性的工作，而滑雪教练和索道管理员等工作则多由当地居民或通勤员工承担。1964 年 3 月 1 日的统计数据表明，索尔登镇共有季节性临时工作人员 397 人，其一半（190 人）来自蒂罗尔州（Sulpetzky，1968）；其次为意大利人，占 10%（41 人），几乎都来自南蒂罗尔；再次是施蒂尔马克州（38 人）、克恩滕州（34 人）、萨尔茨堡州（25 人）。

表 9–7　索尔登镇的住宿产业就业人数（1963—1964 年）

住宿设施的类型	劳动力（实际人数）与其各类型占比（%）				经营体数	床位数	每床所需劳动力
	总数	家庭（n=265）	通勤（n=189）	季节性劳动者（n=482）			
酒店	566	8	17	75	29	2347	0.24
旅店	74	27	24	49	14	537	0.14

续表

住宿设施的类型	劳动力（实际人数）与其各类型占比（%）				经营体数	床位数	每床所需劳动力
	总数	家庭（n=265）	通勤（n=189）	季节性劳动者（n=482）			
山庄	57	33	44	23	13	433	0.13
兼业经营设施	239	76	20	4	203	2603	0.09
17~35 床	77	57	34	9	45	1159	0.07
11~16 床	57	74	25	1	41	572	0.10
2~10 床	105	90	8	2	117	872	0.12
合计	936	28	20	52	259	5920	0.16

资料：Sulpetzky（1968）

9.3.4 景观的变化

旅游化进程中索尔登的景观也发生了翻天覆地的变化。图 9–4 为索尔登镇建筑物数量的变化。1951 年总共有 342 栋建筑物，1961 年增加到 493 栋，同一时间段内，索尔登地区则从 232 栋增加到 348 栋。从图中可以看出建筑物数量的增速略快于同期人口的增速，特别是旅游相关建筑的增加比较突出。然而，建筑物的增长程度也呈现空间差异。1923 年至 1962 年间，从索尔登地区聚落景观的变化来看，夹在两个主要滑雪索道（索尔登 – 荷索尔登、索尔登 – 因那瓦尔德）始发站之间的中心地带，建筑物的增速显著（Picard，1963），而地处中心地带北部的几个小村落则在减少。从旅游服务设施的开展情况来看（表 9–8），1967 年有 7 家餐馆、5 家咖啡馆，还有 5 家雪后娱乐设施（雪后酒吧、迪厅、酒馆）。

表 9–8　索尔登与荷索尔登的服务业设施数（1967 年、1993 年）

服务业类型	1967 年	1993 年
餐馆	7	37
咖啡厅	5	21
酒吧・酒馆・迪厅	5	26
体育用品商店	2	13
药店	1	3
超市	—	7
糕点商店	1	5
服饰及用品店	3	9

续表

服务业类型	1967 年	1993 年
银行	2	5
自助兑换机	0	4
旅行社	2	4

—：无数据。

资料：Götzendorfer（1968），Tourismusverband Ötztal Arena: Guide

9.4 冬季旅游成长期（1966—1979 年）

9.4.1 “冬季滑雪场”的发展

索尔登滑雪场的空间扩张持续到 1966 年，之后就是 1975 年开始的冰川滑雪场的开发，也即意味着“冬季滑雪场”的空间范围在后期没有太大变化。“冬季滑雪场”是指上述“荷索尔登滑雪场”和“盖斯拉施考吉尔滑雪场”相加的区域，仅在冬季营业。在这一时期，对“冬季滑雪场”的建设内容主要是对已有设施的修补和完善。

20 世纪 70 年代，“冬季滑雪场”里设有 8 条索道（表 9–2、表 9–3）。20 世纪 60 年代中期为止主要为拖牵式索道，然而到了冬季旅游成长期修建了 4 条双人索道、2 条单人索道、1 条拖牵式索道、1 条循环吊厢式索道。第一条双人座索道的米塔尔站（Mittelstation，No.21；表 9–2）修建于 1974 年；也有从单人改造成双人索道的，比如朗厄格 2 号（Langegg Ⅱ，No.19 → 23）（1975 年）。1977 年，索尔登与荷索尔登之间架设了第一条循环吊厢式索道几吉宙斯（Sölden–Giggijoch，No.25），而之前这一区间只有单人索道运行，后来由循环吊厢式索道承揽连接和联络通道的主要功能。

通过架设索道连接被雷滕巴赫山谷分隔于南北两侧的“荷索尔登滑雪场”和“盖斯拉施考吉尔滑雪场”，具有开创性的意义。连接这两大滑雪场的索道分别修建于 1971 年（朗厄格，Langegg，No.19 和 No.20）和 1975 年（Stabelebahn，No.22），由此，滑雪者可以穿戴着滑雪板自由穿梭于两个滑雪场之间，大大提升了便利度。索道的修建也大幅提高了滑雪场的规模指数。奥地利的索道统计资料中，从 1973 年开始记载着拖牵式索道相关的数据，这一年的规模指数为 3500 人 · km/h，于 1980 年上升到 1 万人 · km/h。1980 年的数值里还包含下面要阐述的冰川滑雪场的部分。

9.4.2 冰川滑雪场的开发

这一时期滑雪场的开发建设中令人瞩目的变化是向冰川进军。索尔登的滑雪场是从低处逐渐向高处挺进的，在冬季旅游成长期终于到达顶部的冰川区域。

索尔登在 20 世纪 60 年代末曾尝试过在雷滕巴赫冰川上修建滑雪道，可能是受卡普伦冰川滑雪场的影响，后者地处奥地利萨尔茨堡州，早在 1966 年就开发建成（参考 7.2~7.4）。在雷滕巴赫冰川滑雪场的试营业阶段，从冰川到索尔登的直线距离为 8km，因此普通的滑雪游客还不太多。

通往雷滕巴赫冰川的公路从 1971 年开始施工修建，于 1975 年建成了宽 6m、长 13 km 的“冰川公路（收费）”，连接索尔登到雷滕巴赫冰川的底端海拔 2800m 的地点（照片 9–3）。同年夏，冰川滑雪场正式开业（彩图 14），场内有 3 条索道（No.101~No.103）、150 席规模的餐馆，该餐馆于 1977 年改扩到 400 座，还修建了 700 辆容量的停车场。

照片 9–3　冰川公路与冰川滑雪场（雷滕巴赫冰川）（1991 年 8 月）

通往冰川滑雪场的公路于 1975 年建成。左（南）侧的冰川是雷滕巴赫，右侧为从 1975 年至 1990 年存在着索道的皮茨塔尔约赫冰川。

雷滕巴赫冰川滑雪场一开业，马上吸引了大量的游客蜂拥而至。冰川公路收费站的过路客流量从 1976 年的 16 万人增至 1978 年的 29 万人，到 1980 年上升到 32 万人（Babin，1985）。这也造成雷滕巴赫冰川滑雪场内拥挤不堪的局面。为了缓解场内过度拥挤，决定在与雷滕巴赫冰川接壤的提芬巴赫冰川上修建滑雪场，并开凿了连接两大冰川的隧道（延长距离为 1.7km），1981 年，提芬巴赫冰川滑雪场正式开业（照片 9–4）。当时提芬巴赫冰川滑雪场内有一条 3 人座索道（No.107）和一条拖牵式索道（No.108），次年又建了 500 席规模的餐馆。

照片 9-4 提芬巴赫滑雪场（2014 年 2 月）

提芬巴赫滑雪场修建于1981年，因积雪不足岩体裸露着。

冰川滑雪场到访游客主要集中在夏季和秋季。夏季以观赏冰川景观的游客为主，从晚秋到初冬季节则几乎全部都是为滑雪而来。冰川区域一般于 9 月开始下新雪，10 月到 12 月初，其雪道上的雪质状态最佳。然而，到隆冬季节，冰川公路的除雪任务繁重，并伴有发生雪崩的危险，因此在当时一到隆冬季节冰川滑雪场便停止营业。

9.4.3 冬季旅游的大量化

20 世纪 60 年代中期后，索尔登镇冬季过夜人次的增长速度加快（图 9-4），特别在 70 年代增长显著。60 年代后期的冬季住宿人次数为 30 万 ~40 万，到 70 年代中期大于 60 万，在 80 年代则达到了 90 万。与冬季相比，夏季的过夜人次增长幅度较小。

居留天数则有缩短的趋势。20 世纪 60 年代中期的冬季平均居留天数为 12 天左右（图 9-4），之后渐渐缩短，70 年代末变成 9 天左右。夏季居留天数的下降幅度大于冬季，70 年代末仅为 7 天。

从过夜游客的客源地分布来看，依然是德国人占优势（图 9-5）。20 世纪 60 年代后期到 70 年代前期，德国人的占比略显下降，而到 70 年代后期重又回升，大于 80%。这一时期，过夜人次的总数增长幅度很大，由此推测有大量的德国人留宿索尔登。其次为英国人和荷兰人。而奥地利国内游客仅占 5%，远远少于外国游客。

下面关注一下过夜人次的年变化（图 9-6）。1977—1978 年（1977 年 5 月—1978 年 4 月）的过夜人次总数为 85 万，其中 19% 集中在 3 月，1 月和 2 月各占 14%，12 月占 8%，冬季的 4 个月占全年的 55%。冬季峰值出现的月份要看复活节的时间。夏季的 7 月和 8 月各占 13% 和 12%，而 4 月和 5 月、10 月和 11 月为淡季，过夜人次非常少。然而，秋季在 1974 年以前是淡季，但 1975 年冰川滑雪场开业以后，其过夜人次有了大幅度的增长（Liedler，1978）。

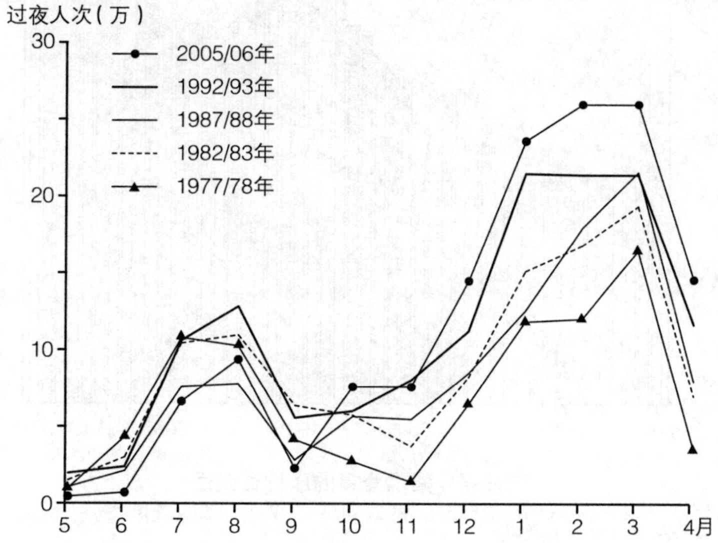

图 9–6　索尔登过夜人次数的年变化

注：2005/06 年指的是 2005 年 5 月至 2006 年 4 月。
资料：Tourismusverband Ötztal Arena

9.4.4 旅游设施的建设

这一时期，住宿设施的规模不断扩张，索尔登镇的床位总数也持续增长（图 9–7）。索尔登的设施在 20 世纪 60 年代增长显著，1969—1970 年度有 234 家住宿设施、5026 张床位（表 9–4），其中 53% 由兼职经营的住宿设施供应，这一份额在 1977—1978 年度达到 60%，这一年度兼职住宿设施的平均床位数为 15.7 张。由此可见，索尔登镇以增加兼职设施的供应量来应对日益增长的市场需求。相对而言，酒店、旅店等专门接待设施的床位增幅并不大。70 年代还出现了度假公寓或被称为度假住宅（Ferienwohnung）的新型住宿接待设施形态。度假公寓套房内有起居室、卧室、厨房、卫浴间，厨房里备有冰箱和灶具，还可以自己下厨做饭，游客可以在居家式的舒适环境中，自由自在地享受休闲一刻。然而，当时的度假公寓数量比较有限。

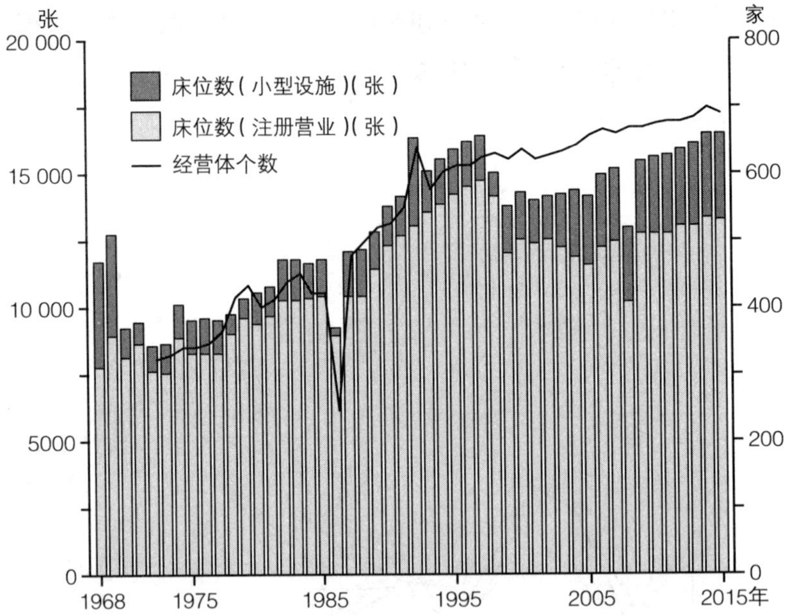

图 9-7 索尔登镇的床位数变迁

注：1971 年以前的经营体数没有数据。
"小型"是指没有登记注册的 10 张床位以下的设施。
资料：Statistik Austria: Tourismus (Fremdenverkehr) in Österreich

其他旅游设施还有"弗雷泽伊游泳馆"（Freizeit-Arena，照片 9-5），是个公营室内游泳池，建于 1974 年。该室内游泳池宽 16m，长 25m，并备有桑拿浴室和餐厅。建设投资为 8000 万先令（当时的额度，约值 8 亿日元），由因那奥茨塔尔旅游联盟（Fremdenverkehrsverband Innerötztal）和索尔登镇各负担一半（Liedler，1978）。关于其他旅游设施，尽管没有详细的数据，但也在不断增多。

9.4.5 就业结构的变迁与劳动力需求的扩大

随着滑雪场的开发建设，索尔登居民的就业结构也发生了很大的变化（表 9-5）。镇里的农业人口持续减少，由 562 人（1971 年）下降到 231 人（1981 年），占总人口的比重也从 24% 下降到 9%。这一时期的农家户数也明显减少（表 9-6），还有不少从专业农户转向兼业农户的。与农业的急剧衰退相反，住宿和餐饮服务业人口大幅增长，从 1971 年的 589 人（25%）增长到 1981 年的 872 人（35%）。商业和交通部门的就业人口也有一定的增长。

从 1981 年的经营实体的构成来看，索尔登镇总共有 440 家经营实体，从业人口为 1212 人。其中，最多的是住宿、餐饮服务企业，有 293 家（员工为 511 人），紧随其后的分别是商业经营实体 37 家（111 人）、索道关联产业经营实体 26 家（172 人）。

照片 9-5　弗雷泽伊游泳馆 · 索尔登（2013 年 8 月）

处在中心位置靠里的大型建筑即是弗雷泽伊游泳馆，于 1974 年建成。除了室内游泳池之外，还有体育馆、健身房、保龄球场、餐馆等。奥茨塔尔旅游局办公室设于此。

旅游相关产业部门的劳动力需求大涨，需要从外地吸收劳动力来填补空缺。1973 年 12 月开始的滑雪季，镇里的雇佣人数曾达 2782 人，其中 47% 为外来员工（表 9–9）。各地区外来员工的占比上有一定的差异，索尔登地区是当地居民占 2/3，而荷索尔登、荷古格尔和奥博古格尔则有 70% 以上为外来员工。1974 年 3 月 1 日，索尔登镇外来员工总数为 1261 人（表 9–10），这一数字是 1964 年（582 人）的两倍还多。1261 人中，季节性临时工作人员为 1007 人，通勤员工 168 人，长期工作人员 86 人。而同年 5 月 15 日、8 月 15 日、11 月 1 日的外来员工总数分别为 264 人、685 人和 234 人，说明冬季用工数量非常多。

表 9–9　索尔登镇的冬季劳动力（1973—1974 年）

地区	镇外劳动力		镇内劳动力		合计
	人	%	人	%	人
索尔登	549	35.0	1020	65.0	1569
荷索尔登	108	85.7	18	14.3	126
兹维施泰因	16	15.1	90	84.9	106
芬特	49	37.1	83	62.9	132
下古格尔	10	29.4	24	70.6	34
奥博古格尔	401	71.7	158	28.3	559
荷古格尔	163	90.1	18	9.9	181

续表

地区	镇外劳动力		镇内劳动力		合计
	人	%	人	%	人
黑林克鲁	0	0.0	75	100.0	75
合　计	1296	46.6	1486	53.4	2782

注：1973—1974 年滑雪季数据。
资料：Von Busse et al.（1987）

表 9-10　索尔登镇外来劳动力的居留类型（1974 年）

地区	从远处来的季节性劳动力		近邻区域的通勤者		长居型劳动力		合计
	人	%	人	%	人	%	人
索尔登	384	71.6	115	21.5	37	6.9	536
荷索尔登	103	99.0	0	0.0	1	1.0	104
兹维施泰因	6	37.5	1	6.3	9	56.2	16
芬特	43	91.5	0	0.0	4	8.5	47
下古格尔	9	100.0	0	0.0	0	0.0	9
奥博古格尔	320	81.6	41	10.5	31	7.9	392
荷古格尔	142	90.5	11	7.0	4	2.5	157
合　计	1007	79.9	168	13.3	86	6.8	1261

注：1974 年 3 月 1 日的数据。
资料：Von Busse et al.（1987）

外来劳动力的来源地也越来越广。1974 年外来员工 1703 人，其 40% 来自蒂罗尔州内，且几乎都是奥茨塔尔区域内部各镇的通勤者。除此之外，较多的是来自东蒂罗尔的季节性临时工作人员。蒂罗尔州外，来自施泰尔马克州和克恩滕州的工作人员各有 200 人左右。此外，还有外籍劳动力，有 311 名南斯拉夫籍员工，接近总数的 20%。

外来劳动力的来源地不同，其工作内容也有差异。来自索尔登邻近地区的通勤员工大多从事滑雪教练和索道管理工作，而来自远方的员工大多在餐饮和住宿设施工作。后者的主要工作内容为餐厅服务或客房清洁等，且外籍员工大部分从事扫除或洗碗等不需要专业技能的工作。

9.5 第一次发展期（1980—1997 年）

9.5.1 索道设施的更新

与奥地利其他地方一样，1980 年以后索尔登区域修建了新式的且具有强大运载能力的索道。1980 年索尔登的索道总数为 32 条（冬季滑雪场 26 条，冰川滑雪场 6 条），其中 19 条是拖牵式索道。1995 年，索道总量没变，然而冬季滑雪场的索道变成 22 条，冰川滑雪场的索道却增至 10 条。从索道的类型来看，拖牵式索道减至 12 条，并更新为性能更优秀的索道。

1980—1992 年间，冬季滑雪场里一共修建了 12 条索道（表 9–2）。其中 6 条多人座索道是由拖牵式索道或单人座椅式索道改造的。比如，吉吉约赫缆车（1959 年修建，表 9–2 的 No.4）是将原来的拖牵式索道于 1982 年改造成 3 人座索道（同上 No.28）的，是索尔登地区 3 人座索道的先驱。1988 年，通往盖斯拉施考吉尔的往复吊厢式索道被改造成容量为 24 人的循环吊厢式索道（照片 9–6）。往复吊厢式索道的运载能力为 450 人 /h，而改造后的循环吊厢式索道的运载能力为：山麓站和中间站之间是 2600 人 /h，中间站和山顶站之间是 1200 人 /h，有了很大的飞跃，进而在 20 世纪 90 年代初，加设了两条 4 人座索道。同时拆除了一部分小型拖牵式索道。

照片 9–6　循环吊厢式索道盖斯拉施考吉尔的山麓站房（1992 年 9 月）

索尔登第一条往复吊厢式索道建成于 1966 年，1988 年将其改造成循环式，同时对山麓站房进行了改装。

再看看冰川滑雪场的状况。20 世纪 70 年代末，雷滕巴赫冰川上有 6 条索道，随着提芬巴赫冰川的开发，索道也有了一定的增加。冰川滑雪场也对索道设备进行了改造和升级，雷滕巴赫约赫索道在 1989 年被改造为 4 人座椅式索道（表 9–2）。另外，又因冰川面积的缩小，撤掉了 3 条拖牵式索道。

在索道设备改造升级的同时，对滑雪场内的餐馆也进行了改装和扩大。坐落于滑雪场中心部的吉吉约赫（Giggijoch）餐馆于 1991 年被重装，其容量也有一定扩大。1984 年开始人工造雪机逐步渗透到滑雪场里，海拔 2000m 以下的区域用的比较多，1993 年人工造雪面积达 $50hm^2$。

9.5.2 冬季滑雪场的特点

20 世纪 90 年代初，滑雪场的营业季一般为 12 月初到次年 4 月中下旬，但根据积雪状况会有一定变动。冬季滑雪场的总面积约 1000 hm^2，其中的 365 hm^2 为雪道。滑雪场最低点的海拔为 1370m，最高点（盖斯拉施考吉尔）海拔 3040m，其垂直落差为 1670m（图 9–8）。滑雪道总长度达 72km，其中用压雪车压平的最长可滑距离为 10km。从地形条件来看，荷索尔登适于中级滑雪者，而盖斯拉施考吉尔上部区域适合高级滑雪者。

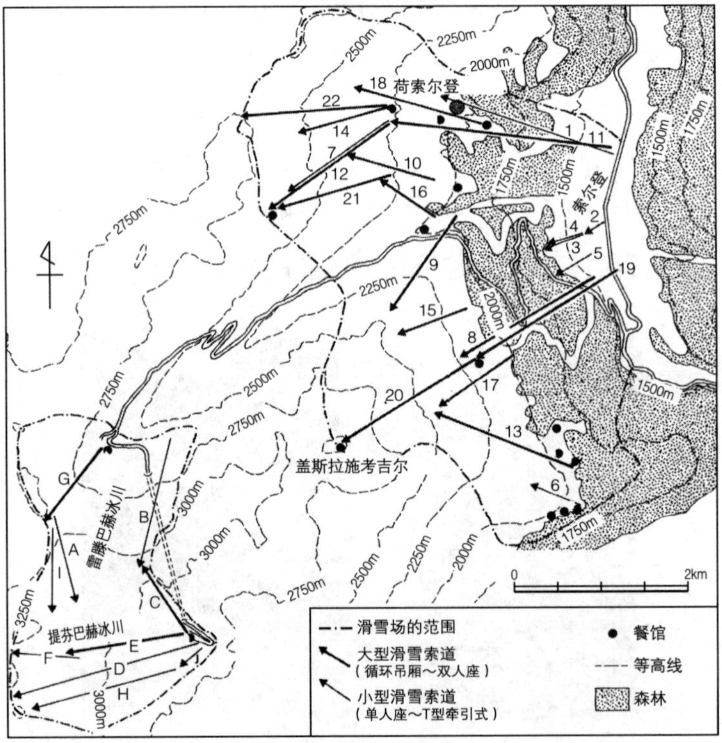

图 9–8　索尔登滑雪场的设施分布（1993 年）

注：索道的记号对应表 9–2 的编号 1

资料：1∶50 000 地形图 Sölden，Amt der Tiroler Landesregierung（1992）

滑雪场的森林上线在海拔 2000~2100m 之间。低于森林上线的滑雪道为林间雪道，而森林上线以上的滑雪道，处在高山草甸以及荒地和岩石地上，约占滑雪场总面积的 2/3。从 1993 年的滑雪场用地土地所有权属性来看，森林线以下的土地多属于个人，高山草甸属于农业协同组合，都是通过签署租赁合同租借的。在高山草甸上，每年 5 月到 10 月中旬放牧 1000 头左右的羊，6 月中旬到 9 月还放牧奶牛和肉牛 100 GVE［GVE：是大型牲畜的计量单位，基本上 500kg 家畜相当于 1 GVE，详细状况参照山本充（1997）］，几乎都以小型的灰色葛罗菲品种（Grauvieh，照片 9–7）为主。

为了滑雪场的开发和修建，清除岩石、改造地形、重新绿化，以及修建道路等，推动了高山草甸区域作为放牧地的利用程度。

照片 9–7　索尔登灰牛（2015 年 9 月）

放牧于循环吊厢式索道吉吉约赫山顶站附近的灰牛。以“蒂罗尔灰牛”之名品牌化，作为奶牛或肉牛进行饲养。

1993 年滑雪索道总量有 22 条，10 条在荷索尔登，盖斯拉施考吉尔 8 条，因那瓦尔德 4 条。索道的类型有：循环吊厢式索道 3 条，座椅式 14 条，拖牵式 5 条。拖牵式索道中，3 条在因那瓦尔德，该滑雪场具有儿童练习场地的性质。荷索尔登和盖斯拉施考吉尔的索道具有很强的运载能力。此外，滑雪场内有 14 家餐馆，其中的 11 家为个体经营，其余 3 家（吉吉约赫、盖斯拉施考吉尔巴赫索道中间站和山顶站）属于索道公司。餐馆总席位数为 4100 席，其中的 2670 席在室内，1430 席摆在室外凉台上。对于这些餐馆的用水，从 1979 年开始了排水设施的铺设工程，到 1993 年所有餐馆的排水直接连接到下水处理场（1978 年建成）。停车场设在聚落内，可停放 1300 多辆汽车和 25 辆大巴，其绝大部分在循环吊厢式索道的山麓站附近。

9.5.3 冰川滑雪场的特点

1997 年为止，索尔登冰川滑雪场的营业季从 3 月末或 4 月中旬左右到 12 月初或中旬。营业季的开始日期和结束日期根据冬季滑雪场的积雪状况而变动。若冬季滑雪场在初冬有足够的积雪或初春还有积雪残留，则冰川滑雪场就不营业。冬季，因冰川公路有发生雪崩的危险，冰川滑雪场在这期间会暂时封闭。

两处冰川滑雪场的营业时期的安排上，一直到 1997 年为止采用了分阶段交错使用模式。一般情况为：4 月末之前两处滑雪场都营业；5 月到 7 月初只开提芬巴赫冰川滑雪场，之后到 9 月为止，只开雷滕巴赫冰川滑雪场，主要因为这些时间段滑雪游客比较少，当然这样的错时营业模式也有利于防止过度利用；从 10 月开始，冰川滑雪场进入旺季，两处冰川滑雪场都营业，直到 12 月封闭。

1993 年，雷滕巴赫冰川的面积为 240hm^2，其中的 69 hm^2 被开发成滑雪道，提芬巴赫冰川的面积为 114 hm^2，滑雪场面积为 76 hm^2。两处的土地所有权属为奥地利国有林，都是从奥地利国有林租借的土地，在那上面修出了长达 29km 的滑雪道。滑雪道分布在雷滕巴赫冰川上海拔 2674~3217m 之间、提芬巴赫冰川上海拔 2793~3235m 之间。

1993 年，冰川滑雪场上有 10 条滑雪索道。因为冰川有流动性，在其上面修建索道有一定的技术难度，所以多采用简易的拖牵式索道（7 条，照片 7–1）。有一条 4 人座索道是将支柱凿入露头的岩石里而建成的。两个冰川滑雪场脚下各有一处餐馆，总容量达 1150 席（室内 900 席，室外 250 席）。紧挨着餐馆的地方修建有能停放 1800 辆汽车和 70 辆大巴的停车场，下水处理设施于 1989 年完成。

冰川滑雪场在秋季经常被作为竞技滑雪练习场地或比赛会场使用，还被用作检验新开发的滑雪用具的场地，欧洲各国滑雪用具制造公司组织举办“滑雪试验”，也附带进行产品的宣传促销。1993 年首次承办的阿尔卑斯式滑雪世界杯大回转比赛（男、女），是当年 10 月末在雷滕巴赫冰川举行的（照片 9–8），第二届比赛举办于 1996 年 10 月。

照片 9–8　冰川滑雪场上举办的世界杯大回转比赛（1993 年 10 月）

1993 年 10 月 30 日，男女大回转比赛于雷滕巴赫冰川滑雪场举办。

9.5.4 游客增长情况

20 世纪 80 年代前期，出现了过夜人次数停滞迹象，冬半期的过夜人次约有 100 万、夏半期约有 50 万，而到 80 年代后半期，过夜人次又恢复增长，冬季和夏季都有所增长。与此相反，平均过夜率（总过夜人次数 / 来访者总数）则有下降趋势（图 9–4）。80 年代期间，冬季从 9 夜降到 7 夜。1992/1993 年度，以冬季住宿人次数 145 万和夏季 56 万达到顶峰后，略显停顿。

从过夜人次的年变化来看，集中在冬季的倾向依然显著（图 9-6），相对于冬季月份的过夜人次的大幅增加，夏季则下滑。

居留天数的长短在不同月份也有差异。冬季月份平均留宿天数为 7 夜，夏季的月份也和冬季一样，而春、秋季节则只有 3~4 夜。秋季有不少到冰川滑雪场的滑雪游客，但是其中很多游客于周末入住，购买 2 日索道票。

游客流量每天都不一样。根据两条循环吊厢式索道（盖斯拉施考吉尔巴赫和吉吉约赫，No.33 和 No.25，表 9-2）的运载记录分析这一变化特点（图 9-9）。循环吊厢式索道承担着将滑雪游客提升至滑雪场顶部的功能，几乎所有的滑雪者都会乘循环吊厢式索道登至滑雪场顶部后留在高处的雪道上滑雪，也就是说，很少有滑雪者多次反复往返乘坐缆车。因此，图 9-9 所示的数据适合用来考察滑雪者人数的日际变化。从 1992 年 12 月 20 日到次年 4 月 18 日的 120 天期间的乘坐记录为 105 万，圣诞节和新年期间出现了第一个高峰，之后 1 月中旬到 2 月中旬星期天的乘客数量比较多，1 月末的乘客数量稍多一些。2 月下旬出现了狂欢节假期带来的第二个高峰。狂欢节的星期二（2 月 23 日）前后每天约有 1.7 万人乘坐。这一年复活节的星期日是 4 月 11 日，从滑雪的季节适宜性角度来说可能有点晚，因此可以推测利用狂欢节度假的滑雪游客来得比较多。复活节的前后期间也有一定数量的滑雪游客，因此在 4 月中旬呈现比往年更多的滑雪游客。

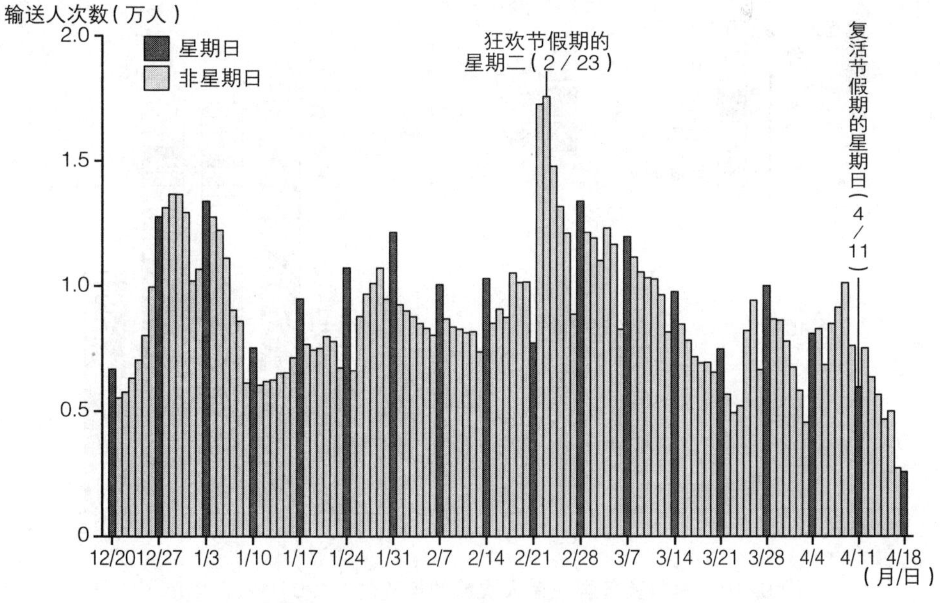

图 9-9　吊厢式索道输送人次数的变动状况（1992 年 12 月—1993 年 4 月）

资料：Ötztaler Gletscherbahn GmbH，Skiliftgesellschaft Sölden-Hochsölden

下面考察周变化。滑雪游客数量最多的是星期日，占总量的 16%，最少的星期六占 12%。平日中，星期一和星期二各占 15%，星期三到星期五各占 14%，可见有些微差异，但不是非常明显。平均过夜天数为 7 夜，对索道公司的采访结果反映索道票销售量最多的是 6 日券。据此推测滑雪游客的行为模式如下：星期六出发前往滑雪场，抵达滑雪场后购买 6 日券，从星期日到星期五之间滑雪，在下一个星期六返程。

冰川滑雪场的来访者数量有季节和时期的差异。3 月或 4 月到 5 月初，有大量的滑雪游客驰骋于滑雪场的雪道上。5 月到 9 月是淡季，每天有 600~1000 个利用者，夏季还有不少来观赏冰川的的观光游客。10 月到 12 月中期又进入一个旺季。滑雪者的来访集中在周末，最多时有 7000 人 / 天的来访，而平日为它的一半左右。

9.5.5 不同客源国游客行为特征

如前所述，到访索尔登的游客中以德国人最多（图 9–5），20 世纪 70 年代后期其占比曾达 85% 左右，后来慢慢下降，1990 年左右降到 70% 以下。在 80 年代后期，德国游客过夜人次的绝对量也有下降，但之后又有所反弹，保持 70% 的占比。英国和荷兰作为客源市场的重要性日渐提升。

从游客构成的年变化来看（图 9–10），无论在哪个月份，德国游客都占据着非常重要的地位，但冬、夏旺季中的占比却有所下降。冬季，荷兰人和瑞士人的占比上升，夏季比利时人的比重比较大，这种多样化现象在 20 世纪 90 年代以后更加鲜明。

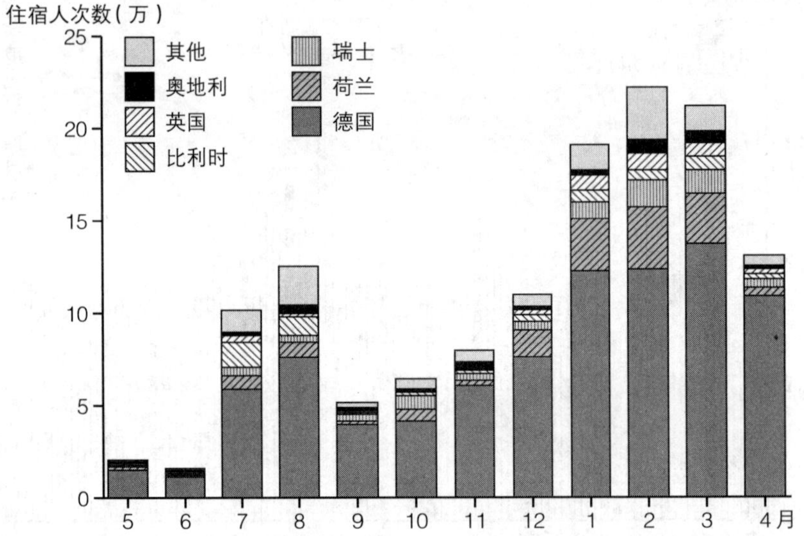

图 9–10　索尔登各国住宿人次数的年变化（1991/1992 年度）

注：包含荷索尔登及兹维施泰因的值。

资料：Tourismusverband Ötztal Arena

对于游客的行为特征，以 1987—1988 年实施的已有问卷调查结果为依据进行分析①。冬季到访游客的 98%~100% 参加过滑雪（表 9–11），95% 的受访者回答每天都会滑雪，滑雪之外与友人聊天或参加游泳的游客比较多。同时也反映出索尔登和荷索尔登之间的环境差异。荷索尔登是十足的酒店聚落，几乎所有的活动都高度依赖于酒店内部配套设施，因此，上述活动之外还有桑拿和养生等项目，这些活动的参与率高于索尔登。而在索尔登，可参与购物、打网球以及越野滑雪等活动。

表 9–11　索尔登及荷索尔登冬季游客参与活动比重 *

活动类型	索尔登（%）	荷索尔登（%）
滑雪	97.8	100.0
聊天	44.2	26.9
游泳	30.8	11.5
散步	19.2	0.0
桑拿	16.3	23.1
参观・见学	7.0	0.0
购物	7.0	0.0
雪橇	7.0	0.0
网球	5.2	0.0
越野滑雪	4.1	0.0
保养・静养	2.9	15.4

*：问卷调查结果，包含重复回答（1987—1988 年）
资料：Haimayer 主持的问卷调查

在夏季，户外活动参与者占 76%，滑雪参与率仅为 34%。与友人聊天比例仅为 7%，一定程度上反映了夜长与畅谈的关系，冬季的夜晚漫长，聊天的可能性就有一定增加。

9.5.6 住宿设施的变化

过夜人次数的不断上升推动了住宿设施及建筑物总量的增长。1975 年到 1985 年间，每年平均新增 15 栋建筑、改扩建 30 栋建筑（Bernt und Pauer，1987）。1981 年索尔登

① 该问卷调查由因斯布鲁克大学地理学教室的 Haimayer 老师主持，于 1987 年冬季和夏季，针对奥茨塔尔的投宿游客所进行调查。冬季的问卷调查样本有 442 份（其中索尔登为 172 份，荷索尔登有 26 份），夏季的问卷调查样本有 444 份（其中索尔登有 192 份）。

镇建筑总数为 724 栋，1991 年为 852 栋，2001 年为 1031 栋（图 9–3），尤其在 1991 年到 2001 年之间增长显著。

索尔登镇全域床位数在持续增长，20 世纪 90 年代后期已超过 15 000 张（图 9–7）。索尔登地区的床位数在 1980 年有较大的增幅（图 9–3），从 1982—1983 年度的 6862 张床位上升到 1992—1993 年度的 9177 张床位。这一时期，住宿设施的变化特征之一为廉价住宿设施（2 星 +1 星）的增加；其二为度假公寓的增加，由 1977—1978 年度的 188 张床位升到 1986—1987 年度的 1120 张床位，1992—1993 年度进一步上升到 1984 张床位，之后的情况尽管没有详细的统计数据提供，但度假公寓的总体状况是持续增长的。酒店和旅店类没有太大变化，而价格相对低廉的含早餐的山庄和小型接待设施的床位数则日趋减少。

20 世纪 90 年代前期的度假公寓多并设在酒店和供应早餐的山庄、小型住宿接待设施内部。比如小型住宿接待设施当中，传统的单间客房之外设有度假公寓间，从 1986—1987 年度的 48 家增到 1992—1993 年度的 84 家。度假公寓的增加是为了迎合不断增长的新需求而产生的，即游客对居家式的自由私人空间和自己做饭等方面的渴求。对于经营者而言，度假公寓间的设置可为其减少扫除之烦扰（扫除只需一周一次或退房后），提供餐饮便不再是标准服务内容，因此具有节省劳动等优势。

从资金来源来看，当时滑雪场、住宿设施以及后述的服务业设施都依赖于当地资本。仅有几例设施从外国银行融资，但纯外来资本为零。

9.5.7 城市化设施的增加与就业结构的变化

索尔登出现了大量的城市化设施如餐馆、咖啡厅等餐饮服务类场所，主要服务对象为住宿在索尔登的游客。1967 年这里只有 7 家餐厅和 5 家咖啡厅（表 9–8），到 1993 年，各增至 37 家和 21 家。餐厅数量的增长是各酒店纷纷增设餐厅的缘故。琳琅满目的餐厅看似能够满足游客的餐饮需求，但一到冬季的滑雪旺季晚餐时间，依然人满为患，供不应求。

索尔登的雪后娱乐设施也明显增加，迪厅、夜总会、酒吧等共有 26 家，吸引着年轻人和喜欢喝酒的滑雪爱好者。此外，还有 13 家运动用品商店、9 家时装店、7 家超市，以及不少银行。当时在索尔登的消费结算，需要将德国马克等外币兑换成奥地利先令，因此与人口规模相比，银行的数量略显多一些。还有多家旅行社，主要规划和出售因斯布鲁克、意大利的梅拉诺（Merano）和加达湖（Lago di Garda）等地的观光旅游线路产品。

与上述旅游化相应，就业结构的第三产业化趋势明显（表 9–5），农林业和“工业 / 小型产业”的就业人口比例降幅比较大。总农户数量的减速虽然有所减缓，但“兼职农户 2”的形态（即农民夫妻的劳动时间中分配给农作业的时间不到一半）的农户数，从 1980 年的 56 户增加到 1990 年的 113 户（表 9–6）。在索尔登约一半以上的农业外劳动时间流入旅游产业，如索道公司的业务、滑雪教练、餐饮店和住宿设施的工作等。

旅游产业的劳动力需求量也不断加大。20 世纪 70 年代业已出现对季节性临时劳动力的高度依赖，当地劳动力不足问题已有所显现。到了第一次发展期，劳动力不足问题更加严重。笔者通过对镇政府部门进行的采访，获知 20 世纪 90 年代前期，估算的冬季从业人员总数约有 2800 人，其中大概 2000 人是外来劳动力（约 1500 人为季节性临时工作人员，500 人为通勤员工），剩余的约 800 人是当地人。全部约 2800 位人员中，约有 2000 人（71%）在住宿设施和餐饮店工作。滑雪教练约 200 人，索道公司工作人员约 160 人，约有 60 人在体育用品商店工作。

通勤员工的大部分来自奥茨塔尔内部。季节性临时工作人员的居住地则比较分散，住在奥茨塔尔外的蒂罗尔州、克恩滕州、施蒂尔马克州的比较多，此外，前南斯拉夫、土耳其等国家的外籍员工也不断增多。

9.6 第二次发展期（1998 年以后）

9.6.1 滑雪场的联合

在索尔登地区，20 世纪 70 年代中期以后，冬季滑雪场和冰川滑雪场的营业时期不同，主要是因为通往冰川滑雪场的公路在隆冬季节不能通车所致，而公路是去往冰川滑雪场的唯一手段。

然而，随着全球变暖，出现了积雪减少、冰川面积缩小等问题，而相比阿尔卑斯周边其他国家，海拔较低的奥地利阿尔卑斯区域情况更为严重。面对这一状况，索尔登启动积雪丰富且雪质上乘的冰川滑雪场的冬季利用，并于 1998 年加设了 3 条索道（Seekogl、Einzeiger（照片 9–9）、Gletscherexpress）（表 9–2 中 No.40~No.42），以此连接索尔登滑雪场和冰川滑雪场（图 9–11）。

照片 9-9　冰川滑雪场上的索道（2014 年 2 月）

1998 年在冰川上修建了索道。左边的索道为 Einzeiger，右边的索道为 Schwarzkogl。

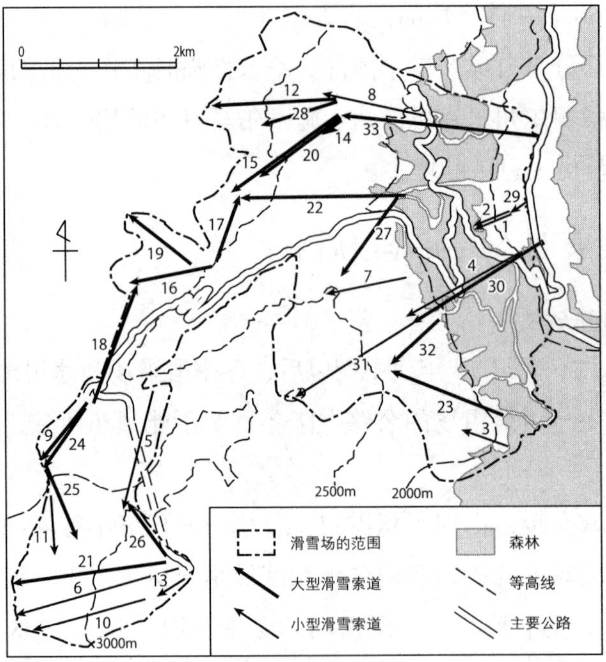

图 9-11　索尔登滑雪场的设施分布（2016 年）

注：索道的记号对应表 9-2 的 No.2。

资料：Ötztal Tourismus 滑雪场雪道分布图、Amt der Tiroler Landesregierung（2011）

虽然有新建的索道，但第二次发展期中索道总量是减少的（表 9-3），这是因为根据滑雪游客的流量，拆除客流量不大的索道所致（表 9-2）。1998 年以后的索道建设工作的重点是对旧索道的改造和升级。有一例特殊情况，修建滑雪场之间连接通道时在其北侧新建了一条 4 人座索道 Schwarzkogl（1999 年；照片 9–9），并新修了滑雪道。除此之外，主要是将旧索道改造或更新为更高运载能力的索道，以及索道站台的创新改造。2010 年更新的循环吊厢式索道盖斯拉施考吉尔，拥有富有创意和设计感的站台（照片 9–10）。2015 年的索道总数为 34 条，总运载能力达 67 634 人 /h（表 9–3）。滑雪场内的餐馆和休息处达 33 处，和站台同样在设计上非常考究。

照片 9–10　循环吊厢式索道盖斯拉施考吉尔的山麓站房（2011 年 12 月）

于 1988 年改装过的山麓站房（照片 9–6），于 2010 年被改造成玻璃墙面结构的时尚样式。

9.6.2 人工造雪系统的扩充

全球变暖的影响加大了对人工造雪的依赖，并给冰川滑雪场的利用带来了新的变化。在索尔登，1984 年开始人工造雪机的配置速度加快。2006—2007 年度的奥地利降雪量之低打破了历史纪录，经历这场危机以后，索尔登滑雪场马上投入 2300 万欧元用于建构和完善人工造雪系统，将人工造雪机布置到海拔更高的滑雪场。1990 年以前积雪量比较充足，人工造雪主要布置在积雪量不稳定的滑雪场下部，人工雪的覆盖在土壤和植被保护方面也能起到非常重要的作用。然而，人工造雪的利用范围在向高处挺进（照片 9–11）。2007 年在吉吉约赫上面的海拔 2600m 处修建了容积 15.5 万 m^3 的蓄水池，2010 年在冰川滑雪场（提芬巴赫冰川）的海拔 2919m 处建了蓄水量达 41.5 万 m^3、面积 $3.3hm^2$ 的蓄水池，除此之外还建造水泵并铺设输水管道。

照片 9-11　雷滕巴赫冰川上的滑雪道与人工造雪机（2014 年 2 月）

冰川滑雪场上设有很多人工造雪机。

人工造雪机的数量在 1998 年为 35 台，在 2010 年达到了 315 台，2016 年再增到 363 台。人工造雪覆盖面积在 20 世纪 90 年代一直停留在 $50hm^2$ 左右的水平，到 2010 年增到 $212hm^2$，有了很大的扩张（表 9-12）。从滑雪道的长度比来看，总长为 146km 的滑雪道中，111km 能够用到造雪机的雪，通过配备人工造雪机，确保滑雪道维持足够的雪深。

表 9-12　索尔登滑雪场人工造雪模式（2016 年）

滑雪场	P	L	M	雪道延长距离（km）	其他
吉吉约赫＋其上部	148	19		59.96	抽水设施 4，减压设施 1，抽水 · 减压设施 1，蓄水池 1（15.5 万立方米）
盖斯拉施考吉尔＋其下部	62	15		34.00	抽水设施 4
冰川	45	0		17.05	抽水设施 3，分配设施 1，蓄水池 2（41.5 万立方米＋ 0.9 万立方米）
合　计	255	34	74	111.01	

注：P：固定风扇型造雪机；L：枪式造雪机；M：移动式造雪机。
资料：https://www.soelden.com/schneeanlagen（2016/07/11 参照）

由于雷滕巴赫冰川和提芬巴赫冰川上也出现了全球变暖引起的冰川面积缩小的现象，因此冰川滑雪场的营业期比以前缩短，滑雪场在 5 月中旬到 8 月下旬期间是关闭的。只是在 7 月上旬到 8 月下旬期间，为满足游客观赏冰川的需求，运行 1 条索道。到 9 月，视积雪状况决定营业与否，通常在 9 月末开始营业。

9.6.3 滑雪场的特点

索尔登的滑雪场通过连接实现了大型化，空间范围从海拔 1350m 处一直向上延伸到 3340m（Schwarze Schneide）处，垂直落差达 2000m。这样的规模不仅在奥地利，在全阿尔卑斯区域也属于数一数二的滑雪场。其滑雪道的面积为 434hm^2，总长达 146km。最长的滑降距离为 15km，其垂直落差为 2000m。从滑雪道的等级构成来看，以初、中级水平滑雪者为对象的蓝色雪道占 48%，以中级水平滑雪者为对象的红色雪道占 30%，以高级水平滑雪者为对象的黑色雪道占 20%。索尔登的滑雪道等级构成和圣安东、基茨比厄尔、齐勒塔尔相比，初级滑雪道比较多，这也反映在客户群的技术水平构成。为滑雪玩家们所称道的滑雪场以中级滑雪道最多，也有一定规模的高级滑雪道，以此吸引大量高水平的玩家包括奥地利本国滑雪者。索尔登主要吸引那些喜欢在整修好的雪面上舒舒服服滑降的滑雪者，过去也没怎么举办过滑雪赛。后来，1993 年在雷滕巴赫冰川上举办了滑雪大回转世界杯赛的开幕赛，这一比赛项目从 2000 年开始每年都在此举行（2006 年 10 月的赛事因暖冬影响而中止）。

滑雪场内还举办各种大型活动，如每周五或周六举行的 DJ 音乐会、每周四在盖斯拉施考吉尔中间站举办的“蒂罗尔美食和音乐”盛会等。2014—2015 年度滑雪季，电影《007》在此拍摄外景，拍摄场景分别使用通往冰川滑雪场的公路、隧道以及盖斯拉施考吉尔的山顶站台。当地以此为噱头大肆宣传，公开发布拍摄日程等来吸引游客。

索尔登区域的聚落谷底，有两条用于越野滑雪的滑雪道，总长度分别为 4.3km 和 1.9km。索尔登地形崎岖不平，平坦地形相对较少，这样的地形条件并不太适合开展越野滑雪，参加越野滑雪的游客比重也不大（Gurschler，1985）。南侧的瑞斯尔施泰因村有一条总长 6km 的越野滑雪道。除此之外，这里还有两条约 5km 的雪橇滑道（Rodelbahn）：一条以东坡的山中小屋（Stallwies Alm）为出发点；另一条由滑雪场内最南端的盖里查姆（Gaislachalm）出发，只在夜间开放。

9.6.4 游客的持续增长

冬半期的留宿人次在 20 世纪末开始恢复增长，2015 年度超过 200 万人（图 9–4）；夏半期的变化不大，保持着 40 万人次的稳定水平。然而，到访索尔登的人数无论冬半期还是夏半期都有大幅增长，2015 年的冬半期到访人数为 43 万人，夏半期为 13 万人，说明游客平均居留天数缩短，冬半期的平均过夜天数为 4.7 夜、夏半期为 3.1 夜，短住倾向比较明显。

过夜人次的年变化比较激烈。2005—2006 年度的冬季占比进一步上升（图 9–6），从 11 月持续到下一年 4 月的冬半期占 80%，且这几个月的住宿人次都高于其他月份。

5 月、6 月和 9 月的淡季，过夜人次却极少。

从周变化来看，星期六抵达、下一个星期六返回已成为游客行为的固定模式。这 7 晚 8 天的模式对住宿设施的周转率而言，其提升效果是显而易见的。一到滑雪旺季，几乎所有的住宿设施只接受从星期六入住连住 7 天的订单，这一现象在阿尔卑斯全域随处可见（Behnen，2012）。来自英国、斯堪的纳维亚、荷兰、德国和俄罗斯的滑雪游客一般于星期六抵达，因此，一到星期六交通流量就会大增。

从 20 世纪 90 年代中期左右开始，客源结构逐渐发生了变化，主要表现在东欧游客过夜人次的上升与德国游客过夜人次的下降。从 1989 年开始的东欧剧变刚告一段落，到访奥地利滑雪的捷克、波兰、匈牙利和斯洛伐克的游客就有迅速增长（Kureha，2004b）。2000 年以后，其他东欧国家，尤其是俄罗斯游客过夜人次的增长显著。德国游客过夜人次从 2000 年左右开始，无论是在其总量还是占比上都有下滑趋势（图 9–12），到 2010 年以后有转增迹象。除此之外，来自荷兰、英国、比利时、瑞士的游客也占有一定的份额，这一趋势还在持续。

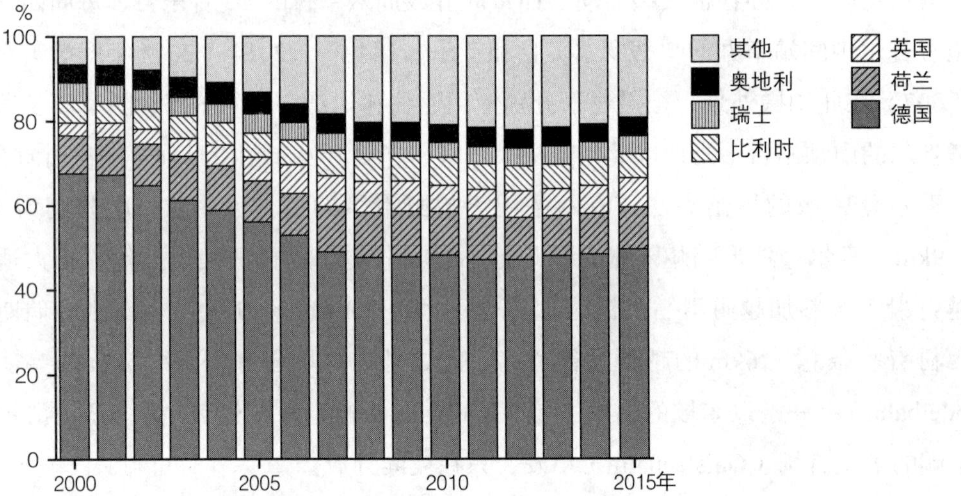

图 9–12　索尔登镇住宿人次数国别占比变迁（2000—2015 年）

资料：Amt der Tiroler Landesregierung: Der Tourismus im Winter (Summer)

另外，索尔登北侧相邻的朗根菲尔德镇也有多个住宿设施聚集区（池永正人，2002）。朗根菲尔德镇的住宿设施总数约 380 家（4700 张床位），冬半期有 42 万过夜人次，夏半期为 30 万左右（2015 年）。这里的住宿设施费用略低于索尔登，有开往索尔登的公共汽车和车次繁多的摆渡大巴，游客可凭索道票免费乘车。

9.6.5 住宿设施的大型化趋势

索尔登镇全域床位总数在不断上升（图 9–7）。索尔登区域的床位数也日趋增多，2008—2009 年度的床位数为 10 610 张，2015—2016 年度则达 11 261 张，但设施的个数仅增加了一点（表 9–4）。“2 星 +1 星”以及“小型”住宿设施的床位在减少，增加的是“5 星 +4 星”高档接待设施的床位，高档设施都是通过改装和重建实现质量升级。度假公寓也有显著增加，特别是 11 张床位以上的“大型度假公寓”的床位数量的增加幅度大（照片 9–12），2008—2009 年度有 65 个设施、1277 张床位，到 2015—2016 年度达到 81 个设施、2042 张床位。各住宿设施都在其网络主页平台上登载设施的外观、房间、早餐间、餐厅、桑拿房和游泳池等照片，度假公寓还会登载房间内部布局图（图 7–10）。消费者可以根据这些信息提前了解设施的基本状况后再进行预订。

照片 9–12　因那瓦尔德的度假公寓（2013 年 8 月）

西面山坡上的因那瓦尔德地区的度假公寓。左侧为 4 星级的高级度假公寓（也是酒店，附设有早餐餐厅、酒吧等），右侧为包早餐的山庄（里边有一套度假公寓）。

9.6.6 夏季旅游的持续发展

夏季游客的活动内容丰富多彩，其中登山和山地骑行占核心地位，此外还有漂流和攀岩等。

登山是夏季的传统休闲活动，其魅力依然长盛不衰。丰富多彩的路线和行程能满足体能不同、时间预算各异的各类登山游客，由旅游局提供相关信息。比较极端的例子有被称为“奥茨塔尔之路”的超长路线，这一长达 400km 的徒步线路，是环绕奥茨塔尔周边山脉而修建的。大部分徒步游客以索尔登为基营，以一日游的形式穿梭于周边的山地间。为满足这部分游客的需求，索尔登启动部分循环式吊厢索道，并运行通往冰川、芬特以及奥博古格尔的大巴。

最近 20 年，自行车休闲运动的人气渐旺。索尔登地区有着较好的山岳自行车骑行条件，可随身携带自行车乘坐缆车登山，然后沿着滑雪场的雪道或林道往下骑行（照片 9–13）。从索尔登到奥博古格尔、蒂默尔山口（Timmelsjoch）、芬特等地之间的公路骑行也有比较高的关注度。从 1982 年开始，每年 8 月末举办“奥茨塔尔自行车马拉松赛“（照片 9–14），该马拉松行程安排如下：从索尔登经由库台（Kühtai）骑到因斯布鲁克，再南下越过布伦纳山口进入意大利境内，然后穿行蒂默尔山口回到索尔登，全线延长距离为 238km，总高差达 5500m。索尔登是该马拉松项目的核心举办地，竞技运动类设施也在不断扩充和完善。

照片 9–13　循环吊厢式索道山麓站里的山地自行车骑手们（2014 年 7 月）

骑手们乘缆车上山，下山时骑着山地车沿着林道或专用路线冲下来。

照片 9–14　自行车马拉松赛前的国道（2012 年 8 月 24 日）

为迎接两天后召开的自行车马拉松赛，主要赛道的国道被装饰一新。

2004 年 10 月，具备住宿功能（400 张床位）的温泉“水上宫殿（AQUA DOME）”在索尔登北侧近邻朗根菲尔德镇开业。在索尔登留宿的游客里，有不少选择到这里来游玩，特别是冬季遇上恶劣天气时，温泉游泳池就会人声鼎沸。

奥茨塔尔内的住宿设施在夏季发售通用于河谷内所有交通工具、索道、水上宫殿、游泳池、博物馆的一卡通（奥茨塔尔卡），方便居留者利用各种设施。2016 年，7 日卡的成人价格为 73 欧元。类似这种通用卡的服务模式，遍及奥地利阿尔卑斯区域的很多度假地，有些地方甚至免费提供给夏季住宿客人使用。

9.7 度假小镇景观的变迁

9.7.1 度假地形成期

在前面也提到过索尔登区域的传统聚落多以小村庄或孤立庄园的形态分散布局。第二次世界大战结束时，小村庄还基本上分布在山麓和略高出谷底的地方。有报告显示，1987 年 8 月 24 日发生在索尔登的洪水中，传统小村庄受灾并不严重（Muhar，1988）。

20 世纪 50 年代和 60 年代，出现了房地产热，当时很多建筑建在谷底。1953 年奥茨塔尔阿赫河沿岸有着调节洪水之功能的自然涵养空间（Pfitzner et al.，1989），连这里都被填土盖房。例如，循环吊厢式索道盖斯拉施考吉尔的山麓站台，就修建在奥茨塔尔阿赫河的旧河床上。

1963 年的建筑分布格局（图 9–13）和 1947 年相比，显示较大的空间扩张，尤其是奥茨塔尔阿赫河以西的与河流平行的国道沿线出现了大量建筑。随着盖斯拉施考吉尔索道地位的上升，站台附近也相继建了许多住宿接待用的建筑和商用建筑。

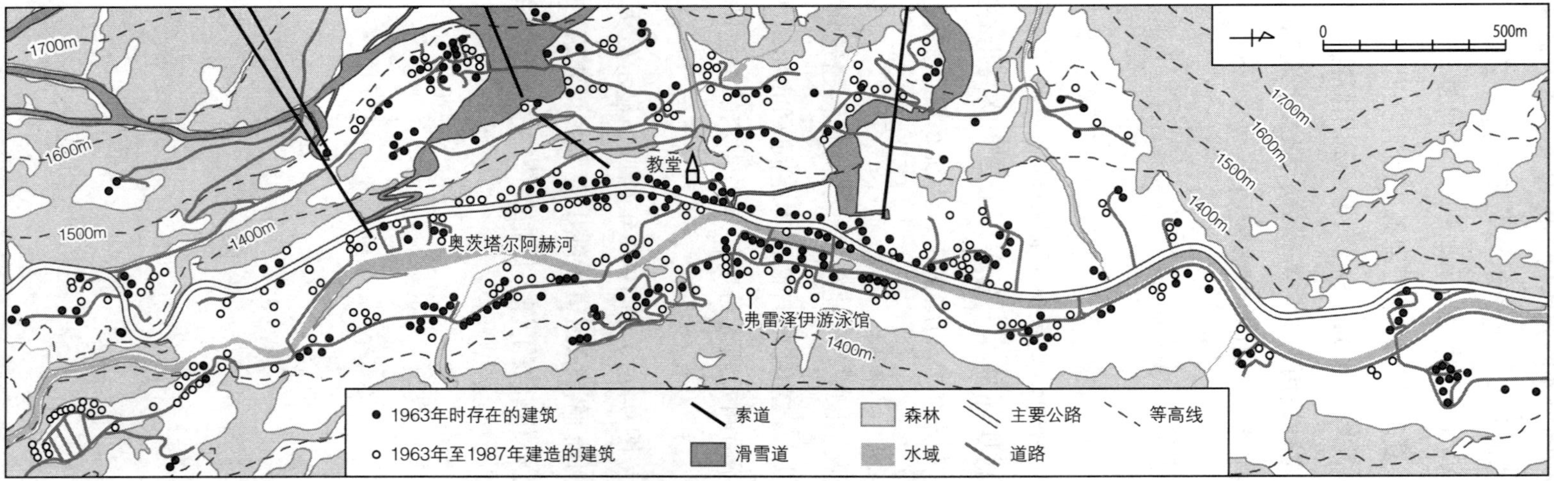

图 9–13　索尔登的建筑分布（1963、1987 年）

注：森林、滑雪道、水域、索道；路网、等高线根据由 Ötztal Tourismus 2015 年发行的度假地地图绘制。对于周边区域进行了一定的简化处理。

资料：Land Tirol: Laser– und Luftbildatlas Tirol（https://portal.tirol.gv.at/LBAWeb/）1963 年 7 月 15 日和 1987 年 8 月 30 日拍摄的航拍照片

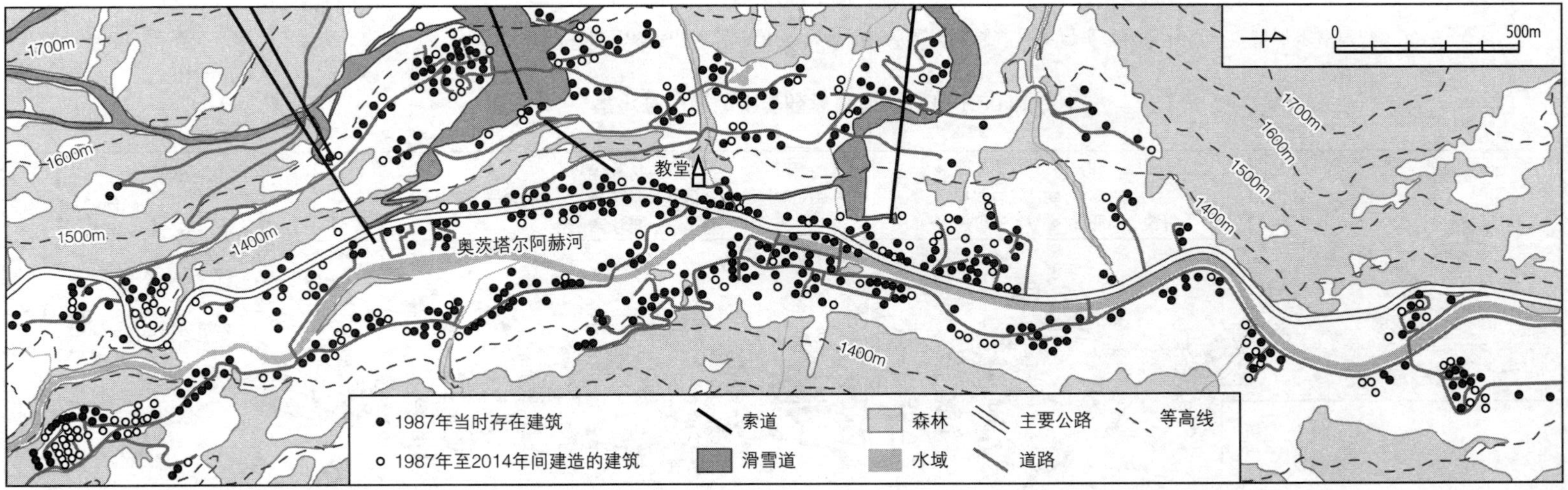

图 9-14　索尔登的建筑分布（1987、2014 年）

注：森林、滑雪道、水域、索道；路网、等高线根据由 Ötztal Tourismus 2015 年发行的度假地地图绘制。对于周边区域进行了一定的简化处理。

资料：Land Tirol: Laser- und Luftbildatlas Tirol（https://portal.tirol.gv.at/LBAWeb/）1987 年 8 月 30 日拍摄的航拍照片，2014 年为依据实地调研

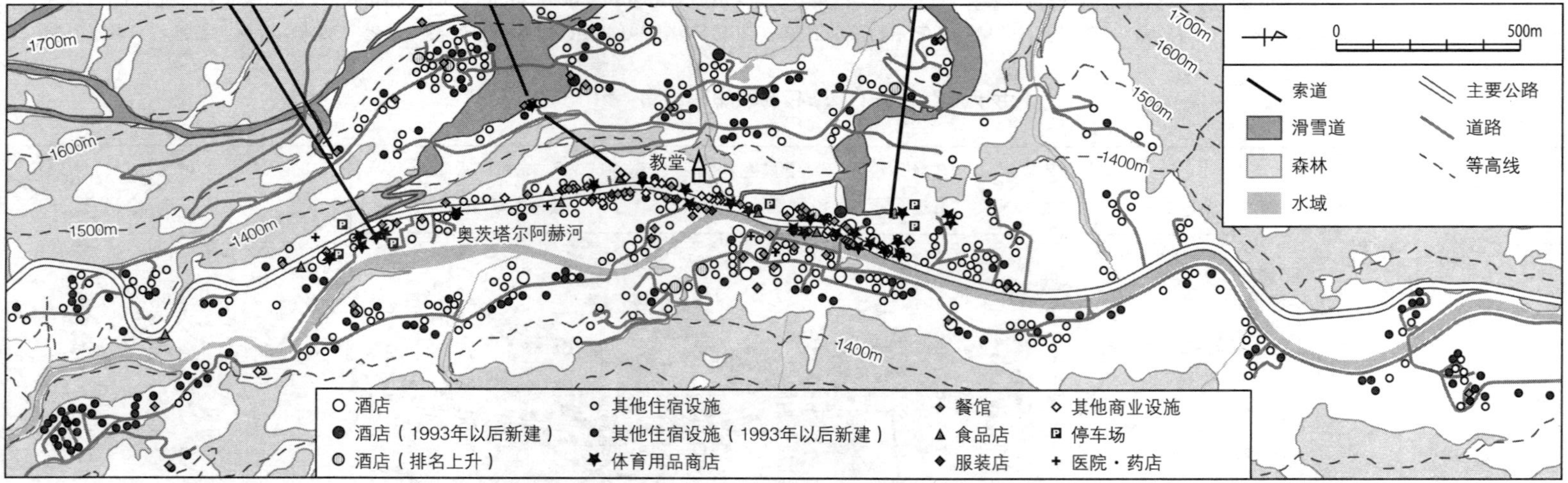

图 9-15　索尔登的旅游相关服务设施的分布（2014 年）

注：森林、滑雪道、水域、索道；路网、等高线根据由 Ötztal Tourismus 2015 年发行的度假地地图绘制。对于周边区域进行了一定的简化处理。
资料：实地调研,1992 年的住宿设施根据当时的设施名册（Tourismusverband Ötztal Arena 发行）确认

9.7.2 度假地的量变期

第二次房地产热出现在 20 世纪 80 年代（Muhar，1988），其建成范围逐渐往山麓方向扩展。这主要是因为谷底的用地不足和地价飞涨，还有就是由于坡地的农业性土地利用率的下降。尤其是奥茨塔尔阿赫河东岸最南侧的维尔德莫斯地区，以村营住宅为中心造出大量建筑（图 9–13）。

20 世纪 90 年代前半期的索尔登地区，度假村的商业中心沿着国道长条状延伸。这一特点在早期便已形成并一直延续，理由可能与索尔登没有教堂和教会广场这类聚落的传统功能中心有关，因此没有形成欧洲的聚落中最常见的以教堂为中心的环状形态。索尔登的教堂位于山坡上，与国道有点距离。度假村的商业中心范围是两个循环吊厢式索道盖斯拉施考吉尔和吉吉约赫之间的地带。地处奥茨塔尔河以东河岸的弗雷泽伊游泳馆（Freizeit Arena），以及其西侧相邻的政府大楼附近，也聚集着商业设施。这些商业中心地带分布有商店、餐饮店、体育运动用品店（照片 9–15）等服务业设施，并聚集着较大规模的住宿设施。这里最典型的建筑景观特征是 1 楼商铺、2 楼及以上为住宿设施。

照片 9–15　国道沿线的体育用品商店（1992 年 9 月）

1 楼为商铺，2 楼及以上为住宿设施。

照片 9–16　国道沿线装修一新的体育用品商店（2014 年 2 月）

照片 9–15 的体育用品商店扩建成拥有地上 2 层、地下 1 层的巨大卖场的大型商店。其后半部为度假公寓。

在中心商业区外围，依然残留着农业景观，零零星星分布着带有畜舍和干草饲料仓库的农家。这些地方有若干农家民宿，还有些由脱农居民经营的住宿设施，但其他服务设施很少。

9.7.3 度假地的质变期

2000 年以后地产热有所降温，尽管如此，建筑的数量还是在不断上涨。索尔登镇的建筑物数量一直增长到 2011 年（图 9–3），人口的增长也同样显著。

建筑物的数量增长主要和度假公寓的增加有关。1987—2014 年之间新建的建筑，主要分布在外围地区（图 9–14）。在坡度较陡的紧靠森林的东部地区，除了最南部的维尔德莫斯（Wildmoos）地区以外，新建筑极少。而西侧的山麓地带，因靠近滑雪场，屹立着很多新建筑。从住宿设施可以直接进出滑雪道，这一便利性是吸引滑雪游客的重要区位要素。

最后阐述 21 世纪 10 年代中期的度假村景观特征（图 9–15）。度假村的商业中心地带依旧沿着国道长条状延伸。旅游相关服务业密集分布在循环吊厢式索道吉吉约赫山麓站和中部穿梭缆车（Zentrum Shuttle，照片 9–17）的山麓站之间，索尔登的餐饮店、体育用品店、食品商店、服装店多集中在这里。然而，循环吊厢式索道盖斯拉施考吉尔的山麓站附近，商业设施就没那么多。这是因为吉吉约赫山麓站到冰川滑雪场的可进入性更好。尽管如此，也有一定数量的滑雪游客滑雪活动从开始到结束都在盖斯拉施考吉尔山麓站，因此在站台附近也聚集着一定数量的体育用品店和餐饮店。

照片 9–17　中部穿梭缆车 Zentrum　Shuttle（2013 年 9 月）

从山谷通往台地的中心穿梭缆车，2010 年建成（原来有单人座索道）。作为因那瓦尔德地区等的交通手段，具有重要意义。

餐饮店多附随在住宿设施里，其数量和过去一样多，各餐饮店都在丰富和充实雪后娱乐相关菜单，如啤酒、柠檬啤酒（啤酒加柠檬汽水）、葡萄酒和鸡尾酒等。设计优雅的玻璃墙面建筑（照片 9–18）和凉亭的席位很受游客欢迎（照片 9–19），滑完雪后在此停留，喝上一口、歇歇脚的游客大有人在。

照片 9–18　玻璃墙面结构的雪后娱乐设施（2016 年 2 月）

玻璃墙面部分是店铺，房屋举架很高。滑雪者们可在滑完雪后回去的路上到此喝一杯。2 楼及以上为住宿设施。

照片 9–19　设有凉亭席位的雪后娱乐设施（2016 年 2 月）

傍晚，滑雪归来在此停歇的滑雪者络绎不绝，热闹非凡。

体育用品商店有 27 家，半数以上坐落于吉吉约赫索道的山麓站附近（图 9–15，照片 9–20）。和 1993 年的 13 家相比，增加了一倍多（照片 9–16）。它们分属于 7 家公司。雪具的租借需求以及对于时尚户外服饰需求的上升，是体育用品商店不断增加的主要原因。如今的滑雪游客更倾向于租用滑雪板，而不是购买，能够体验花式繁多的各式滑雪板（如宽边滑雪板等）也是租用的魅力之一，所以雪具租赁行业的重要性进一步提升。体育用品商店通过网络平台和工作人员的多国语言服务，接待集中在星期六的滑雪游客。一套成年人滑雪板加滑雪靴的出租费用约 200 欧元 / 周（2016 年）。进入 21 世纪之后，在欧洲开始流行穿户外服饰，而体育用品商店是选购最新流行款式的最佳场所。各体育用品商店备齐多种品牌的最新款式，也有一些品牌商在索尔登开设专门店，此外还有几家服装店出售户外服饰之外的服装。

照片 9–20　循环吊厢式索道吉吉约赫山麓站房旁边的体育用品商店（2014 年 2 月）

该体育用品商店紧挨着循环吊厢式索道吉吉约赫山麓站房，便于进出滑雪场时利用。右侧为立体停车场。

出售食品的商家有 4 家超市（大型 3 家，小商店 1 家）以及面包店、精肉店。依山而建、备有地下停车场的大型超市地处最南端的国道边（图 9-15），其他都坐落在商业中心区（照片 9-21）。据说，即使是租用度假公寓的游客，自己动手准备丰盛晚餐者也比 20 世纪 90 年代少很多，在食品店采购的大部分为早餐用的食品和饮料。

照片 9-21 国道沿线的大型超市（2014 年 2 月）

中心街区的大型超市。在冬、夏旅游旺季，光顾的游客很多。

关于住宿设施的大型化趋势已在前面提及。大型酒店多分布在商业中心地带（图 9-15），而外围地区则有很多新建的住宿设施，也不乏对旧住宿设施进行改造的（1993 年到 2014 年）。新建接待设施几乎都是度假公寓，最近越来越重视豪华基调，也有大型酒店配置度假公寓，将其作为分馆经营和管理。如今对品质的重视高于对床位数量的追求。

20 世纪 90 年代之前建成的建筑，其样式和索尔登传统建筑几无区别，然而 2000 年以后，出现了兼具艺术性和功能性的建筑样式。盖斯拉施考吉尔索道站房（照片 9-10）、玻璃墙面的雪后娱乐设施（照片 9-18）以及平顶结构（照片 9-22）等，都是其代表性例子。另外，还建有两处立体停车场（照片 9-20）。

索尔登的商业中心地带坐落于国道沿线（照片 9-23 和照片 9-24）。该国道是通往奥博古格尔以及芬特的唯一公路，夏季可穿过蒂默尔山口前往意大利。交通大动脉和度假村中心地带行人的步行空间重合在一起，会引起诸如汽车尾气、噪声、步行者事故隐患等问题，因此，当地策划、提出多个人车分流的方案，其一为隧道的修建计划，但直到 2017 年的时间点都还没有建成，看来计划的落地仍需时日。

照片 9–22　样式新潮的体育用品商店与酒店（2011 年 12 月）

平顶结构的功能性建筑增多，与周边景观的和谐统一成为问题。

照片 9–23　国道沿线的中心街区景观（北部）（2014 年 2 月）

滑雪旺季街景。有些时间段，步行道上满满是滑雪者。

照片 9–24　国道沿线的中心街区景观（北部）（2014 年 7 月）

夏季旅游季节，道路显得狭窄，公路上车流如织。

9.8 小结

第二次世界大战刚刚结束时，索尔登尽管有些许度假地式的利用，但总体上是条件比较差的山地村落。之后滑雪场逐步向高处扩展，过夜人次急剧增长，其经济活动重心逐渐转向旅游业。景观层面上，滑雪场关联的各种设施和住宿设施比较突出。国道两侧的商业中心地带，密集分布着餐饮店、体育用品商店以及其他商业设施，从而构成度假小镇。

索尔登通过连接冰川滑雪场实现了滑雪场的大型化，并通过不断改造和更新设施来促进滑雪场的持续发展与完善。度假小镇住宿设施的高档化和服务设施的多样化趋势日益显著。随着滑雪场和度假村的不断发展，以德国人为首的过夜人次不断上涨。人口和建筑的数量也不断增加，预示其作为滑雪度假地欣欣向荣的发展势头。这一状况截然不同于第 8 章中分析的高级度假地莱希以及基茨比厄尔的日暮途穷。索尔登所具有的不同于那些高档度假地的魅力，以及时尚雅致的形象已经深入人心，这是其勃勃生机的关键，前景依然可期。

索尔登得以保持如此旺盛生命力的原因有以下几点，首先是自然条件。全球变暖之际，海拔较高和拥有冰川可谓是索尔登得天独厚的优势。其次是灵活性战略。针对滑雪游客的行为模式和喜好的多样化发展形势，索尔登通过组织、举办多彩的活动以及餐饮店和体育用品商店等服务业的多样化措施以应对。第三是规模化发展。通过和相邻的高档度假地奥博古格尔、没有滑雪场但有丰富廉价住宿设施的朗根菲尔德及其大型温泉设施等的联手协作，取长补短，营造出奥茨塔尔全域范围的庞大度假地空间。

然而挑战也是有的。索尔登的索道票和住宿费等消费服务价格几乎每年都在上涨，这可能是因连年的索道改造和更新、新式建筑不断增加而造成的成本上涨的后果。度假地要继续发展，改造升级就不会停滞，所以涨价今后还会继续，有必要密切追踪今后的动态。

第 4 篇

结论

奥博古格尔（2016 年 2 月）

本书的目的是梳理和分析滑雪度假地的发展演化机理。在前面的章节，比较分析了日本和欧洲阿尔卑斯区域，探讨并揭示了滑雪度假地发展中出现的各种特征，在下面进行总结。

一、日本与奥地利滑雪度假地的发展机理

滑雪是在19世纪末传播到奥地利所在的阿尔卑斯区域的，并在此逐步确立了阿尔卑斯式滑雪技术，传入日本的便是阿尔卑斯式滑雪。然后，滑雪场逐步转化为休闲娱乐空间，并向以滑雪场为核心资源的滑雪度假地演进。第二次世界大战后的大众旅游时代，日本和奥地利的滑雪旅游都有了长足的发展，滑雪人口剧增，滑雪度假地在空间分布范围上不断扩大，度假地个体的规模上不断扩张。

关于度假小镇的生成模式，沿用白坂蕃（1986）的滑雪聚落发展模型，将其分为原生聚落的渐变型和非居住地上生成新聚落的新生型。渐变型度假小镇是指东阿尔卑斯区域的以农业聚落为根基，度假地向高处扩展的形态，日本的农村聚落和温泉聚落在修建滑雪场后发展成滑雪度假地亦属此类。新生型度假小镇以西阿尔卑斯区域尤以法国的20世纪60年代规划建设的滑雪度假地为代表。日本的新生型度假小镇以1972年的斑尾高原为先驱，在80年代的度假地大发展时代，安比高原等多个滑雪度假地建成于非居住区域。

20世纪90年代中期以后，日本的滑雪旅游衰退比较严重，滑雪人口以及滑雪者到访数量都大幅下滑，结果造成以小型滑雪场为主的近四成滑雪场关闭或停业。背后有积雪量不足原因的危机，然而更致命的是滑雪者减少造成的经营状况的恶化，此外还有“近邻负效应”以及市町村合并的影响。营业中的滑雪度假地也大多经营平淡，为了打开局面，各度假地在增强自身特色上寻求突破，或强化夏季旅游等，在做多方努力。然而，因滑雪者到访数量下降，不得不削减资金，形成一种恶性循环，结果陷入既没有经费及时更新滑雪场内设施，也无法有效提升服务质量的两难境地。

而在奥地利的一些滑雪度假地，过夜人次数不断增加，索道及住宿设施和服务设施不断更新升级，显示一派欣欣向荣的景象。源源不断的投资是由于有纷至沓来的滑雪游客，而客流络绎不绝是因滑雪度假地服务的常改常新，对于度假地的发展来说这种变革与创新意义非凡（Mayer，2009）。

是什么原因造成日本和奥地利滑雪度假地发展有这么大的差距？日本的泡沫经济

崩溃后的低迷状态持续了很长时间，而欧盟随着区域一体化的深入，经济发展得到了很大的活力。德国、荷兰等一些欧盟国家，居民的滑雪度假消费需求很大，奥地利滑雪度假地还有很多来自捷克和波兰等东欧国家的新兴客源输入。

在日本，山地、积雪的自然条件固然是滑雪度假地发展的必要条件，而和大城市之间的交通便利度也是非常重要的区位条件，这和将在后面详述的短住为主的日本滑雪旅游行为特征与“滑雪旅游文化”特性有关。越来越多的外国滑雪游客的身影出现在日本的滑雪度假地上，其原因之一就是丰富的积雪，世界稀有的新雪和雪深等都是其独特优势。

坐落于阿尔卑斯区域的滑雪度假地凭借自身海拔高、山体大的自然条件，拥有为数众多的大型滑雪道。特别是海拔高这一点非常有利于维护人工积雪，面对持续的全球变暖，可以说是得天独厚的优势，因此是阿尔卑斯区域的滑雪度假地保持生机的重要条件。同时，他们也重视滑雪场之间的横向联系，如发行通用索道票来提升滑雪游客的便利度，用索道的连接来克服滑雪场之间的物理障碍。

二、日本与奥地利滑雪度假地的构成要素

日本与奥地利滑雪度假地都由滑雪场和度假小镇构成的，但其具体内容和构成要素存在较大的差异。滑雪场基本上都具备滑雪索道、餐馆和人工造雪机等，只是两国在设备更新方面表现不同。两国所提供的服务项目基本相似，然而因日本和奥地利游客行为特点不同，具体内容还是存在着很大差异。在日本，游客集中在元旦前后及周末，易造成这些时间段滑雪场极度拥挤的现象，而在奥地利，游客居留时间较长、平日里也有一定的客流量。若反向解释，奥地利滑雪场可以根据日际变化不大且分散的游客行为特征来设计持续性的、分散性的服务，而日本的滑雪场则主要是应对周末的拥挤状况。

度假小镇内容差异的根基也在于滑雪旅游形态上的差异。两国都是由住宿设施作为度假小镇景观的核心，住宿设施类型丰富，层次多样，滑雪旅游花费较大。日本传统上以温泉旅馆和民宿作为住宿设施的支柱，从 20 世纪 70 年代开始山庄和酒店的地位逐步提升。然而，在滑雪旅游停滞期，民宿和山庄的倒闭增多，也很少对住宿设施进行更新。日本滑雪度假地的住宿设施普遍供应早晚两餐，这一点也造成民宿等由个人经营的接待设施过重的劳动负荷。

奥地利传统的住宿设施是山庄，有不少酒店是由山庄扩大规模成长起来的。5 星 +4 星设施的增多，推进着住宿设施的高档化。同时，设施的更新也比较频繁，带有卫浴

的房间占一大半，近年不断充实网络环境，如在企业主页上登载房间布局信息等，服务越来越丰富。20世纪90年代以后，度假公寓加入，便于游客能够在和日常生活空间同样舒适的居住环境里享受滑雪，享受长假。日本和奥地利之间住宿设施上的差异反映着度假生活方式上的差异。

从住宿设施之外的服务设施来看，日本纪念品商店比较多，这一点是日本比较特殊的地方，除此之外的服务设施和奥地利相比少得可怜，体现出提供1晚2餐、喜好购买纪念品等根植于日本社会的旅游文化特征。而在奥地利，多种餐饮店、体育用品商店、超市等各式各样的服务设施位于度假小镇商业中心区。主要是因为在奥地利高档酒店以外，住宿设施往往只提供早餐，同时还有不供餐的度假公寓，因此增加了餐饮店的需求。还有能够享用酒类的雪后酒吧等设施也比较发达。能够品尝到各式餐馆的美味也对长住度假游客有极大的吸引力。滑雪用品及服饰，偶尔还有珠宝等商品的采购，也成为长住度假游客的快乐体验之一，因此带来了体育用品商店和服装店等的聚集。诸如此类，逐步建构的优雅时尚形象，吸引滑雪游客纷至沓来。

三、日本与奥地利在滑雪文化上的差异

造成日本和奥地利之间滑雪度假地的诸多特性差异的“滑雪文化”是怎么形成的呢？这里所说的滑雪文化包括滑雪者的滑雪娱乐方式以及在滑雪度假地的行为模式。

大众旅游以前，滑雪文化的中坚力量为富裕阶层。无论是阿尔卑斯区域还是日本，当时都以富裕层的长居为主。在阿尔卑斯区域原本就有夏季度假的传统，后来在冬季也开始实施长假。滑雪技术由奥匈帝国的莱尔希少校正式引入日本，之后继续从奥地利和法国等地传入，历经一些改变，逐步定型。滑雪技术刚刚进入日本时，富裕层受外国人的避暑度假生活方式等影响较大，以这些富裕层为核心的游客到温泉等地住一段时间，沉浸于滑雪，乐此不疲。由此可见，这一时期日本和阿尔卑斯区域的滑雪文化，在长居这一点上是相似的。

进入大众旅游时代后，同带薪休假的普及联动，阿尔卑斯区域的度假地有了跳跃性的发展。人们利用夏季的带薪长假在海滨度假地享受假期生活，也有一些人作为带薪休假的一环，选择在滑雪度假地享受愉快的假期。最开始，居留期间长达10天到2个星期，居留天数在近年有所缩短，但普遍有8天7夜，长居的文化没变。从供给侧层面，在想要提升周转率的住宿设施经营者的意向介入和干预下，出现了星期六被固

定为移动日的倾向。

日本在大众旅游深化过程中，像夜行火车的利用所示，短暂停留的滑雪旅游成为主流，背景可能有假期少、经济不够充裕等原因。这一情形促进了廉价住宿设施——民宿的发展。冬季以外的季节，同样是以短期停留型的旅游成主流。虽然也在呼吁长假制度的确立和完善，但实际情况只是多了一些因“快乐星期一”的设置而出现的分散的小长假而已。所以在整体旅游形式上短期停留成为突出的特点，而这一特征也影响了旅游文化。客源地的大城市和滑雪场距离相近，也是其背景之一。20世纪80年代以后，通往积雪区域的高速交通路网进一步完善，缩短了大城市到滑雪度假地之间的时间距离，促成了迎合日归滑雪者需求的滑雪场。适于长住的滑雪度假地较少，可能也是其影响因素之一。

旅游具有暂离惯常生活圈域的特性，旅游目的地就是非惯常环境。不仅是滑雪度假地，对于度假地整体而言亦如此。然而，人们期望度假地生活中的一部分也具备和惯常生活同样的标准。这种度假生活的惯常性已现于别墅的生活方式上。然而滑雪游客对滑雪度假地所期望的日常性，普通酒店客房无法提供。和日常生活环境相比，酒店的房间显然过于局促，因此和日常居住空间格局相似的度假公寓甚得青睐。这一倾向在阿尔卑斯区域表现特别突出，日本的二世古和白马村等地也开始现形。日本曾经都是面向短居客的服务设施，不能满足具有长居滑雪文化的入境游客的需求。外国资本控制的度假公寓的剧增正是抓住了这一供给缝隙。正值日本国内滑雪旅游低迷，也有着投机心理，外国人的参与加剧着度假公寓的聚集。

四、日本与奥地利滑雪度假地的未来展望

日益增长的入境旅游需求，对日本滑雪度假地提出了新的要求。2000年前后开始，澳大利亚的滑雪游客增长非常显著，欧美和亚洲各国的滑雪游客也在不断增加，这一状况持续的可能性比较大。“亚洲的滑雪度假地”这一定位将成为日本的滑雪度假地今后持续发展的重要形象认知。

日本滑雪度假地在第二次世界大战以前曾有过作为获取外汇的一种手段积极开发入境旅游市场的历史。志贺高原和妙高赤仓建设了用来接待外国游客的酒店，当时各种服务基本由酒店提供。现在有大量的外国游客涌入日本的滑雪场，且和第二次世界大战前不同，日本和欧美各国之间的滑雪文化已有了相当大的差异。同时，随着旅游形态的多样化进展，外国游客还期望以多种形式接触、了解并享受日本文化。然而，日本对这一状况显然还没有做好充分的准备。面对外国游客多样化需求，应如何应对，

还没有相应的措施。因此，由外国人主导，在日本滑雪度假地开展迎合欧美滑雪文化的创业活动，即由外国人作媒介将欧美文化引入日本滑雪度假地。二世古区域、八方尾根、野泽温泉等地进行了基于上述创新型的创业活动，促成新型住宿设施和新型服务业的快速发展。这一点和几乎没有外部力量渗透机会的奥地利大相径庭。日本滑雪度假地需要应对入境旅游相关的诸多挑战，要加深日本乃至国外滑雪文化的了解，在此基础上积极开展相应服务。

目前，日本的滑雪度假地因滑雪游客流量减少，住宿和餐饮等服务行业的经营陷入困境，再加上继承人不足的恶性循环，造成无法及时有效应对入境旅游的布局。二世古和比罗夫等地实施的区域经营（area management）的做法或许会提供一些有益的借鉴。但归根到底，最重要的还是根据滑雪场自身的特点，因地制宜地开展相应的特色服务。

日本特色的合宿型旅游在一定程度上也能支撑滑雪度假地的持续发展。日本的滑雪度假地是由民宿的聚集和扩大而形成的，若能扩充和完善运动场等设施，接待合宿游客轻而易举。与此相反，单靠乡村旅游，难以保证来访游客数量和持续性。与登山等项目的组合在滑雪度假地特色建构上也可能是一个有益的尝试。积雪区域可以考虑推广滑雪教育，这也许是滑雪人口的维持和滑雪场经营可持续的捷径。再拓展一下思路，若能让长居滑雪文化扎下根，滑雪度假地的繁荣发展应该是指日可待的。

奥地利滑雪度假地的繁荣景象能否持续、持续到何时呢？不断更新改造设备为手段提升服务质量的模式能否继续奏效，高度依赖人工造雪机的经营能否永续，尚存一些疑虑。Bourdeau（2009）的模型显示，到2060年阿尔卑斯区域将因其地势高所具备的凉爽夏季气候，转型为夏季目的地；他还预测海岸地带将成为冬季的避寒目的地，而夏季的海岸将会酷暑难耐。事实上，最近几年奥地利的夏半期住宿人次正在上涨，当然这里也有城市旅游成长与发展的功劳（吴羽正昭，2016），但阿尔卑斯区域的夏季旅游的增长趋势还是非常显著的。户外休闲活动的人气渐旺，户外系列的服饰及装备的流行也是其推力（照片10–1、照片10–2）。攀岩、山地骑行、公路自行车、漂流等多种活动的开展也丰富了夏季旅游项目和内容。这些变化将有可能降低滑雪度假地在冬季营业的可能性，从而将经营重心推向夏季，关于这些种种可能性和变化将作为今后的课题。

照片 10-1　齐勒塔尔·阿尔卑斯（2015 年 8 月）

奥地利蒂罗尔州的中心地迈尔霍芬南部坐落着齐勒塔尔·阿尔卑斯。较少人工干预的原生态山岳自然景观有着独特的魅力。柏林山中小屋（海拔 2042m）附近，能够观赏到与意大利接境处海拔 3000m 以上的山脊冰川。

照片 10-2　奥博古格尔附近的奥茨塔尔·阿尔卑斯（2016 年 9 月）

从奥博古格尔（参考第 9 章）往西南方向，穿过山谷，走 60min 左右能抵达 Schönwies 山中小屋（海拔 2266m）。

参考文献

［1］青木栄一・山村順次（1976）：日本における観光地理学研究の系譜．人文地理 28：171-194.

［2］浅川伶子（1964）：積雪寒冷農業地域の観光化現象—長野県白馬村の場合を中心に—．愛知学芸大学地理学報告 21/22：32-44.

［3］浅山　章（2010）：決断迫られる公営スキー場．日経グローカル 161：10-21.

［4］安食和宏・柏倉明彦（1988）：岩手県安比高原スキー民宿の立地について．東北地理 40：46-47.

［5］阿部志朗（1991）：積雪南限地域におけるスキー場の立地と展開．日本地理学会予稿集 40：144-145.

［6］天野誠一ほか編（1970）：『世界のスキー（現代スキー全集 1）』実業之日本社．

［7］天野誠一ほか編（1971）：『スキー発達史（現代スキー全集 5）』実業之日本社．

［8］新井　博（2002）：日本のスキー普及期におけるスキー場—福井県のスキー場の場合から—．日本スキー学会誌 12：93-107.

［9］新井　博（2011）：『レルヒ 知られざる生涯—日本にスキーを伝えた将校—』道和書院．

［10］池　俊介（1986）：長野県蓼科の観光地化による入会林野利用の変容．地理学評論 59：131-153.

［11］池　俊介（2006）：『村落共有空間の観光的利用』風間書房．

［12］池田庄治（1993）：リゾート開発と地域経済に関する若干の考察（1）—新潟県湯沢町の現状と課題—．新潟大学教育学部紀要人文・社会科学編 35（1）：105-116.

［13］池田庄治（1994）：リゾート開発と地域経済に関する若干の考察（2）—日本型リゾートの形成を目指して—．新潟大学教育学部紀要人文・社会科学編 35（2）：233-243.

[14] 池永正人（2002）：『チロルのアルム農業と山岳観光の共生』風間書房.
[15] 池野　悟（1981）：スキー場の開発に伴う林業集落の変容―新潟県湯沢町三国浅貝の事例―. 日本地理学会予稿集 19：198-199.
[16] 伊澤利久（1990）：交通条件の改善による観光地の成立―新潟県湯沢町の事例―. 日本観光学会研究報告 22：39-47.
[17] 石井英也（1970）：わが国における民宿地域形成についての予察的考察. 地理学評論 43：607-622.
[18] 石井英也（1977）：白馬村における民宿地域の形成. 人文地理 29：1-25.
[19] 石井英也（1986）：日本における民宿地域の形成とその地理学的意味―地域生態論の一つの試み―. 人文地理学研究 10：43-60.
[20] 石井英也（1992）：『地域変化とその構造』二宮書店.
[21] 石井　寛（1989）：観光開発にともなう林地移動と森林レクリエーション利用の現状. 林業経済研究 115：87-92.
[22] 石井雄二（1984）：菅平農業における土地利用の地域的変化―民宿経営が農業に及ぼす影響を中心に―. 農村研究 58：75-88.
[23] 石井雄二（1991）：会津フレッシュリゾート高層下の農家民宿の存立条件―福島県猪苗代町・磐梯猪苗代民宿協同組合の事業を中心に―. 農政調査委員会『リゾート開発と農村の活性化』同会（日本の農業，No. 180），41-65.
[24] 石塚和雄（1975）：夏スキーによる自然破壊とその対策. 遺伝 29（6）：55-62.
[25] 石塚啓子（1992）：長野県白馬村における観光資源の研究―色彩構成を中心として―. 地理学研究報告（千葉大学教育学部）3：19-28.
[26] 石原照敏（1991）：リゾート開発計画と地域経済―蒜山地域の場合―. 岡山大学産業経営研究会研究報告書 26：1-32.
[27] 石原照敏（1998）：フランス・アルプスにおける観光の発達と観光計画. 阪南論集（人文・自然科学編）34（2）：13-24.
[28] 石原照敏（2000）："国際山岳観光都市"と観光産業―長野県白馬・八方尾根周辺地域の事例―. 阪南論集（人文・自然科学編）35（4）：27-43.
[29] 石原照敏（2001）：地域開発計画による観光業と農業の共生システム―フランス・アルプス・ヴァルモレルの事例研究―. 阪南論集（社会科学編）36（4）：9-25.

[30] 市岡浩子・成澤義親（2006）：国際リゾート地としてのニセコ地域の可能性についての考察―オーストラリアからの来訪客受け入れの現状と課題―．札幌国際大学紀要 37：23-39.

[31] 市岡浩子・成澤義親・河本光弘（2008）：国際リゾート地としてのニセコの可能性についての考察（2）―インバウンド受け入れに関する現状と課題―．札幌国際大学紀要 39：145-154.

[32] 市川貞夫（1981）：日本におけるペンション経営―菅平峰の原高原の例―．新地理 29（1）：1-17.

[33] 市川健夫（1975）：『雪国地理誌』銀河書房．

[34] 市川健夫（1998）：長野県におけるスキーの発展―ウインタースポーツの振興と社会的背景―．長野県立歴史館研究紀要 4：1-12.

[35] 市川健夫（2004）：長野県におけるスキーの発展．同著：信州学大全．信濃毎日新聞社，862-882.

[36] 市川健夫・白坂　蕃（1978）：乗鞍火山東麓における山地集落の変貌．新地理 26（1）：1-27.

[37] 市川正夫（1997）：スキー場の開発と立地―越後湯沢・志賀高原・野沢温泉・八方尾根を例に―．信濃 49：805-821.

[38] 伊藤貴啓（1992）：岩手山南麓における土地利用パターンの変化．愛知教育大学研究報告（社会科学）41：27-45.

[39] 伊藤達雄・青木栄一（1962）：観光産業の形成要因の分析的研究―菅平高原スキー場を事例として―．観光研究 69：55-64.

[40] 伊東宏修・前田和司（2003）：リゾート地における移住者に関する実証的研究―北海道ニセコエリアのアウトドア体験業者を中心に―．北海道教育大学紀要 人文科学・社会科学編 54（1）：141-153.

[41] 今西英俊（2006）：深川スキー場の経済波及効果．地域研究所年報（旭川大学）29：23-40.

[42] 岩鼻通明（1981）：観光地化にともなう山岳宗教集落戸隠の変貌．人文地理 33：458-472.

[43] 岩鼻通明（1993）：観光地化にともなう山岳宗教集落戸隠の変貌（第 2 報）．山形大学紀要（社会科学）23（2）：179-198.

[44] 岩鼻通明（1999）：観光地化にともなう山岳宗教集落戸隠の変貌（第 3 報）．

季刊地理学 51（1）：19-27.

[45] ウィンパー，E. 著，ティンダル，H.E.G. 編，新島義昭訳（1998）：『アルプス登攀記』講談社. Whymper，E.（ed. Tyndale ，H. E. G.）（1936）：*Scrambles amongst the Alps*，6. ed. London：Murray.

[46] 上崎 哉（2009）：景観政策領域における地方自治体の変化について—倶知安町およびニセコ町における景観地区指定を題材として. 近畿大学法学 57（3）：1-39.

[47] 上江洲薫· 徐 皎（1996）：新潟県黒川村における地域振興策としての観光事業. 地域研究 36（2）：61-68.

[48] 上野福男· 高校地理研究会 1969.『御岳· 乗鞍周辺の地理』二宮書店.

[49] 浮田典良· 加賀美雅弘· 藤塚吉浩· 呉羽正昭（2015）:『オーストリアの風景』ナカニシヤ出版.

[50] 臼井冬彦（2008）：スポーツ、ツーリズム、文化の 3 要素の新結合による地域活性化戦略—釧路市阿寒湖温泉における釧路市国設阿寒湖畔スキー場をめぐる地域活動の研究—. 観光創造研究 3：1-21.

[51] 臼田 明（2013）：『日本のスキー· スケート—明治· 大正期の長野県—』信毎書籍.

[52] 内川 啓（2003）：長野県飯山市太田地区における民宿地域の変容. 総合観光研究 2：19-30.

[53] 梅沢 彰（1974）：飯山市太田地区における民宿の発達過程と地域変貌. 地理誌叢 16：12-26.

[54] 瓜生卓造（1978）：『スキー風土記』日貿出版社.

[55] エムブレトン，C. 編著，大矢雅彦· 坂 幸恭監訳（1997）:『ヨーロッパの地形』大明堂. Embleton，C. ed.（1984）：*Geomorphology of Europe*. London：Macmillan.

[56] 大浦由美· 野口俊邦· 佐藤晶子（2002）：国有林野における森林レクリエーション事業と地域社会—木曽谷地区を事例として—. 林業経済研究 48（2）：1-8.

[57] 太田吉昭（1987）：雪とリゾート開発. 新都市 41（12）：15-20.

[58] 大谷 毅（2001）：スキー場利用者数大幅減少と設備投資の視点—装置型観光事業の経営問題—. 立教大学観光学部紀要 3：55-66.

[59] 大田原望海・大西暁生・佐藤嘉展・佐尾博志・森杉雅史（2014）：地球温暖化による積雪量の変化がスキー場の営業に及ぼす影響—富山県を対象として—．土木学会論文集 G（環境）70（5）：21- 29.

[60] 岡田秀二（1988）：リゾート開発による「村おこし」—岩手県安代町—．農林統計調査 38（2）：32-41.

[61] 尾崎乕四郎（1979）：スキー地妙高高原「池の平」の微細地誌的考察．尾崎乕四郎編：『微細地誌』二宮書店，44-51.

[62] 長田　進（1934）：『全日本スキー地案内』隆章閣.

[63] 小澤丈夫（2010）：戦前の北海道におけるスキーコース網の形成過程と地域形成．日本建築学会計画系論文集 75（649）：759-766.

[64] 小澤丈夫・池村菜々（2011）：北海道におけるスキー場に隣接する地域の形成過程と空間構成—ニセコひらふ地区を事例として．日本建築学会計画系論文集 76（662）：843-850.

[65] 小野有五（1997）：『アルプス・花と氷河の散歩道』東京書籍.

[66] 甲斐幸太郎（1999）：観光開発過程から見た蔵王温泉集落の現状．菊地俊夫・石﨑研二編：『山形の地域研究』東京都立大学理学部地理学教室，83-99.

[67] 河西邦人（1999）：北海道スキー場の分析．札幌学院商経論集 16（1/2）：61-107.

[68] 河西邦人（2000）：北海道スキー場の生き残り戦略．札幌学院商経論集 16（3/4）：53-141.

[69] 河西邦人（2006）：公営スキー場の経営再生—ぴっぷスキー場を事例に—．札幌学院商経論集 23（1）：125-170.

[70] 河西邦人（2009）：ニセコ地域におけるビジネス戦略の成功の鍵．札幌学院大学経営論集 1：101-124.

[71] 加藤重広（2009）：北海道における外国人観光客と多言語化—ニセコリゾートを中心に—．日本語学 28（6）：110-121.

[72] 金原富士子（2013）：『ヨーロッパアルプス登山・ハイキング（改訂 2 版）』本の泉社.

[73] 金谷珠美（1992）：田沢湖高原におけるスキー修学旅行の発展と地域への影響．秋大地理 39：27-32.

[74] 加納弘二（1988）：スキー場開発に対する地域の対応と変化に関する社会学

的実証研究—山形県東田川郡櫛引町梲代スキー場の事例—. 筑波大学体育科学系紀要 11：59-69.

[75] 加納弘二（1993）：スポーツ社会学におけるスキー場開発研究の位置づけに関する一視角—観光地理学を参考にして—. 武蔵丘短期大学紀要 1：7-16.

[76] 加納弘二（1994）：小規模スキー場開発の理論と実践に関する試論—シューマッハーと長野県飯山市K集落を参考に—. 武蔵丘短期大学紀要 2：35-43.

[77] 加納哲也（1989）：スキー研究：競技成績による盛大地の推移. 体育学研究集録（日本体育学会兵庫支部）16：1-10.

[78] 神谷秀彦（1993）：高冷地山村長野県開田村の観光地化. 人文地理 45：68-82.

[79] 川相元斉·下平勇毅·田瀬則雄(2000)：雪面に散布された硫酸アンモニウム(硫安）の挙動と散布による融雪水への影響. 日本水文科学会誌 30：137-147.

[80] 川崎淳平（1999）：福島県舘岩村高杖原地区におけるスキーリゾート開発に伴う地域変容. 宇大地理 2：1-14.

[81] 河村英和（2013）：『観光大国スイスの誕生—「辺境」から「崇高なる美の国」へ—』平凡社.

[82] 川俣修寿（1992）：過疎化が進む秋田県阿仁町の観光開発—スキー場開発を例に—. 大原社会問題研究所雑誌 404：58-68.

[83] 菊地達夫（1997）：本州との比較からみた北海道のレクリエーションスキーの特色とその地域性. 北海道地理 71：33-42.

[84] 菊地達夫（1998a）：スキー修学旅行を通しての環境教育的な地域学習—長野県志賀高原一ノ瀬スキー場の事例を中心として—. 北海道地理 72：43-51.

[85] 菊地達夫（1998b）：北海道におけるスキー修学旅行の動向. 札幌地理サークル会誌 31：37-44.

[86] 菊地達夫（1999）：北海道におけるスキー場の立地特性. 北海道地理 73：69-77.

[87] 菊地達夫(2000)：道内居住者にみるスキー場の選択条件. 北海道地理, 74, 3-7.

[88] 菊地達夫（2004）：トマムリゾートの再編—開発主体の動向を中心として—. 大阪明浄大学観光学研究所報 4：57-63.

[89] 菊地達夫（2008）：ニセコスキー観光地域における変容の実態. 観光研究論集 7：37-43.

[90] 菊地達夫（2009）：ニセコスキー観光地域における外国資本の進出と計画内容の影響．観光研究論集 8：23-31.

[91] 菊地俊夫·横田雅博·田中隆志（1995）：三国山地南部の山村における生業システムの変容とその地域的性格—群馬県水上町藤原郷の場合—．エリアぐんま 2：1-30.

[92] 北村修二（1990）：リゾート開発を中心とした地域開発とその課題—福井県勝山市の場合—．岡山大学創立40周年記念地理学論文集編集委員会編：『地域と生活 II』同会，307-323.

[93] きった こう·松村慎三·山田至誠·北見三千雄編（1982）：『樹林を縫って—青森林友スキー史—』林野弘済会青森支部．

[94] 木原 均（1937）：選手権大会に於ける成績を地方別に観る（出場選手数割当に関する一私見）．スキー年鑑 11：101-109.

[95] 木村 毅（1992）：岩手県雫石町篠崎地区におけるスキー場開発と地域社会．地理学研究報告（千葉大学教育学部）3：35-37.

[96] 桐山和雄（1977）：妙高高原の観光開発とその課題．社会科研究紀要（新潟県社会科教育研究会）7：94-103.

[97] 倶知安町史編集委員会（1995）：『倶知安町百年史下巻』倶知安町．

[98] 熊谷ユリヤ（2009）：滞在型国際リゾートNisekoの過去·現在そして未来—オーストラリア人居住者と来訪者に対する面接調査と分析—．札幌大学総合論叢 28：127-140.

[99] 熊谷嘉隆（2008）：グリーン·ツーリズム的活動の展開と地域住民気質の変容—北秋田市阿仁地区の事例から—．日本村落研究学会編：『グリーン·ツーリズムの新展開』農山漁村文化協会，127-160.

[100] グラウエルトゥ，G.，佐々木博·石井英也·桜井明久訳（1980）：『アルプス—自然と文化—』二宮書店．Glauert，G.（1975）：*Die Alpen*：*eine Einführung in die Landeskunde*. Kiel：Hirt.

[101] 棚沢能生·名和田是彦（1993）：地域中間集団の法社会学—都市と農村における住民集団の公共的社会形成とその制度的基盤—．利谷信義，·吉井蒼生夫，·水林 彪編：『法における近代と現代』日本評論社，405-454.

[102] 呉羽正昭（1991a）：リゾート型スキー場開発にともなう周辺地域の変容—安比高原スキー場の事例—．地域調査報告 13：139-152.

[103] 呉羽正昭（1991b）：群馬県片品村におけるスキー観光地域の形成．地理学評論 64A：818-838.

[104] 呉羽正昭（1995）：新潟県湯沢町におけるスキー場開発の進展．愛媛大学法文学部論集（文学科編）29：131-155.

[105] 呉羽正昭（1996）観光開発に伴う首都圏周辺山村の変容—群馬県片品村の例—．愛媛大学人文学会編：『愛媛大学人文学会創立20周年記念論集』愛媛大学人文学会，松山，99-120.

[106] 呉羽正昭（1997）：長野県におけるスキー場開発の進展．GINCO編：『国際シンポジウム·山岳文化の未来』名古屋大学，102-111.

[107] 呉羽正昭（1999）：日本におけるスキー場開発の進展と農山村地域の変容．日本生態学会誌 49：269-275.

[108] 呉羽正昭（2002a）：日本におけるスキー人口の地域的特徴．人文地理学研究 26：103-123.

[109] 呉羽正昭（2002b）：1990年代のオーストリアにおける観光地域の変化—観光客数と宿泊施設からみた分析—．愛媛の地理 16，38-50.

[110] 呉羽正昭（2003）：レクリエーションと環境保全．高橋伸夫編：『21世紀の人文地理学展望』古今書院，239-251.

[111] 呉羽正昭（2006a）：観光地の開発と環境保全．山本正三·谷内　達·菅野峰明·田林　明·奥野隆史編：『日本の地誌2　日本総論II（人文·社会編）』朝倉書店，379-386.

[112] 呉羽正昭（2006b）：乗鞍高原におけるスキー観光地域の性格変化．斎藤功編：『中央日本における盆地の地域性』古今書院，177-189.

[113] 呉羽正昭（2008）：スポーツと観光（2）—日本のスキー観光—．菊地俊夫編：『観光を学ぶ　-楽しむことからはじまる観光学-』二宮書店，86-96.

[114] 呉羽正昭（2009a）：日本におけるスキー観光の衰退と再生の可能性．地理科学 64：168-177.

[115] 呉羽正昭（2009b）：観光業　-首都圏の観光レクリエーション地域．斎藤功·石井英也·岩田修二編『日本の地誌6 首都圏II』朝倉書店，114-127.

[116] 呉羽正昭（2011）：観光地理学研究．江口信清·藤巻正己編『観光研究レファレンスデータベース』ナカニシヤ出版，11-20.

[117] 呉羽正昭（2014a）：グローバル観光時代における日本のスキーリゾート．

松村和則・石岡丈昇・村田周祐編『「開発とスポーツ」の社会学：開発主義を超えて』南窓社，85-101.

［118］呉羽正昭（2014b）：アルプス地域のツーリズム―スイス・オーストリア・バイエルン―．山本健兒・平川一臣編『中央・北ヨーロッパ（朝倉世界地理講座-大地と人間の物語-9）』朝倉書店，278-290.

［119］呉羽正昭（2016）：オーストリア―アルプスのリゾートとウィーン―．淡野明彦編『観光先進地ヨーロッパ-観光計画・観光政策の実証分析』古今書院，117-135.

［120］呉羽正昭・佐藤　淳・豊島健一（2001）：乗鞍高原におけるスキー観光地域の構造的変容．日本スキー学会誌 11（1）：61-72.

［121］呉羽正昭・渡邊瑛季（2015）：高原リゾート菅平の性格変化．地図中心 519：14-17.

［122］桑原考史（2010）：グリーン・ツーリズムの担い手と事業的性格―東日本スキー観光地域の民宿を事例に―．農政調査委員会編：『グリーン・ツーリズムの担い手と事業的性格―東日本スキー観光地域の民宿を事例に―』同会（日本の農業，No. 244），1-125.

［123］月刊レジャー産業資料編集部（2013）：マックアース．月刊レジャー産業資料 46（7）：90-93.

［124］剣持　勝（2002）：米国に学ぶ，スキー場産業危機脱出方法．経済月報（長野経済研究所）2002（6）：10.

［125］小谷寛二（2003）：白馬村（スキー村）における定住条件としての自然へのこだわりとフォーシーズン・ツーリズムへの挑戦．社会情報学研究（呉大学社会情報学部紀要）9：15-31.

［126］小谷達男（1978）：地域開発政策としての観光開発―その成果と問題点―：長野県白馬村を事例として．応用社会学研究 19：33-65.

［127］後藤英之・宮﨑義久・プラート　カロラス・李　濟民（2016）：北海道ニセコにおける観光地域研究―アンケートによる冬季観光動態調査―．商學討究 67（1）：303-326.

［128］小西正雄（1980）：妙高高原・杉野沢地区における民宿村の成立過程とその内部構造．人文地理 32：312-327.

［129］小松原尚（1993）：農山村における「地域活性化」の現状と課題―北海道羊

蹄山麓地域を事例として—. 北海道地理 67：1-5.
［130］小松原尚（2007）：スキー観光地と農業. 同著：『地域からみる観光学』大学教育出版，103-112.
［131］小室　譲（2014）：長野県白馬村八方尾根スキー場周辺地域におけるインバウンドツーリズムの発展. 日本地理学会発表要旨集 84：99.
［132］米浪信男（1989）：リゾート開発についての一考察. 旭川大学紀要 28：1-27.
［133］小山桂子・小林詢（2000）：放置されたスキー場における植生変化. 志賀自然教育研究施設研究業績 37：1-22.
［134］小山泰弘（2006）：長野県における休廃止スキー場の実態とその後の植生変化. 信濃 58：299-311.
［135］小山泰弘・小山桂子（2002）：放置されたスキー場における20年間の植生変化. 信州大学教育学部附属志賀自然教育研究施設研究業績 39：1-6.
［136］近藤浩幸（2003）：観光業におけるインターネット活用—斑尾高原における宿泊施設を事例として—. 地域調査報告 25：93-101.
［137］阪口　豊（1973）：『ウィーンと東アルプス』古今書院.
［138］坂倉海彦（2010）：日本のスキー場産業の生き残りに向けて. 月刊レジャー産業資料 43（4）：100-103.
［139］佐川日奈子（1992）：観光地理学におけるリゾート地域研究の視点. 秋大地理 39：9-14.
［140］佐川日奈子（1993）：秋田県田沢湖町における高原観光地域の形成. 秋田地理 13：17-30.
［141］桜田照雄（2015）：スキー場経営の新たなトレンドにそなえて. 阪南論集社会科学編 50（2）：101-121.
［142］笹岡達男・橋本善太郎・東海林克彦・鳥居敏男（1994）：湯沢町におけるリゾート施設整備の実態に関する研究. 造園雑誌 57（5）：331-336.
［143］佐々木博（1987）：日本の森林レクリエーション地域. 人文地理学研究 11：67-81.
［144］佐々木博（1992）：「雪国」湯沢町のリゾートマンションの地理学的分析. 人文地理学研究 16：163-181.
［145］佐々木博（1997）：上州草津温泉の文化景観の変貌. 人文地理学研究 21：39-67.

[146] 佐々木緑（2006）：観光産業の進出と山村住民の対応—大町市鹿島・青木集落の比較分析—．斎藤　功編：『中央日本における盆地の地域性』古今書院，191-206.

[147] 佐藤利明（1993）：磐梯山周辺地域の社会変動と山村開発の展開—「スポーツの現代化」と地域開発の課題 II—．石巻専修大学研究紀要 4：293-313.

[148] 佐藤利明（1997）：裏磐梯の集落展開と観光開発．松村和則編：『山村の開発と環境保全』南窓社，114-136.

[149] 佐藤利明（2007）：『地域社会形成の社会学—東北の地域開発と地域活性化—』南窓社．

[150] 佐藤延子（1997）：地域開発と環境保全—丹生川村にみる地域振興開発と自然環境保全条例について—．大垣女子短期大学研究紀要 38：51-66.

[151] 佐藤　誠（1990）：『リゾート列島』岩波書店．

[152] 佐藤雅彦（1989）：レクリエーション地域の形成とそれに伴う林野利用の変容—秋田市仁別地区を事例として—．秋大地理 36：37-42.

[153] 佐藤真弓（2015）：豪雪山村における地域資源利用の変容と地域社会—長野県のスキー場立地地域を事例として—．村落社会研究ジャーナル 22（1）：13-24.

[154] 佐藤美津春・白坂　蕃（1983）：山形県西川町志津における深雪山地集落の変貌．東京学芸大学紀要第 3 部門社会科学 35：153-172.

[155] 佐藤守正（1990）：リゾート開発下の子どもたち（新潟・湯沢通信）．住民と自治 323：62-65.

[156] 眞田隆法（2009）：外国人旅行者誘致のための観光施策分析—長野県白馬村を事例に—．日本地域政策研究 7：177-184.

[157] 志賀高原スキークラブ（1991）：『志賀高原スキー史』志賀高原スキークラブ．

[158] 篠田朗夫（1995）：山村における農林地の存在形態とリゾート開発の問題—新潟県安塚町須川地区—．林業経済研究 127：221-226.

[159] 篠原重則（1996）：愛媛県久万町の観光開発と山村振興．香川大学教育学部研究報告第 1 部 96：23-58.

[160] 柴田　高（2014）：ポストバブル期のスキー場経営の成功要因．東京経大学会誌 284：165-186.

[161] 清水聡子（2014）：山岳リゾートの再考．松本大学研究紀要 12：159-175.

［162］下平勇毅· 田瀬則雄· 東　照雄· 中村　徹· 川相元斉· 佐藤芳徳· 建元喜寿(2001)：スキー場で使用される雪面硬化剤· 硫酸アンモニウム(硫安)の水· 土壌· 植生への影響．環境科学会誌 14：261-268.

［163］白坂　蕃（1976）：野沢温泉におけるスキー場の立地と発展—日本におけるスキー場の地理学的研究第 1 報—．地理学評論 49：341-360.

［164］白坂　蕃(1978)：蔵王火山西麓におけるスキー場集落の形成．高野史男編：『地方都市の成立および発展の地域的基盤に関する研究』昭和 51· 52 年度文部省科学研究費総合研究（A）報告書，93-102.

［165］白坂　蕃（1982）：中央高地栂池高原における新しいスキー集落の形成．地理学評論 55：566-586.

［166］白坂　蕃（1983）：民宿考．山村研究年報 4：14-22.

［167］白坂　蕃（1986）：『スキーと山地集落』明玄書房．

［168］白石國男（1956）：志賀高原の観光性序論（1）．信濃 8：538-552.

［169］進藤賢一· 武田　泉· 八巻一成· 芸林民夫（1991）：上川· 石狩のリゾート開発と農村変化．札幌大学教養部紀要 39：21-102.

［170］新藤多恵子· 内川　啓· 山田　亨· 呉羽正昭（2003）：菅平高原における観光形態と土地利用の変容．地域調査報告 25：19-45.

［171］菅原　淳（2012）：ニセコ地域における海外からの投資動向について．日経研月報 408：88-93.

［172］鈴木　喬(2001)：山村問題と森林管理の今日的諸相．林業経済研究 47(1)：11-18.

［173］砂本文彦（2000）：赤倉観光ホテルと国際リゾート地開発．日本建築学会計画系論文集 535：231-238.

［174］砂本文彦（2008）：『近代日本の国際リゾート- 1930 年代の国際観光ホテルを中心に』青弓社．

［175］関戸明子（1994）：都市との交流事業による地域活性化—群馬県川場村中野の事例—．群馬大学教育学部紀要（人文· 社会科学編）43：173-188.

［176］関口孝治· 八代　勉· 柳沢和雄（1995）：野沢温泉村にみる内発型リゾートの形成過程に関する研究．体育· スポーツ経営学研究 11（1）：1-14.

［177］千　相哲· 溝尾良隆（1997）：山形県· 宮城県境の蔵王山における一体的観光開発の課題と展望．応用社会学研究 39：87-107.

[178] 相馬克典（1991）：大鰐町におけるリゾート開発―スキー場とその周辺地区を中心として―．弘大地理 27：46-52.

[179] 高池義則（1936）：地理学的にみた霧ケ峰スキー場．地理学 5：695-700.

[180] 高田中学·高田高校スキー部OB会編（2005）：『高田中学·高田高等学校スキー部史』高田中学·高田高校スキー部OB会．

[181] 高梨　光（2011）：スキーリゾート再生のための市場分析．月刊レジャー産業資料 44（4）：76-83.

[182] 高橋次郎（1929）：『アールベルグスキー術』博文館．

[183] 武田　泉（1993a）：リゾート開発の展開と地域の対応―トマム開発を事例として―．林業経済 532：21-26.

[184] 武田　泉（1993b）：キロロリゾート開発の始動と年目の課題．北海道地理 67：57-60.

[185] 武田　泉（1994）リゾート開発による開発論議と地域変動．産研論集（札幌大学）13：173-187.

[186] 建元喜寿（2002）：スキー場を利用した環境教育プログラムの開発―筑波大学演習林における時間外新科目「自然環境野外実習」開講にむけて―．研究紀要（筑波大学附属坂戸高等学校）39：163-167.

[187] 建元喜寿·中村　徹（1998）：スキー場における硫安散布の実態．野外教育研究 2（1）：13-19.

[188] 建元喜寿·中村　徹（1999a）：スキー場における自然環境問題．日本スキー学会誌 9（2）：109-115.

[189] 建元喜寿·中村　徹（1999b）：スキー場において使用される雪面硬化剤の環境への影響．日本生態学会誌 49：287-290.

[190] 淡野明彦（1978）：日本の主要観光地における大手私鉄資本進出の実態．新地理 25（4）：29-53.

[191] 淡野明彦（1998）：『観光地域の形成と現代的課題』古今書院．

[192] 淡野明彦（2016）：フランス-多様な観光資源と巧みな観光政策．淡野明彦編『観光先進地ヨーロッパ-観光計画·観光政策の実証分析』古今書院，45-67.

[193] 土田邦彦（1973）：上越沿線スキー場の地域形成．新地理 21（2）：1-19.

[194] 土屋俊幸（1984）：公有林野における観光開発―地方自治体による自主開発

の分析—. 筒井迪夫編：『公有林野の現状と課題』日本林業調査会，287-313.
［195］土屋俊幸（1986）：大規模スキー場の経営形態と土地所有．日本林学会北海道支部論文集 35：10-13.
［196］土屋俊幸（1987）：スキー場開発の進展と地域の対応—「リゾート開発ブーム」下の動向—. 林業経済研究 112：25-36.
［197］土屋俊幸（1997a）：スキー場開発の展開と土地所有—「共同体的土地所有」の意味—. 松村和則編：『山村の開発と環境保全』南窓社，34-56.
［198］土屋俊幸（1997b）：リゾート開発反対運動の展開とその論理—自然保護運動における位置づけ—. 松村和則編：『山村の開発と環境保全』南窓社，311-328.
［199］露崎史朗（1988）：スキー場造成にみられる環境保全上のいくつかの問題点—北海道を例として—. 人間と環境 14（1）：3-11.
［200］露崎史朗（1991）：北海道におけるスキー場植生の現状と推移—地表改変・播種により造成維持されている場合—. 日本生態学会誌 41：83-91.
［201］露崎史朗（1999）：北海道におけるスキー場植生の現状と問題点．日本生態学会誌 49：265-268.
［202］鉄道省（1924）：『スキーとスケート』鉄道省．
［203］徳久球雄（1978）：観光開発の地域的展開（II）—スキー場開発事例（その1）—. 青山経営論集 13（2）：22-41.
［204］戸田秀一（1981）：上越線沿線のスキー場と温泉．山崎久雄・磯部利貞・林正己監修：『新潟県の地理散歩—中越編—』野島出版，151-164.
［205］豊島健一・佐藤　淳・呉羽正昭（2001）：乗鞍高原における宿泊施設の空間変容．地域調査報告 23：87-98.
［206］中浦皓至（1999）：『日本スキー・もうひとつの源流—明治 45 年北海道—』北海道大学図書刊行会．
［207］中浦皓至（2010a）：『日本スキー・ほんとうの源流—レルヒの指導から 100 年』レルヒの会．
［208］中浦皓至（2010b）：『眞相！日本雪艇（スキー）の源流：その文献的研究—明治・大正時代の高田—』日本雪艇史研究所．
［209］中川　重・渋谷光夫（1985）：蔵王山における観光地の形成—蔵王温泉・ス

キー場を中心として—. 山形県総合学術調査会編：『蔵王連峰』同会，408-420.

[210] 中川喜直（2011）：『もうひとつのスキー発祥の地—おたる地獄坂—』小樽商科大学出版会，.

[211] 中口毅博（2010）：地球温暖化がスキー場の積雪量や滑走可能日数に及ぼす影響予測—気象庁 RCM20 予測を用いて—. 芝浦工大紀要人文系 44（1）：71-76.

[212] 中島直子（1992）：群馬県川場村における農林業と観光化．お茶の水地理 33：45-56.

[213] 中島信博（1988）：林野利用の変遷とスキー場開発—安比高原スキー場を事例として—. 東北大学教養部紀要 49：155-174.

[214] 長津一郎（1973）：冬季における前夜行日帰型行楽について．東京学芸大学紀要第3部門　社会科学 25：38-47.

[215] 中村　徹（1990）：生態学からみたスキー場開発の問題点．住民と自治 323：66-70.

[216] 中村　徹（1988）：スキー場植生の植物社会学的研究．筑波大学農林学研究 4：1-142.

[217] 中村　徹（1999）：いまなぜスキー場か？—わが国におけるスキー場研究—. 日本生態学会誌 49：259-264.

[218] 中村　徹・建元喜寿・上條隆志（1999）：造成時の人為が異なるスキー場ゲレンデにおける硫安散布が植生に及ぼす影響．植生学会誌 16：141-147.

[219] 成瀬玲子（1973）：自然条件とスポーツ．新堀通也編：『日本の教育地図（体育・スポーツ編）』帝国地方行政学会，143-156.

[220] 西野　仁（1978）：スキー人口構造の変化に関する研究その1—スキー人口の推移について—. 日本体育学会編：『日本体育学会第29回大会号』同，122.

[221] 西野　仁（1979）：スキー人口構造の変化に関する研究その2　—スキークラブの推移について：全日本スキー連盟加盟団体の場合—. 日本体育学会編：『日本体育学会第30回大会号』同，149.

[222] 西野　仁（1980）：スキー人口構造の変化に関する研究（その3）—変化を引きおこした要因（1）：スキー場とその付帯施設整備状況の変遷—. 日本

体育学会編：『日本体育学会第31回大会号』同，213.

[223] 仁藤祐治（1982）：『富士山—スキーとその周辺—』悦声社.

[224] 野邊和博（1991）：福島県舘岩村における観光レクリエーション開発．地理学研究報告（千葉大学教育学部）2：59-61.

[225] 野本晃史（1961）：妙高火山斜面開発と温泉集落．史学研究 81：23-40.

[226] 野本晃史（1962）：積雪地域南限スキー場とスキー客—大山スキー場を中心に—．地理 7（2）：223-226.

[227] 芳賀亮子（1991）：北海道·富良野市における観光開発．地理学研究報告（千葉大学教育学部）2：62-64.

[228] 畑中賢一·ブライリンク=マインハルト·佐藤洋平·カラムザ=パベル(2000)：地球温暖化がスキー場周辺地域の経済に及ぼす影響．農村計画学会誌 19：67-72.

[229] 畑中賢一·M. Breiling·佐藤洋平·P. Charamza（2006）：中山間地域におけるウィンターツーリズムの意義，および地球温暖化による影響．雪氷 68(1)：15-28.

[230] 服部英一（1995）：志賀高原の自然復元．社会科学（拓殖大学）3（2）：77-91.

[231] 花島裕樹·西田あゆみ·呉羽正昭（2009）：黒姫高原におけるスキーリゾートの変容．地域研究年報 31：1-19.

[232] 日暮賢司（1991a）：リゾート開発と農村の活性化．農政調査委員会編：『リゾート開発と農村の活性化』同会（日本の農業，No. 180），1-40.

[233] 日暮賢司（1991b）：長野県白馬村：リゾートノウハウの蓄積過程．農政調査委員会編：『リゾート開発と農村の活性化』同会（日本の農業，No. 180），66-84.

[234] ひらふスキー場発達史刊行委員会（2011）：『ニセコパウダーヒストリー』実業之日本社.

[235] 廣井達人（1995）：利根郡水上町のノルン水上スキー場の1年目の現状と今後の展望．エリアぐんま 2：70-73.

[236] 広瀬　潔（1968）：スキー場形態論からみた志賀高原の停滞減少．日本観光学会研究報告 5：63-67.

[237] 福島立吉·長沢　武（1986）：『北アルプス乗鞍物語』ほおずき書籍.

[238] 藤森新作（1995）：村営スキー場を核とした中山間地域の活性化構造—中山間農村と都市を結ぶ情報流通—．農業および園芸 70（1）：218-224.

[239] 藤森新作・福与徳文・太田弘毅（1996）：観光立村による中山間地域活性化の展開構造と誘客情報活動の評価—長野県野沢温泉村の解析—．農業研究センター研究報告 25：21-85.

[240] 藤原　信編（1994）：『スキー場はもういらない』緑風出版．

[241] 船澤小百合（1986）：公営スキー場立地に伴う観光集落の形成—田沢湖高原の場合—．秋大地理 33：49-54.

[242] PM編集部（2007）：西武グループスキー場をめぐる投資サイドの動向と売却資産の投資価値．プロパティマネジメント 8（1）：82-84.

[243] ホイチョイ・プロダクション編（1987）：日本スキーリゾート前史．ホイチョイ・プロダクション編：『極楽スキー』小学館，27-35.

[244] 堀田恭子(2001)：オリンピックが地域社会に与えた影響—白馬村を事例に—．長野県自然保護研究所紀要 4（3）：73-79.

[245] 保母武彦（1996）：住民自治を基礎に都市との連携を進める新潟県塩沢町石打区．保母武彦：『内発的発展論と日本の農山村』岩波書店，189-203.

[246] 堀場弘喜（1991）：新スキー場の開設に伴う塩原温泉の変容．地理学研究報告（千葉大学教育学部）2：65-67.

[247] ボワイエ，M.，成沢広幸訳（2006）：『観光のラビリンス』法政大学出版会．Boyer，M.（2000）：*Le tourisme de l'an 2000*. Lyon：Presses universiatires de Lyon.

[248] 松岡昌則(1997)：山村の衰退と住民の対応—秋田県北秋田郡阿仁町の事例—．松村和則編：『山村の開発と環境保全』南窓社，57-74.

[249] 桝田一二（1940）：信州菅平の地域性．地理学 3（1）：29-51.

[250] 松田宏道（1980）；スキー場の立地と地域に及ぼす影響について—長野県飯山市の場合—．駒澤大学大学院地理学研究 10：15-28.

[251] 松村和則（1993）：『地域づくりとスポーツの社会学』道和書院．

[252] 松村和則（1994）：レジャー・スポーツ化する山村への社会学的接近—磐梯山周辺の地域変動と「環境問題」をみすえて—．林業経済研究 125：2-11.

[253] 松村和則（1995）：スポーツ・リゾート開発と環境「問題」．環境情報科学 24（2）：78-81.

[254] 松村和則（1997）：レジャー開発への山村住民の対応と「身体性」—檜原湖北岸早稲沢集落の事例を中心として—. 同編：『山村の開発と環境保全』南窓社，137-156.

[255] 松村和則·佐藤利明（1993a）：スポーツ·リゾートの開発と変貌する「地方」—「スポーツの現代化」と地域開発の課題 I —. 筑波大学体育科学系紀要 16：11-30.

[256] 松村和則·佐藤利明（1993b）：レジャー開発の展開と山村住民の対応. 日本村落研究学会編：『家族農業経営の危機—その日韓比較—』農山漁村文化協会，139-170.

[257] 松村和則·佐藤利明（1997）：磐梯山周辺のレジャー開発と「環境問題」. 松村和則編：『山村の開発と環境保全』南窓社，94-113.

[258] 馬渕旻修（1990）：奥美濃の交通発達と高鷲村スキー場群. 岐阜地理 31：26-34.

[259] 三井田圭右（1979）：『山村の人口維持機能』大明堂.

[260] 三井田圭右（1982）：山村地域の観光開発 -西武資本による新潟県湯沢町三国·三俣地域を例として-. 大東文化大学経済論集 33：51-73.

[261] 三井田圭右（1986）：非過疎的山村の一考察—第三次産業による事例：新潟県湯沢町浅貝—. 上野福男編著：『日本の山村と地理学』農林統計協会，243-266.

[262] 三浦雄一郎監修（1995a）：『' 95 スキーマップル東日本』昭文社.

[263] 三浦雄一郎監修（1995b）：『' 95 スキーマップル西日本』昭文社.

[264] 三井大相（1985）：スキー旅行の質的変化と交通手段. 運輸と経済 45（2）：59-66.

[265] 三橋 勇（2003）：宮城県の第三セクター方式による観光·リゾート事業への一考察—鬼首スキー場を事例として—. 宮城大学事業構想学部紀要 5：149-166.

[266] 溝尾良隆（1990）:『観光事業と経営—たのしみ列島の創造—』東洋経済新報社.

[267] 溝尾良隆（1994）：スキー場. 同著：『観光を読む—地域振興への提言—』古今書院，13-21.

[268] 宮沢 裕（1994）：成熟するスキーリゾート. （財）日本交通公社調査部編：『観光読本』東洋経済新報社，82-92.

[269] 宮崎治夫（2005）：世代意識別市場とスキー産業の市場開発戦略．現代社会文化研究 33：51-67.

[270] 宮本将規（2006）：大学生スキーヤーのイソウロウをめぐって—宿との相互利益に基づく労働—．長野県民俗の会会報 29：52-72.

[271] 村上哲生・服部典子・舟橋純子・須田ひろ実・八木明彦（2003）：スキー場を集水域に持つ渓流に見られる窒素汚染．応用生態工学 6：45-50.

[272] 村田　淳（2002）：スキー場の立地展開とスキー観光資源の地域特性．地理学研究報告（千葉大学教育学部）13：56-58.

[273] 村山研一（2005）：地元主体の冬季観光開発の成果と現状—飯山市太田地区（戸狩スキー場）を事例として—．内陸文化研究 4：1-10.

[274] 望月真一（1990）『フランスのリゾートづくり』鹿島出版会．

[275] 八木浩司・高野岳彦・中村　靖・村山良之・檜垣大助（1991）：東北地方におけるスキー場開発の推移とその立地類型．東北地理 43：161-180.

[276] 矢島　厳（2004a）：兵庫県但馬地方のスキー観光地域について．ニューズレター（青森雇用システム総合研究所）7：2-5.

[277] 矢嶋　巌（2004b）：山間地域における生活用水・排水システムの変容—スキー観光地域兵庫県関宮町熊次地区—．人文地理 56：410-426.

[278] 安田初雄（1941a）：本邦に於けるスキー場分布．地理学評論 17：83-84.

[279] 安田初雄（1941b）：スキー盛大地域に関する研究．スキー年鑑 15：69-80.

[280] 山川和彦（2011）：北海道倶知安町の言語景観と地域ルールについて．麗澤大学紀要 93：137-156.

[281] 山口和男（1999）：スキー場開発と地域振興—森吉山スキー場開発の事例を中心に—．地域研究（秋田経済法科大学経済学部経済研究所）10：1-9.

[282] 山口　博（1990）：蔵王温泉観光地の形成と現状．地理学研究報告（千葉大学教育学部）1：58-60.

[283] 山崎隆之・十代田朗（2009）：日本における国際リゾートと「まち」の関係に関する一考察—．ニセコひらふ地区と倶知安市街地地区を事例に—．日本観光研究学会全国大会学術論文集 24：193-196.

[284] 山下清海（1988）：雪国に関する人文地理学的研究の展望．秋田大学教育学部研究紀要（人文科学・社会科学）38：247-257.

[285] 山田耕生（2002）：木島平村における「グリーンツーリズム」事業への取り

組みとその課題. 東京立正女子短期大学紀要 30：45-57.
[286] 山田耕生（2003）：地理学における山村地域の観光研究の動向. 立教大学観光学部紀要 5：138-143.
[287] 山田雄一（2004）：スキー場とスノーリゾート. （財）日本交通公社調査部編：『観光読本：第2版』東洋経済新報社，106-114.
[288] 山根宏文（2006）：スキー場活性化に向けて―若年層のスキー志向調査と提言―. 地域総合研究（松本大学）6：237-251.
[289] 山野明男（1980）：長野県小谷村における民宿立地の研究. 駒澤大学大学院地理学研究 10：3-14.
[290] 山村順次（1975a）：山村の観光レクリエーション地化―中央高地を例として―. 地理学評論 48：229-232.
[291] 山村順次（1975b）：『志賀高原観光開発史』徳川林政史研究所.
[292] 山村順次（1978）：草津温泉集落の再編過程―特に高原都市開発に関連して―. 千葉大学教育学部研究紀要 27：191-215.
[293] 山村順次（1985）：過疎山村における観光レクリエーション開発の新方向―岐阜県久々野町のふるさと村制度を中心として―. 千葉大学教育学部地理学教室編：『地理学の社会化』大明堂，228-246.
[294] 山村順次（1990）：志賀高原のスキーリゾート. 同著：『観光地域論―地域形成と環境保全―』古今書院，233-242.
[295] 山村順次（1992）：『草津温泉観光発達史』草津町.
[296] 山村順次（1993）：福島県舘岩村におけるスキーリゾート開発と環境保全. 地理学研究報告（千葉大学教育学部）4：13-22.
[297] 山村順次（1994）：福島県田島町針生地区におけるリゾート開発と地域変容. 地理学研究報告（千葉大学教育学部）5：7-17.
[298] 山村順次（1995）：観光地理学の研究動向と課題. 同著：『新観光地理学』大明堂，8-26.
[299] 山村順次（1998）：『新版日本の温泉地 -その発達・現状とあり方』日本温泉協会.
[300] 山村順次・五島純一（1983）：岩手県東八幡平における新温泉観光集落の形成. 千葉大学教育学部研究紀要 32：107-129.
[301] 山本正三・石井英也・田林　明・手塚　章（1981）：中央高地における集落

発展の一類型—長野県菅平高原の例—．人文地理学研究 5：79-138.

[302] 山本　充（1997）：『山地の土地資源利用』大明堂.

[303] 楊　海軍・丸山純孝・土谷富士夫・村井　宏（1997）：スキー場の造成による土壌環境の変化．日本緑化工学会誌 23（2）：83-92.

[304] 万木孝雄・清水順一・窪谷順次（1993）：大規模リゾート開発による地元経済への波及効果—安比高原スキー場と安代町に関する実証分析—．農村計画学会誌 12（2）：34-45.

[305] 横田忠夫（1980）：スキー場開設に伴う周辺農村の変貌—妙高山麓杉野沢部落の場合—．東北地理 32：46.

[306] 横山秀司（1995）：宮崎県五ヶ瀬町のスキー場開発と地域住民．経営学論集（宮崎産業経営大学経済学会）3（2）：185-201.

[307] 横山昭市（2003）：上越地方の温泉地とリゾート開発地の変容と課題．人文学論叢（愛媛大学人文学会）5：1-14.

[308] 吉﨑光哉（1991）：秋田県における公営スキー場の存立特性．秋大地理 38：41-46.

[309] 吉田秀雄（2006）：「民営化」は村を救うか 村営野沢温泉スキー場の転身．AIR21（朝日総研リポート）192：83-103.

[310] 吉本剛典（2002）：農村地域におけるレクリエーション機能の展開—兵庫県北部のスキー場の立地—．兵庫教育大学研究紀要（第2分冊，言語系教育・社会系教育・芸術系教育）22：59-68.

[311] 依光良三（1996）：御岳山にみるリゾート開発とグリーンツーリズム．依光良三・栗栖祐子（1996）：『グリーンツーリズムの可能性』日本経済評論社，129-169.

[312] 脇田武光（1989）：『アルプスの観光国スイス』古今書院.

[313] 和田一雄（1995）：一サル研究者から見た志賀高原自然保護の問題点．霊長類研究 11：67-81.

[314] 渡辺隆一（1999）：長野県におけるスキー場開発をめぐる自然保護問題．日本生態学会誌 49：277-281.

[315] 渡辺亮佑・Gaston Guido San Cristobal・山下亜紀郎・橋本　操（2016）：長野県北信地域のスキー場周辺における土地利用の変容—戸狩温泉スキー場および野沢温泉スキー場を事例に—．人文地理学研究 36：55-75.

[316] Abegg, B. (1996) : *Klimaänderung und Tourismus: Klimaforschung am Beispiel des Wintertourismus in den Schweizer Alpen*. Zürich: vdf.

[317] Abegg, B., Agrawala, S., Crock, F. and de Montfalcon, A. (2007) : Climate change impacts and adaptation in winter tourism. Agrawala, S., ed.: *Climate change in the European Alps: Adapting winter tourism and natural hazards management*. Paris: OECD, 25–60.

[318] ADAC, Hrsg. (1992) : *Der ADAC Ski Atlas Alpen*. München: ADAC.

[319] Allen, E. John B. (2007) : *The culture and sport of skiing: From antiquity to World War II*. Amherst: Univ. of Massachusetts Press.

[320] Allen, E. John B. (2012) : *Historical dictionary of skiing*. Lanham: Scarecrow.

[321] Allgeuer, W. (1986) : Die Entwicklung der Seilbahnen und Schlepplifte in Vorarlberg. Landesfremdenverkehrsverband Vorarlberg, Hrsg.: *100 Jahre Skilauf Vorarlberg*. Bregenz, 23–38.

[322] Allgeuer, W. (1998) : *Seilbahnen und Sclepplifte in Vorarlberg: Ihre Geschichte in Entwicklungsschritten*. Graz: Neugebauer.

[323] Amt der Tiroler Landesregierung (1992) : *Seilbahngrundsätze des Landes Tirol*. Innsbruck: Land Tirol.

[324] Amt der Tiroler Landesregierung (2011) : *Tiroler Seilbahn- und Schigebietsprogramm (TSSP) 2005, das fortgeschriebene*. [https: //www.tirol.gv.at/landesentwicklung/raumordnung/ueberoertliche–raumordnung/wmdueberoertlro/seilbahnen–und–skigebiete/ (2016/7/26)].

[325] Babin, J. U. (1985) : *Das Gletscherskigebiet von Sölden und seine wirtschaftliche Bedeutung*. Frankfurt/Main: Diplomarbeit, Universität Frankfurt/Main.

[326] Bätzing, W. (1991) : *Die Alpen: Entstehung und Gefährdung einer europäischen Kulturlandschaft*. München: Beck.

[327] Bätzing, W. (2003) : *Die Alpen: Geschichte und Zukunft einer europäischen Kulturlandschaft*, 3. Auflage. München: Beck.

[328] Bätzing, W. (2015) : *Die Alpen: Geschichte und Zukunft einer europäischen Kulturlandschaft*, 4. Auflage. München: Beck.

[329] Barbier, B. (1979) : Ski et stations de sport d'hiver dans le monde. Sinnhuber, K. und Jülg, F., Hrsg.: *Beiträge zur Fremdenverkehrsgeographie, I. Teil*. Wien, 130–146.

(Wiener Geographische Schriften, Bd. 51/52).

[330] Barker, M. L. (1982): Traditional landscape and mass tourism in the Alps. *Geographical Review* 72: 395–415.

[331] Barton, S. (2008): *Healthy living in the Alps: The origins of winter tourism in Switzerland*, 1860–1914. Manchester: Manchester Univ. Press.

[332] Behnen, T. (2012): Sustainability and tourism transport: Regional impacts of ski-incoming tourism by plane to the Alps. Bendig, J. et al. ed.: *Book of Abstracts: 32nd International Geographical Congress*. Köln, 224.

[333] Bernt, D. und Pauer, P. (1987): *Untersuchung der Nutzungsintensität und der Landschaftsbelastung in Fremdenverkehrsgebieten anhand aus gewählter Fallbeispiele, Teil II, Dokumentation der Fallbeispiele: Millstatt, Schladming und Sölden*. Wien: Österreichisches Institut für Raumplanung.

[334] Beyer, L. (1987): Der Wintersportort Obertauern: von der saisonalen zur permanenten Besiedlung eines Paßraumes. Köhler, E. und Wein, N., Hrsg.: *Natur- und Kulturräume: Ludwig Hempel zum 65. Geburtstag*. Paderborn: Schöningh, 355–371 (= Münstersche Geographische Arbeiten, H. 27).

[335] Birkenhauer, J (1980): *Die Alpen*. Paderborn: Schöningh.

[336] Boddie, C. and Boddie, P. (2015): Lost ski areas of Colorado's central and southern mountains. Charleston: History Press.

[337] Bourdeau, P. (2009): From après-ski to après-tourism: The Alps in transition? Reflections based on the French situation. *Revue de Géographie Alpine* 97 (3): 171–183.

[338] Broggi, M. F. und Willi, G. (1989): *Beschneiungsanlagen im Widerstreit der Interessen*. Vaduz: CIPRA (CIPRA Kleine Schriften, H. 3).

[339] Bundesamt für Statistik, Hrsg. (1930): *Statistisches Handbuch für die Republik Österreich*. Wien.

[340] Bundesministerium für Verkehr (Hrsg.) (1978): *Österreichisches Seilbahnkonzept, Teil II: Grundlagen*. Wien.

[341] Butler, R. (1980): The concept of a tourist area cycle of evolution: implications for management of resources. *Canadian Geographer* 24: 5–12.

[342] Cernusca, A. (1986): *Ökologische Auswirkungen des Baues und Betriebes von*

Skipisten und Empfehlungen zur Reduktion der Umweltschäden. Strasbourg: Council of Europe.

[343] Chucholl, C. (2003) : Entwicklungen und strukturelle Veränderung der alpinen Tourismusgemeinde Garmisch–Partenkirchen dargestellt am Modell des Destinationslebenszyklus. *Mitteilungen der Geographischen Gesellschaft in München* 86: 163–182.

[344] De Jong, C. (2012) : Zum Management der Biodiversität von Tourismus– und Wintersportgebieten in einer Ära des globalen Wandels. *Jahrbuch des Vereins zum Schutz der Bergwelt* 76/77: 131–168.

[345] Eder, P. (1991) : Raum–zeitliche Dynamik der touristischen Nachfrage in der Steiermark. Leitner, W., Hrsg.: *Festschrift für H. Paschinger zum 80. Geburtstag*. Graz, 67–88 (= Arbeiten aus dem Institut für Geographie der Universität Graz, Bd. 30) .

[346] Eiter, H. (1966) : *Das Inneröztal*: *ein Juwel der Alpen*. Innsbruck: Tyrolia.

[347] Falk, M. (2010) : A dynamic panel data analysis of snow depth and winter tourism. *Toursims Management* 31: 912–924.

[348] Falk, M. (2013) : A survival analysis of ski lift companies. *Tourism Management* 36: 377–390.

[349] Fischer, I. (1992) : *Beschneiungsanlagen in Österreich*: *Bestandeserhebung und Literaturrecherche*. Wien: Umweltbundesamt.

[350] Forcher, M. (1989) : *Zu Gast im Herzen der Alpen*: *eine Bildgeschichte des Tourismus in Tirol*. Innsbruck: Haymon.

[351] Fritz, G. und Fettner, F. (2013) : *Skiguide Austria 2014*. Wien: Medianet.

[352] Fukushima, T., M. Kureha, N. Ozaki, Y. Fujimori and H. Harasawa (2002) : Influences of air temperature change on leisure industries: case study on ski activities. *Mitigation and Advanced Strategies for Global Change* 7: 173–189.

[353] Gill, C. and Watts, D. (2015) : *Where to ski and snowboard 2016*: *The definitive guide to the world's 1, 000 best winter sports resorts*. Bath: NortonWood.

[354] Goeldner, C. (1992) : Skiing trends in north America. Gill, A. and Hartmann, R. ed.: *Mountain resort development*. Burnaby: Centre for Tourism Policy and Research, Simon Fraser Univ., 7–20.

[355] Götzendorfer, E. (1968) : *Das Innerötztal und seine Seilbahnen*. Innsbruck: Diplomarbeit, Universität Innsbruck.

[356] Gonseth, C. (2013) : Impact of snow variability on the Swiss winter tourism sector: Implications in an era of climate change. *Climatic Change* 119 (2) : 307–320.

[357] Gurschler, M. (1985) : *Statistische Analyse einer Gästebefragung als Basis für die Entwicklung einer Wettbewerbsstrategie für einen Fremdenverkehrsverbandes am Beispiel des Innerötztales*. Innsbruck: Diplomarbeit, Universität Innsbruck.

[358] Haimayer, P. (1984) : Tourismus im Alpenraum. *Geographische Rundschau* 36: 417–423.

[359] Haimayer, P. (1987) : Aspects écologiques, économiques et sociaux du ski sur glacier en Autriche. *Revue de Géographie Alpine* 75: 141–156.

[360] Haimayer, P. (1988) : Räumliche Strukturen und Prozesse des Tourismus in Tirol. *Österreich in Geschichte und Literatur mit Geographie* 32: 103–119.

[361] Haimayer, P. (2006) : Destinationsentwicklung am Beispiel Tirol. *Wirtschaftsgeographische Studien* 32/33: 141–155.

[362] Hamberger, S. und Doering, A. (2015) : *Der gakaufte Winter*: *Eine Bilanz der künstlichen Beschneiung in den Alpen*. München: Gesellschaft für ökologische Forschung. (http: //www.goef.de/_media/der_gekaufte_winter_20151212.pdf [2016/8/20 参照])

[363] Hannss, C. (1974) : *Val d'Isère*: *Entwicklung und Probleme eines Wintersportplatzes in den französischen Nordalpen*. Tübingen (Tübinger Geographische Studien, H. 56).

[364] Hannss, C. (1977) : Der gegenwärtige Stand und die Zukunft des Fremdenverkehrs in den Alpen. Röder, C. und Engsfeld, P., Hrsg.: *Probleme der Alpenregion*: *Beiträge aus Wissenschaft*, *Politik und Verwaltung*. München: Hanns Seidel Stiftung, 105–122.

[365] Hannss, C. und Schröder, P. (1985) : Touristische Transportanlagen in den Alpen: Bedeutung, Merkmale und räumliche Verteilung der mechanischen Aufstiegshilfen. *DISP* 79: 19–25.

[366] Heise, M. und Schuck, C., Hrsg. (2016) : *Aufgebaut*, *aufgegeben und aufgestorben*: *Verlassene Skigebiete in der Schweiz*. Essen: Klartext.

[367] Hoffmann, V. H., Sprengel, D. C., Ziegler, A., Kolb, M. and Abegg, B. (2009):

Determinants of corporate adaptation to climate change in winter tourism: An econometric analysis. *Global Environmental Change* 19 (2) : 256–64.

[368] Hudson, S. (2000) : *Snow business: A study of the international ski industry*. London: Cassell.

[369] Hudson, S. and Hudson, L. (2015) : *Winter sport tourism: Working in winter wanderlands*. Oxford: Goodfellow.

[370] Ishii, H. and S. Shirasaka (1988) : Recent studies on recreational geography in Japan. *Geographical Review of Japan* 61B: 141–149.

[371] Job, H. (2005) : Die Alpen als Destination. Eine Analyse in vier Dimensionen. *Mitteilungen der Österreichischen Geographischen Gesellschaft* 147: 113–138.

[372] Jülg, F. (1984) : Die österreichischen Wintersportorte: Versuch einer Analyse. *Wirtschaftsgeographische Studien* 10/11: 61–83.

[373] Jülg, F. (2004) : Wintersporttourismus. Becker, C., Hopfinger, H. und Steinecke, A., Hrsg.: *Geographie der Freizeit und des Tourismus: Bilanz und Ausblick*, 2. Auflage. München: Oldenbourg, 249–258.

[374] Kano, K. (1997) : The social influences of ski–area development in Japan. Müller, E., H. Schwameder, E. Kornexl and C. Raschner ed. : *Science and skiing*. E & FN Spon, London, 592–603.

[375] Kessler, A. (1970) : *Eine fremdenverkehrsgeographische Untersuchung des Inner-Ötztals*. Hamburg: Diplomarbeit, Universität Hamburg.

[376] Knafou, R. (1978) : *Les stations intégrées de sport d'hiver des Alpes françaises*. Paris: Masson.

[377] Krebs, N. (1928a) : *Die Ostalpen und das heutige Österreich: eine Länderkunde (1. Systematischer Teil)* . Stuttgart: Engelhorn.

[378] Krebs, N. (1928b) : *Die Ostalpen und das heutige Österreich: eine Länderkunde (2. Regionaler Teil)* . Stuttgart: Engelhorn.

[379] Kureha, M. (1995) : *Wintersportgebiete in Österreich und Japan*. Innsbruck: Institut für Geographie der Universität Innsbruck (=Innsbrucker Geographische Studien Band 24) .

[380] Kureha, M. (1998) : Approaches towards sustainable regional development with regard to winter sports tourism in Japan. The Organizing Committee of the 8th

Japanese-German Geographical Conference ed.: *Sustainability as an Approach for National, Regional and Local Development in Japan and Germany*, Proceedings of the 8th Japanese-German Geographical Conference in Japan (March 15-26, 1998) , 238-248.

[381] Kureha, M. (2004a) : Changes in the regional pattern of ski tourism in Japan. Winter Sport Museum Mürzzuschlag ed.: *3rd FIS Ski History Conference*. Mürzzuschlag/Graz, 61-67.

[382] Kureha, M. (2004b) : Changes in outbound tourism from the Visegrád Countries to Austria. *Geographical Review of Japan* 77: 262-275.

[383] Kureha, M. (2005) : Development of ski areas in rural mountainous regions in Japan. Falkner, G., Hrsg.: *Internationale Skihistoriographie und deutscher Skilauf*. Deutscher Skiverband, Planegg, 137-142.

[384] Kureha, M. (2008) : Changing ski tourism in Japan: From mass tourism to ecotourism? *Global Environmental Research* 12: 137-144.

[385] Kureha, M. (2014) : Changes in Japanese ski resorts with the development of inbound tourism: A case study of Niseko-Hirafu District, Hokkaido. *Asia Pacific World* 5 (2) : 32-43.

[386] Kureha, M., H. Uchikawa and T. Shinto (2003) : Development of summer tourism for training camps in Sugadaira-Kogen as a winter resort. *Annual Report, Institute of Geoscience, University of Tsukuba* 29: 5-10.

[387] Lichtenberger, E. (1976) : Der Massentourismus als dynamisches System: das österreichische Beispiel. H. Uhlig, H. und Erlers, E., Hrsg.: *Tagungsbericht und wissenschaftliche Abhandlungen, 40. Deutschen Geographentag Innsbruck 1975*. Wiesbaden: Steiner, 673-695 (= Verhandlungen des Deutschen Geographentages, Bd. 40) .

[388] Leidlmair, A. (1986) : Österreich -Allgemeiner Teil. Leidlmair, A., Hrsg.: *Landeskunde Österreich*, 2. Auflage. München: List, 11-93.

[389] Leitner, W. (1984) : *Winterfremdenverkehr, Bundesland Salzburg, 1955/56-1980/81*. Salzbug: Amt der Salzburger Landesregierung.

[390] Liedler, N. (1978) : *Der Sommer Skilauf als Wirtschaftsfaktor in Sölden (Ort)* . Wien: Diplomarbeit, Wirtschaftsuniversität Wien.

[391] Lunn, A. (1927) : *A history of ski-ing*. London: Oxford Univ. Press.

[392] Martonne, E. (1926) : *Les Alpes*. Colin: Paris.

[393] Mathis, P., Siegrist, D. und Kessler, R. (2003) : *Neue Skigebiete in der Schweiz? Planungsstand und Finanzierung von touristischen Neuerschliessungen unter besonderer Berücksichtigung der Kantone*. Bern: Haupt.

[394] Mayer, M. (2009) : Innovation as a success factor in tourism: Empirical evidence from western Austrian cable-car companies. *Erdkunde* 63 (2) : 123–140.

[395] Muhar, A. 1988. Hochwasserschäden 1987 und Siedlungsentwicklung im Tiroler Ötztal. *Österreichische Wasserwirtschaft* 40: 188–194.

[396] Obermayr, C. (2011) : Gletscherskigebiete im öffentlichen Diskurs: Die Beispiele Kaunertal-Stubaital-Ötztal. Scharr, K. und Steinicke, E., Hrsg.: *Tourismus und Gletscherskigebiete in Tirol: Eine vergleichende geographische Analyse*. Innsbruck: Innsbruck Univ. Press, 15–20.

[397] Österreichisches Statistisches Landesamt, Hrsg. (1938) : *Statistisches Jahrbuch für Österreich 1938*. Wien, 39–48.

[398] Pearce, D. (1995) : *Tourism today: A geographical analysis*, 2. ed. Harlow: Longman.

[399] Penz, H. (1984) : Stellung und Funktionswandel der Hochweidestufe in Tirol und im Trentino. Grötzbach, E. und Rinschede, G., Hrsg.: *Beiträge zur vergleichenden Kulturgeographie der Hochgebirge*. Regensburg: Pustet, 305–325.

[400] Pfitzner, I., Ritter, C., Kerschner, H. und Kaser, G. (1989) *Untersuchungen zu einem möglichen Zusammenfassung von Hochwasser- und Vermuhrungsgefahr und großflächigen Schipistenerschließungen*. Innsbruck: Institut für Geographie der Universität Innsbruck.

[401] Picard, A. (1963) : *Les vallées septentrionales du massif de l'Oetztal, Tome 2*. Paris: Cedes (Thesis) .

[402] Pöhl, A. (1987) : La Grande Plagne: Skiretortenstation in den französischen Alpen. Österreichische Geographische Gesellschaft, Zweigverein Innsbruck, Hrsg.: *Jahresbericht 1984-1986*. Innsbruck, 18–41.

[403] Profunser, D. (1980) : *Der Winterfremdenverkehr in Südtirol und das Beispiel Corvara*. Innsbruck: Unpublished Doctoral Dissertation, Universität Innsbruck.

[404] Rebhann, R. (1956) : Seilfölderanlagen. Rebhann, R., Hrsg.: *Seilbahnen in Österreich*

(Sonderpublikation der Zeitschrift "Fremdenverkehr") . Wien: Österreichische Verkehrswerbung, 39–154.

[405] Schemel, H. J. und Erbguth, W. (1992) : *Handbuch Sport und Umwelt: Ziele, Analysen, Bewertungen, Lösungsansätze und Rechtfragen*. Aachen: Meyer & Meyer.

[406] Schneider, E. (1962) : *Die Wirtschaftsgeographie des Arlbergs*. Wien (= Wiener Geographische Schriften, Bd.15) .

[407] Schöpf, E. (1984) : *Strategische Planung im Fremdenverkehr am Beispiel des Fremdenverkehrsverbandes Inneröztal*. Innsbruck: Diplomarbeit, Universität Innsbruck.

[408] Scott, D. (2006) : US ski industry adaptation to climate change: Hard, soft and policy strategies. Gössling, C. and Hall, M., ed.: *Tourism and global environmental change: Ecological, social, economic and political interrelationships*. London: Routledge, 262–285.

[409] Scott, D., Hall, C.M. and Gössling, S. (2012) : *Tourism and climate change: Impacts, adaptation, and mitigation*. London: Routledge.

[410] Shirasaka, S. (1984) : Skiing grounds and ski settlements in Japan. *Geographical review of Japan* 57B: 68–86.

[411] Shirasaka, S. (1993) : The geography of skiing in Japan: with emphasis on the development of skiing grounds and ski settlements. *Les Dossiers de la Revue de Geographie Alpine* 11: 119–127.

[412] Ski–Club Freiburg e.V. (1995) : *100 Jahre Freiburger Ski-Geschichte*. Freiburg im Breisgau, Kehrer.

[413] Snow Plaza (2013) : *Ski atlas: Wintersport 2014*. Amsterdam: Spalder.

[414] Statistik Austria (2009) : Wintersaison 2008/09: Mit 62, 9 Mio. Nächtigungen stabil auf hohem Niveau; 14, 5 Mio. Inländernächtigungen bedeuten neuen Rekord. http: // statistik.gv.at/web_de/presse/036682 [Cited 2014/09/30].

[415] Steiger, R. (2011) : The impact of snow scarcity on ski tourism: an analysis of the record warm season 2006/2007 in Tyrol (Austria) . *Tourism Review* 66 (3) : 4–13.

[416] Steiger, R. and Abegg, B. (2011) : Will Alpine summer tourism benefit from climate change ? A review. Borsdorf, A., Stötter, J. and Veulliet, E. ed.: *Managing Alpine Future II*. Wien: Verlag der Österreichischen Akademie der Wissenschaften, 268–

277.

[417] Steiger, R. and Mayer, M. (2008) : Snowmaking and Climate Change: Future Options for Snow Production in Tyrolean Ski Resorts. *Mountain Research and Development* 28: 292–298.

[418] Steiger, R. and Stätter, J. (2013) : Climate change impact assessment of ski tourism in Tyrol. *Tourism Geographies* 15: 577–600.

[419] Stenzel, M. (1988) : Aspekte des Fremdenverkehrs im Land Salzburg: Image, Wirtschaftseffekte, Entwicklungen und Probleme. Riedl, H., Hrsg.: *Beiträge zur Geographie von Salzburg*. Salzburg, 209–235. (= Salzburger Geographische Arbeiten, Bd. 17)

[420] Stolz, O. (1963) : Zur Geschichte des Ötztales. Klebelsberg, R., Hrsg.: *Ötztaler Buch*. Innsbruck: Wagner, 183–247 (= Schlern–Schriften, Nr. 229) .

[421] Sulpetzky, W. (1968) : *Die Betriebs- und Arbeitskräftestruktur von Fremdenverkehrsgemeinden in Tirol*. Wien: Unpublished Doctoral Dissertation, Universität Wien.

[422] Suzuki, T. (2015) : *Transformation of Pension Villages in the Outer Zone of Tokyo Metropolitan Area: A Case Study of Minenohara Kogen, Nagano Prefecture*. Tsukuba: Unpublished Doctoral Dissertation, University of Tsukuba.

[423] Töglhofer, C., Eigner, F. and Prettenthaler, F. (2011) : Impacts of snow conditions on tourism demand in Austrian ski areas. *Climate Research* 46: 1–14.

[424] Tsuyuzaki, S. (1994) : Environmental deterioration resulting from ski–resort construction in Japan. *Environmental Conservation* 21: 121–125.

[425] Tuppen, J. (2000) : The restructuring of winter sports resorts in the French Alps: Problems, processes and policies. *International Journal of Tourism Research* 2: 327–344.

[426] Vanat, L. (2014) : *2014 International report on snow & mountain tourism: Overview of the key industry figures for ski resorts*. http: //www.vanat.ch/RM–world–report–2014.pdf [Cited 2014/08/30].

[427] Vanat, L. (2015) : *2015 International report on snow & mountain tourism: Overview of the key industry figures for ski resorts*. (http: //www.vanat.ch/RM–world–report–2015.pdf [Cited 2016/3/6].

[428] Vanat, L. (2016) : *2016 International report on snow & mountain tourism: Overview of the key industry figures for ski resorts*. [http: //www.vanat.ch/RM–world–report–2016–vanat.pdf (Cited 2016/08/30)].

[429] Veit, H. (2002) : *Die Alpen: Geoökologie und Landschaftsentwicklung*. Stuttgart: Ulmer.

[430] Von Busse, H., Seidel, T., Munz, D. und Heuberger, H. (1987) : Der sozioökonomische Strukturwandel des inneren Ötztal (Gemeinde Sölden) : Untersuchungen über Bevölkerungsentwicklung, Arbeitskräfte und Fremdenverkehr. Patzelt, G., Hrsg.: *MaB-Projekt Obergurgl*. Innsbruck: Wagner, 25–113 (= Veröffentlichungen des Österreichischen MaB–Programms, Bd. 10) .

[431] Wallner, R. (2011) : Seilbahnstatistik Österreich: Eine Kurzinfo über den aktuellen Seilbahnbestand. *Internationale Seilbahn-Rundschau* 2/2011: 10–11.

[432] Wilson, A. (2007) : *Top ski resorts of the world*, 2. revised ed. London: New Holland.

[433] Wingenbach, G. (2006) : *100 best ski resorts of the world*, 2. ed. Guilford: Globe Pequot.

[434] Wolfgang, F. (1985) *Mathias Zdarsky: Der Mann und sein Werk*. Lilienfeld: Bezirksheimatmuseum Lilienfeld.

[435] Zdarsky, M. (1897) : *Lilienfelder Skilauftechnik: Eine Anleitung für Jedermann, den Ski in kurzer Zeit vollkommen zu beherrschen*. Hamburg: Verlagsanstalt und Druckerei.

[436] Zimmermann, F. (1984) : Probleme und Perspektiven des Fremdenverkehrs in Kärnten. *Österreich in Geschichte und Literatur mit Geographie* 28: 113–139.

[437] Zimmermann, F. (1985) : Der Fremdenverkehr in Österreich: Skizze einer praxisorientierten räumlichen Fremdenverkehrsforschung aus geographischer Sicht. Backé, B. und Seger, M., Hrsg.: *Festschrift zum 60. Geburtstag von Dr. Elisabeth Lichtenberger*. Klagenfurt, 253–284 (= Klagenfurter Geographische Schriften, H. 6) .

[438] Zimmermann, F. (1987) : Aktuelle Tendenzen des Tourismus in den österreichischen Alpen. *Zeitschrift für Wirtschaftsgeographie* 31: 106–117.

后 记

我出生并成长于长野县北部，不记得第一次去滑雪场是何时。正式套上滑雪板体验到滑雪的刺激是在小学一年级的时候，印象当中的目的地是志贺高原发哺温泉和野泽温泉。从那以后，每年都有好几次被带去滑雪，升入初中后，还与同学朋友们一起去山田温泉滑雪场（高山村，现山田温泉儿童嬉雪乐园，当时没有铁道事业法认可的索道）滑雪。只记得当时对滑雪的印象就是快乐的、好玩的活动。升入高中后，骑着自行车，望着北信五岳的风景，穿行于苹果、葡萄园间，北信五岳之一的饭纲山山腹郁郁葱葱的森林中间赫然出现滑雪场（饭纲度假地滑雪场，1981 年建设）雪道的场景，至今仍然深深地刻在我的脑海里。还记得，老家附近的县道（现国道 406 号）以及广域农用道路上，一到冬季，挂着大城市牌照的汽车，在车顶上载着滑雪板，穿梭不息，他们可能是以志贺高原或野泽温泉等滑雪场为目的地的过客。

考入大学后，我更是经常去滑雪。20 世纪 80 年代末正值泡沫经济的鼎盛期，滑雪旅游也有了长足的发展，一到周末，大部分滑雪场都非常拥挤。当时作为大学生、研究生的我，常常利用平时人少的时间，尽情驰骋于滑雪场中。

大学三年级，刚刚开启人文地理学之门时，我接触到了白坂蕃老师的一系列滑雪聚落研究，这唤醒了我高中时代的记忆。为什么要开发滑雪场？为什么会有民宿等住宿设施能够形成和发展？为什么城里人不畏山高路远、披星戴月跑到长野县来滑雪？这些疑问促使我深思和探索。因此，大学毕业论文，我选择了长野县高山村，硕士论文选择了群马县片品村，对滑雪相关旅游现象做了调研，并进行了分析。

对本国的滑雪旅游和滑雪场、农山村滑雪聚落继续深入研究的同时，我的目光也逐步投向了欧洲阿尔卑斯的滑雪度假地。有幸入选罗大利财团的奖学金资助，我获得留学奥地利因斯布鲁克大学的机会。在留学期间，我收集了大量宝贵的研究资料，并能够深入阿尔卑斯区域的滑雪度假地，身临其境、亲眼观察真实状况。在滑雪场，能直接感知欧洲滑雪场规模之宏大，并能够亲见场内滑雪者的行为生态是很可宝贵的体验。在滑雪场可观察到众生相：如滑雪场较空，几乎看不到等索道的队列；有不少游客不滑雪，只到在这里安逸地晒晒太阳；滑降的姿势并无章法可言，但速度却飞快；等等。在度假镇上观察到小巧秀气的廉价住宿设施比较多，餐厅、银行、超市林立等与日本大相径庭的景观。基于这些发现，我得到因斯布鲁克大学地理学教室成员的建议与支持，完成了博士学位论文。

然而，岁月如梭，光阴似箭，自博士学位论文整理成书于1995年在因斯布鲁克出版后，已经过了22年。期间，也受到一些批评，指出德语书籍没有多少人能读懂。而且，这20多年间，日本滑雪旅游环境经历了不小的变化。泡沫期的滑雪旅游鼎盛期，谁也没有料到有一天滑雪场会倒闭，滑雪旅游会跌入深渊。20世纪90年代中期，能够以“滑雪场是这样发展起来的”作为研究总结，但时过境迁，现今显然已不能适用这一总结思路。当然，也在于我本人的懈怠。

执笔本书的意愿是在2011年萌生的，时隔10年后重新参观访问奥地利蒂罗尔州的多个滑雪场，注意到那里与当时日本滑雪场所呈现的衰退景象大有差异，也深为索尔登、迈尔霍芬、伊施格尔、瑟福斯的勃勃生机所折服，并产生了再度调研的愿望。从那以后，我每年访问奥地利两次左右，进行定期调研，其调研成果的一部分包含于本书第3篇。

与此同时，认识到对日本滑雪度假地衰退的现象予以更多关注和研究的必要性，从而探讨了多个滑雪度假地的对策，也尝试分析了滑雪场关停的地域特征。令人欣慰的是，入境旅游的发展为滑雪度假地的复苏助了一臂之力，对此也做了一些分析，相关成果包含于本书第2篇。

构成本书重要组成部分的主要论文如下，在内容构成和数据等方面也做了大幅调整和修改：

第2章：“滑雪与旅游（2）：日本的滑雪旅游”菊地俊夫编:《学旅游：从乐游开始的旅游学》，二宫书店，2008：86–96.

第3章：“日本的滑雪旅游相关研究：以地理学及相邻学科领域研究成果为中心”立教大学观光学学部纪要，2009（11）：148–164.

第4章：“滑雪与旅游（2）：日本的滑雪旅游”同上。“Wintersportgebiete in Österreich und Japan. Innsbruck”，Institut für Geographie der Universität Innsbruck，1995：S. 90–121.

第5章：“日本滑雪场关停的空间动态”，滑雪研究，2014：11（1）：27–42.

第7章：“Wintersportgebiete in Österreich und Japan”同上，S.21–49.《体育运动与

旅游（1）：欧洲阿尔卑斯与日本滑雪旅游》，菊地俊夫编:《学旅游：从乐游开始的旅游学》，二宫书店，2008：86–96.

第 8 章:“奥地利阿尔卑斯区域的滑雪度假地持续发展”，地理空间，2014（7）：149–168.

第 9 章:“Wintersportgebiete in Österreich und Japan”，同上，S.52–90.

在此，非常感谢在我的研究之路上伴我成长的师友和前辈学者的谆谆教导和鼓励。首先要感谢，筑波大学以及在研究生期间指导我的山本正三老师、已故奥野隆史老师、佐佐木博老师、已故高桥伸夫老师、已故齐藤功老师、石井英也老师、田林明老师、手塚章老师，是这些可敬的师长和前辈，教导我认识人文地理学的研究方法和外国研究的重要性。从旅游地理学的研究视角，山村顺次老师、沟尾良隆老师、白坂蕃老师、淡野明彦老师、横山秀司老师等各位老师，给予了教诲和指点。特别感谢导师山本老师和滑雪聚落研究的开创者白坂蕃老师，始终给予我耐心细致的教导。此外，丸山浩明（立教大学）、山下宗利（佐贺大学）、山本充（专修大学）、筱原秀一（秋田大学）、酒井多加志（北海道教育大学）、森本健弘（筑波大学）、山下润（九州大学）、伊藤贵启（爱之教育大学）、须山聪（驹泽大学）、平笃志（香川大学）、桥本雄一（北海道大学）、松村公明（立教大学）、小田宏信（成蹊大学）、若本启子（宇都宫大学）等学长和同学、学弟（妹），也都曾给我许多鼓励，成为我坚持下去的动力。

因斯布鲁克大学留学期间，我得到了指导老师 Borsdosrf，A. 教授、地理学教室的 Haimayer，P.、Penz，H.、Haffner，M. 等各位老师多方指导与鼎力帮助，使我得以顺利完成了博士论文。还要感谢其他给予帮助和扶持的朋友。若没有须坂罗大利俱乐部推荐获得罗大利财团的奖学金，我就不可能留学，这本书也不可能诞生。还要衷心感谢现海德堡大学的 Meusburger，P. 名誉教授，在留学因斯布鲁克大学的过程中给予的诸多指导。

感谢横山昭市名誉教授以及深石一夫老师、藤目节夫老师、寺谷亮司老师，在爱媛大学在职期间给予的指导和帮助，并给予舒适的研究环境。转入筑波大学以后，受到山下清海老师、村山祐司老师、松井圭介老师、堤纯老师、仁平尊明老师（现北海道大学）、兼子纯老师（现爱媛大学）、山下亚纪郎老师等同仁的帮助和支持。

还要感谢在调研过程中给予协助和配合的人员。在撰写大学本科毕业论文和硕士论文的田野调研过程中，长期得到长野县高山村和群马县片品村的大力支持，协助完成问卷调查，并提供官方资料。此外，在安比高原以及索尔登等地，也得到当地人们的大力相助。没有这样的协助和支持是无法完成研究任务的，这里一并感谢。借此，也感谢家里的支持。

最后，感谢二宫书店的二宫健二社长给予本书出版的机会，也感谢田中明子女士在编辑过程中所付出的努力和支持。

2017 年 1 月　志贺高原滑雪度假地调研之后

吴羽正昭

译后记

本书的原著作者吴羽正昭教授是我的导师，我从硕士到博士以及后来的访学期间都有幸得到吴羽老师的悉心指导，他严谨的治学态度、踏实的工作作风对我产生极大影响。本书是吴羽老师多年潜心研究的心血之作，本书对滑雪度假地的生成、发展与演化，从时空角度和区域条件进行了全面系统的分析。通过对滑雪度假旅游发达地区日本和奥地利的长期跟踪式实地调研获取的第一手数据为依据，对滑雪度假旅游和旅游目的地发展过程、发展条件、存在问题等做出了宏观和微观的综合分析。相比于欧美国家发达的滑雪旅游，国内滑雪旅游发展历史较短，滑雪旅游模式和度假地发展还不太成熟，相关研究比较薄弱，可借鉴的文献非常有限。我国拥有良好的滑雪旅游发展自然条件，也有日益强盛的市场需求，面临2022年北京冬奥会、东北地区经济复兴、旅游产品升级转型的时代需求，本书所提供的发达地区的先进经验和教训以及面临的挑战对我国滑雪旅游发展的理论和实践方面具有重要的借鉴价值。

本书的日语版原著出版于2017年，我于同年受山东省高等优秀中青年骨干教师国际合作培养项目的资助赴日访学，幸遇本书，被其严谨的分析、全面、详尽的资料、精美的图像深深吸引，遂产生翻译成中文与国内学者共享的想法。翻译工作开始于2018年初，得到原作者吴羽老师的大力支持和面对面指导，精确度方面有了很大的提升。书稿的译作文字的润色与校对、与出版社的对接方面得到青岛大学旅游与地理科学学院高洁老师的诸多帮助，在此深表谢忱。

还要感谢旅游教育出版社刘彦会编辑在整个出版过程中的辛劳与支持。

此外，本书的出版得到了青岛大学旅游与地理科学学院的 RC1900009231–2019 新旧动能转换专业对接产业项目（旅游管理专业群）的部分资助，一并感谢。

最后，尽管在翻译过程中力争尽善尽美，但限于译者水平，难免有不妥之处，敬请读者批评指正。

金玉实

2020年8月14日于青岛大学